Inhaltsverzeichnis

Haustechnik

Heizung und Brauchwasserbereitung

Regenerative Energien

Wirtschaftsbereich

Wohn- und Schlafbereich

Altenteil

Sanitärbereich

Büro

Ferienwohnungen

Überlegungen vor dem Bauen

1.1 Allgemeine Gesichtspunkte für die Planung

Das Wohnhaus eines Landwirts unterscheidet sich von dem eines Städters. Die unterschiedlichen Bauformen ergeben sich aus den unterschiedlichen Notwendigkeiten.

Geschichtliches

Die Art der Gehöftformen hat sich auch aus den römischen Landwirtschaftsgehöften entwickelt. Im Laufe der Jahrhunderte wurde diese Grundstruktur immer mehr abgewandelt und den ländlichen, sozialen, kulturellen und wirtschaftlichen Gegebenheiten angepasst. Es entstanden die prägenden Formen der *Einfirsthöfe, Dreiseit-* und *Vierseithöfe, Zwiehöfe* u. a., welche unterschiedliche Merkmale in der Gestaltung, z. B. der Dach- und Wandkonstruktionen und Materialwahl (Holzbauweise, Naturstein- bzw. Ziegelbauweise) aufweisen.

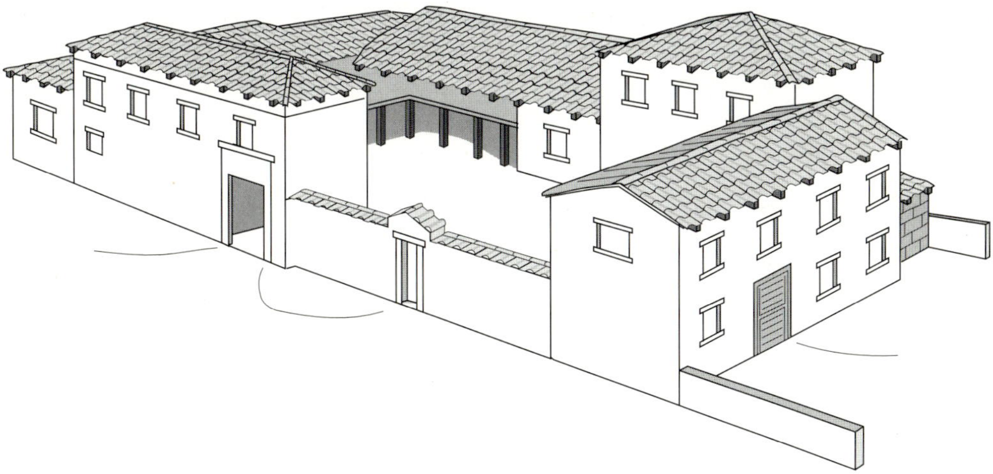

Abb. 1: Ansicht eines frühen römischen Landgutes

Entwicklung

Die Entwicklung vieler landwirtschaftlicher Betriebe zu größeren Tierhaltungen und neue Techniken haben eine sprunghafte Umgestaltung der gewachsenen Struktur bewirkt. Stall- und Bergeräume haben sich stark vergrößert, während das Wohnhaus zu einem *Ein-* bzw. *Zweifamilienhaus* verkleinert wurde. Früher stand der Großbetrieb bzw. die Großfamilie

mit ihrer Arbeitskraft im Vordergrund, heute ist es der Kleinbetrieb mit seiner Motorkraft.
Oft gleicht dabei ein Haus dem anderen und wirkt erschreckend eintönig gegenüber der gewachsenen lebendigen Struktur eines ursprünglichen Dorfes.

Abb. 2: Eintönigkeit durch Gleichförmigkeit

Abb. 3: Das moderne Architektendorf

Bei der Planung ist es wichtig, die *Struktur* des Dorfes und den bewährten gegendtypischen *Baustil* nicht aus den Augen zu verlieren.

Abb. 4: Gegendtypischer Baustil (Oberbayern)

Planung

Die Planung beginnt beim *Grundstück*, das in der Regel durch den schon bestehenden Betrieb vorgegeben ist. Ein landwirtschaftliches Wohnhaus sollte den Trend zur Kurzlebigkeit nicht mitmachen, sondern für Generationen auf Bestand ausgelegt sein.

Abb. 5: Lebendiges, ansprechendes Dorfbild

Finanzierung

Die finanzielle Absicherung muss gut überlegt sein und darf nicht den eigentlichen Betrieb gefährden. Die *Beratung* hat bei kompetenten und unabhängigen Stellen die bessere Qualität. Bei der Wahl eines Kreditinstitutes ist Wachsamkeit geboten. Ein Ansprechpartner kann z.B. in der Vorphase der Planung, auch das Amt für Landwirtschaft und Ernährung oder eine Verbraucherberatungsstelle sein.
Eine Vielzahl von Förderprogrammen, Möglichkeiten der Abschreibung, der Steuereinsparung und Unterstützungen, die jeweils von der aktuellen wirtschaftlichen und politischen Situation mitbestimmt werden, sind zu erkunden.

Bauarten, Baustoffe

Bewährte Bauarten und Baustoffe, die den anerkannten Regeln der Bautechnik entsprechen und deren Anwendung durch Richtlinien und Normen geregelt ist, gewährleisten bei sachgerechter Verwendung ein hohes Maß an Sicherheit.
Schadstoffhaltige Baumaterialien, die z.B. Asbest, Formaldehyd, Lösungsmittel oder Gifte enthalten, können Gesundheitsschäden hervorrufen. Auch das Wohlbefinden der Bewohner kann durch ungeeignete Baustoffe und Baumaterialien beeinträchtigt werden. Durch den Wunsch nach gesundem und naturverbundenem Wohnen finden alte Baustoffe wie Lehm, Holz und Pflanzenfasern vermehrt Interesse.

1.2 Umbau

Vor einem Neubau sollte überprüft werden, ob ein bereits vorhandenes Gebäude durch Umbau, Ausbau oder Anbau den heutigen Wohnansprüchen genügen kann.
Es sollte mit erfahrenen Architekten und Handwerkern, Holzschutzfachleuten, Statikern und Installationsfachleuten zusammen eine *sinnvolle Sanierung, Modernisierung* und keine Verjüngung bis hin zur Unkenntlichkeit vorgenommen werden.

Abb. 6: Renovierungsbedürftiges altes Haus

Neben der *Instandsetzung*, also dem Beheben von Mängeln infolge Abnutzung, Alterung, Witterungseinflüssen, sollte auch gleichzeitig eine *Modernisierung*, eine Verbesserung der Wohn- und Arbeitsverhältnisse einhergehen.

Bestandsaufnahme

Es ist wichtig, alle die *Funktionsfähigkeit* bestimmenden und beeinflussenden Größen zu erfassen. Dazu gehören die *Lage* des Gebäudes, sein *Umfeld, Vorschriften*, die eventuell notwendige *Gebäudeneuaufnahme*, wie auch *Mauerstärken, Trag-* und *Trennwände*, die *Gliederung* und *Größe* der Wohnung, die *Belichtung* und *Besonnung* der Räume, ebenso die installations- und stromtechnische *Ausstattung*. Ist es ein altes oder neues Haus, ist es schützenswert, geschützt oder ohne Auflagen umzubauen? Demgegenüber stehen die Wünsche (höherer Komfort) und Anforderungen (niedrigerer Energieverbrauch, zusätzlich notwendige Räume) an den Umbau, die alle konkret benannt werden müssen.

Alte Pläne

Ein genauer Bauplan ist dabei von großer Wichtigkeit und kann z. B. beim Bauaufsichtsamt eingesehen werden. Ist ein alter Plan nicht mehr vorhanden oder nicht mehr aktuell, so wird durch einen Fachmann eine gründliche *Bauneuaufnahme* erforderlich.

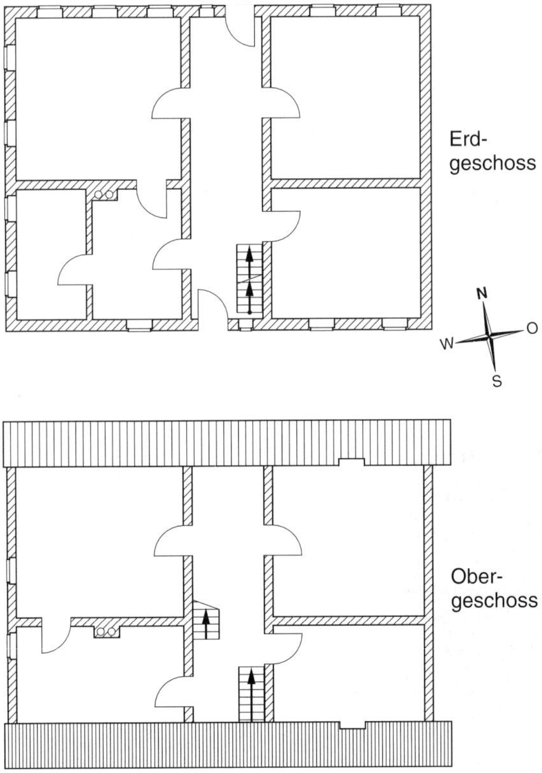

Abb. 7: Das alte Haus – Bestandsaufnahme und Reinzeichnung

In einem alten Haus können Material und handwerkliche Arbeit von so hoher Qualität sein, dass sie bei einem Neubau weder wiederhergestellt noch bezahlt werden kann. Denkt man dabei nur an die Stärke der Mauern, Holzbalken, Holzdecken, Verschalungen u. a., so wirkt manches Neue dagegen doch sehr dürftig.

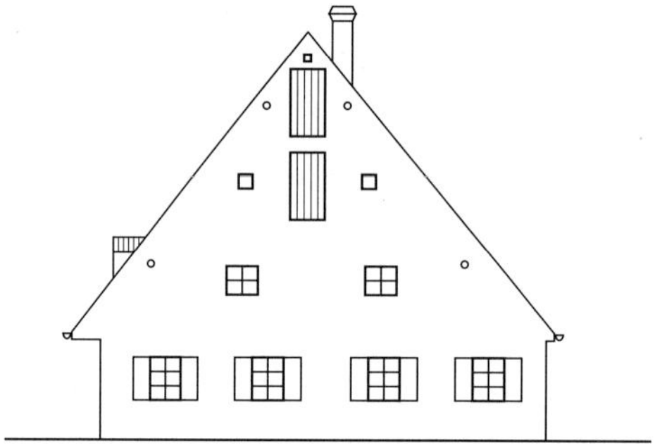

Ansicht von Westen

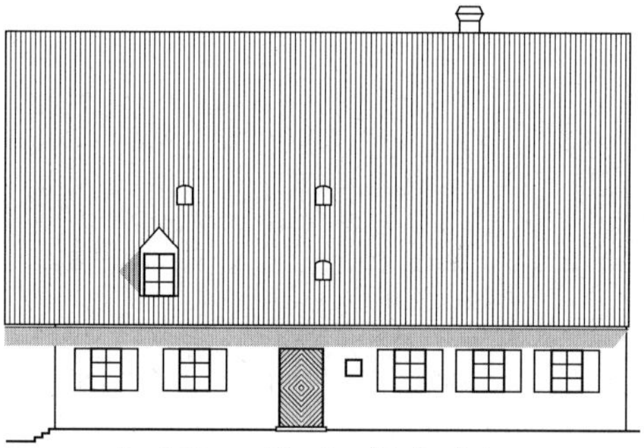

Ansicht von Norden (Hofseite)

Abb. 8: Das alte Haus – Ansicht

Substanz

Eine eingehende Prüfung auf Eignung und Kosten ist notwendig. Es werden nicht nur die *Schäden* festgestellt (feuchte Mauern, Frostschäden, zugige Fensterstöcke), sondern auch die sie verursachenden *Schadensquellen* (feuchter Baugrund, fehlende Sperr- und Wärmeschutzschichten, gealterte Substanz). Es wird nach konstruktiven Fehlern geprüft, treten z. B. Risse in größerem Ausmaß auf, so kann das auch ein Hinweis auf statische Probleme (Setzungen) sein. Mit qualifizierten Handwerkern ist daher der Zustand der wesentlichen Bauteile wie Fundamente, Mauern, Decken, Dachstuhl, Dacheindeckungen, Schornsteine zu untersuchen und die Möglichkeiten der Sanierung und Nutzungsverbesserungen, vor allem ihre Kosten festzustellen.

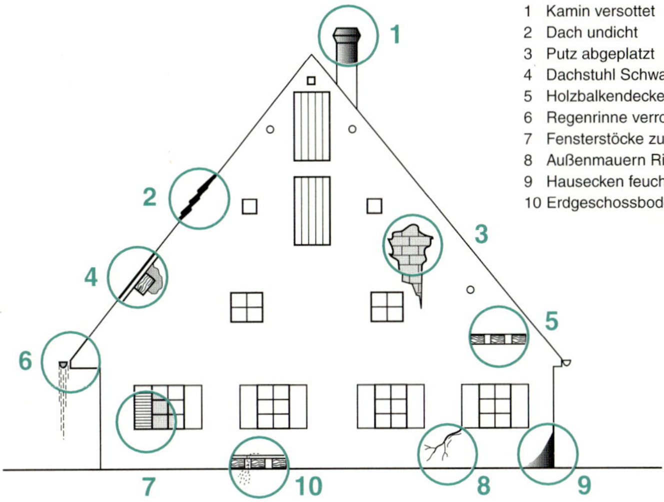

1 Kamin versottet
2 Dach undicht
3 Putz abgeplatzt
4 Dachstuhl Schwammbefall
5 Holzbalkendecke zu schwach
6 Regenrinne verrostet
7 Fensterstöcke zugig
8 Außenmauern Risse
9 Hausecken feucht
10 Erdgeschossboden undicht

Abb. 9: Mögliche Schäden am alten Haus

Planung

Der Umfang der zu erwartenden Arbeiten wird erfasst und in einen zeitlichen Rahmen eingepasst.

Da im ländlichen Wohnungsbau oft Eigenleistungen erbracht werden, ist es wichtig bei der Planung darauf zu achten, dass es zu keinen Überschneidungen mit landwirtschaftlichen Arbeiten kommt.

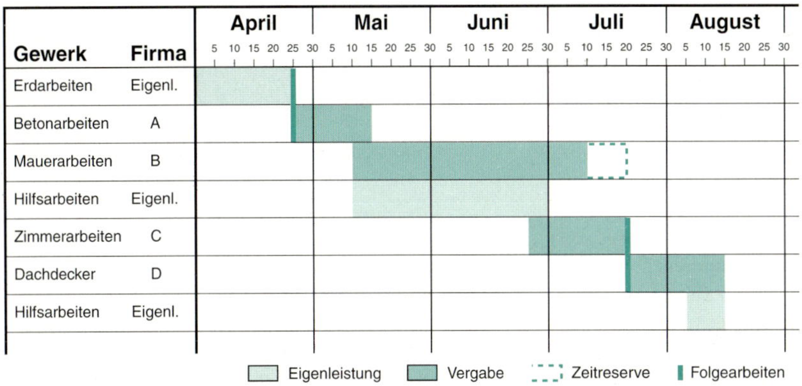

Abb. 10: Baubetrieblicher Ablaufplan

Verschiedene Maßnahmen können dabei den Umbau begleiten:

Nutzungsverbesserung

Ein Raumprogramm ist aufzustellen und zu überlegen, wieweit mit der vorhanden *Raumkapazität* die Wünsche und Bedürfnisse nach fehlenden Räumen, vor allem nach Sanitär- und Wirtschaftsräumen, erfüllt werden können. Sollen Räume umgelegt, vergrößert, verkleinert, die Raumhöhe vermindert oder die Zuordnung untereinander verändert werden. Kann z. B. mit vernünftigen Maßnahmen das Dachgeschoss ausgebaut oder andere Gebäudeteile in die Wohnnutzung miteinbezogen werden?

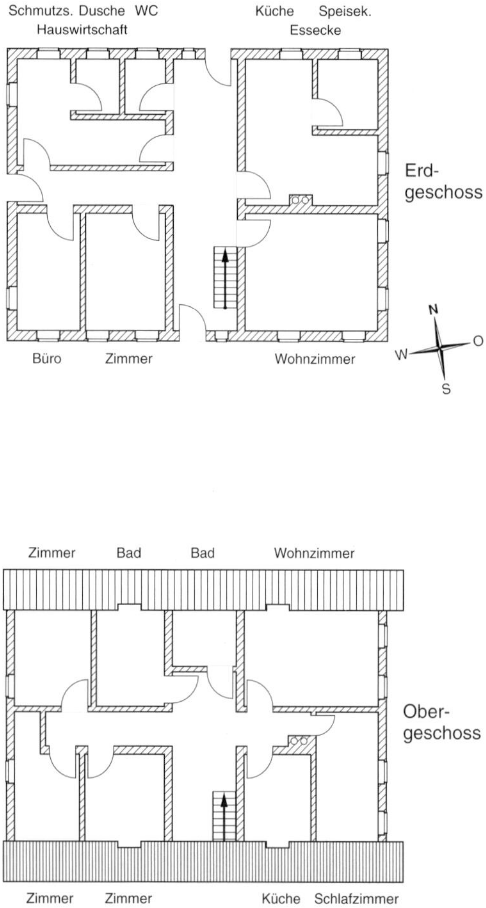

Abb. 11: Das alte Haus – Umbauvorschlag

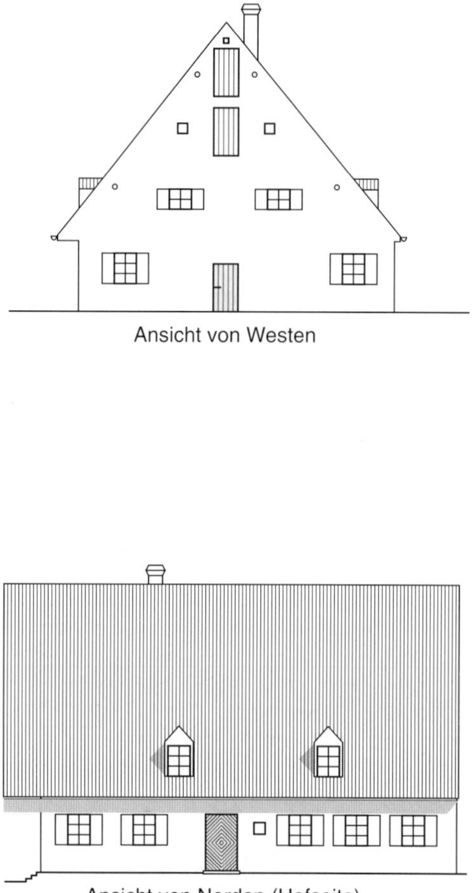

Abb. 12: Die neue Ansicht des alten Hauses

Bautechnische Verbesserungen

Durch Erneuerung oder Verbesserung des *Wärme-, Schall-* und *Feuchteschutzes* der Außenwände kann ein angenehmeres Wohnklima geschaffen werden. Darüber hinaus senken sich auch die laufenden Kosten für den Unterhalt des Gebäudes, z. B. die Heizkosten.

Für eine wirtschaftliche und meist auch wohnlichere Umbaulösung ist es wesentlich, die *tragende Substanz* nicht zu zerstören, d. h. alle tragenden Teile wie Tragmauern und Decken, weitgehend zu belassen. Eine gute und genaue Vorplanung macht sich bezahlt. Auch sollte man sich jeden neuen Fenster-, Tür- oder Deckendurchbruch reiflich überlegen. Er kostet viel Geld und ist meist nicht notwendig.

Fenster, Türen, Treppen, Bodenbeläge

Böden, Türen, Fenster und Treppen sind dagegen verhältnismäßig einfacher zu sanieren. Dies kann gegen Ende der Baumaßnahmen erfolgen. Dabei ist es wünschenswert, vorhandene alte harmonische Fensterkonstruktionen (z. B. Sprossenteilung) zu erhalten. Es besteht die Möglichkeit der Neuverglasung (höheres Gewicht), des Aufdoppelns von Scheiben oder bei ausreichendem Platz der Ergänzung von vorhandenen Einfachfenstern zu Kasten- oder Verbundfenstern. Diese sind hinsichtlich Wärme- und Schallschutz höher zu bewerten als nur Neuverglasung mit Isolierglas.

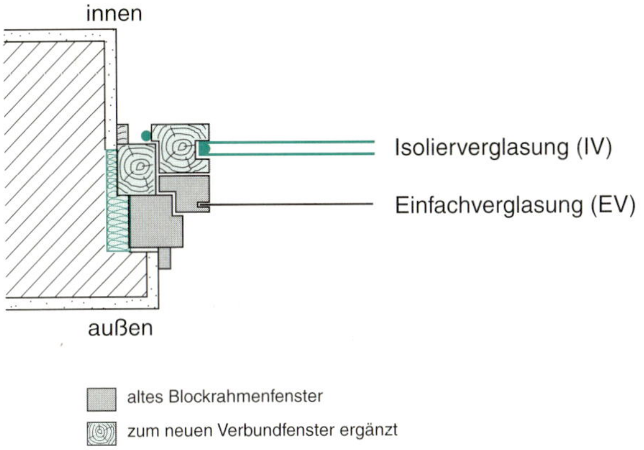

Abb. 13: Sanierung eines alten Blockrahmenfensters

Völlig unsinnig sind auch große neue Fensteröffnungen, für die mehrere kleine Fenster zugemauert werden. Es wird dadurch meist nicht viel heller im Raum – nur ungemütlicher. Der Raum ist schlechter zu möblieren, kühlt schneller ab, bzw. erhitzt sich im Sommer stärker. Durch viel Gardinenstoff muss nun wieder alles verhüllt werden, denn man fühlt sich dem Nachbarn zu sehr ausgesetzt.

Abb. 14: Ungünstig renovierte Fenster

Haustechnik

Qualifizierte Fachleute überprüfen *Wasser-* und *Abwasserinstallationen*, die *Elektroinstallationen*, eventuelle *Gasinstallationen* und *feuerungstechnische Anlagen*. Es kann notwendig werden, sanitäre Einrichtungen und Arbeitsräume neu zu planen. Wenn die vorhandenen Anlagen keinen ausreichenden Komfort mehr gestatten oder einfach überaltert sind, ist bei der Planung wie bei einer Neuanlage zu verfahren.

Energieeinsparung

Durch die notwendigen baulichen Maßnahmen sollen auch gleichzeitig verschiedene Energie sparende Maßnahmen ergriffen werden. Dazu gehören *Wärme-* und *Schallschutz, Reduzierung von Wasser-* und *Energieverbrauch*. Der Einbau einer wirtschaftlicheren Heizungsanlage vermindert den Schadstoffausstoß und dient letztendlich damit auch dem Umweltschutz.

Umweltschutz

Beim Umbau eines Hauses darf dieser wichtige Punkt nicht fehlen. Natürliche, naturnahe und *naturbelassene Materialien* wie z.B. Holz, Kokosfasern, Hanf, Lehm, Ziegel, mineralische Putze sind bevorzugt einzusetzen. Der Einbau einer *Solaranlage*, eines *Wärmetauschers*, einer *Wärmepumpe*, eines *Regenwasserspeichers* (vgl. Abb. 126, Seite 96) oder auch nur die Erneuerung eines alten *Schornsteins* dient nicht nur dem persönlichen Komfort. Bevorzugung von Holz- gegenüber Kunststoff- oder Metallfenstern macht sich auf Dauer bezahlt und kommt dabei der Umwelt zugute.

Gebäudeumfeld

Darunter versteht man z.B. die Erneuerung oder Neuanlage der *Hofzufahrt*, der *Garagen*, der *Gartenanlage*, der *Hofbefestigung* oder eines *Kinderspielplatzes*.
Ein besonderes Augenmerk verdient dabei die besonnte Anlage eines *Grünbereichs* um das Haus. Der Mensch ist ein naturverbundenes Wesen. Dies kommt im ländlichen Bereich immer noch am stärksten zur Geltung und sollte Vorbildfunktion für alle haben. Ein Ausgrenzen oder Vernachlässigen kann auf lange Sicht zu einer psychischen und physischen Belastung werden.

Ziel

Bei all den notwendig werdenden Eingriffen sollte man dabei den Wohnwert der alten Häuser nicht unterschätzen. Sie haben meist einen sehr einfachen, gegendtypischen Grundriss. Die Räume haben angenehme, fast quadratische Maße. Für fehlende Räume findet sich eventuell in einem freiwerdenden Stallteil genügend Platz.
Wesentliches Ziel sollte es sein, bei allen Veränderungen und Sanierungen im und ums Haus die Ausgewogenheit und die Proportion der Fassade und des Gebäudes als Ziel nicht aus den Augen zu verlieren, sondern zu versuchen sie zu erhalten. Durch große Fenster, Wandverkleidungen aus Kunststoff, Metall- und Glastüren, Rolläden, neue Balkongeländer usw. wird manches alte Haus – oft mit vermeintlich guter Absicht – seiner Ausgewogenheit beraubt (vgl. Abb. 14, 15 a, b).

Abb. 15: Ungünstige (a, b) – günstige (c, d) Gestaltung des Hauseingangs

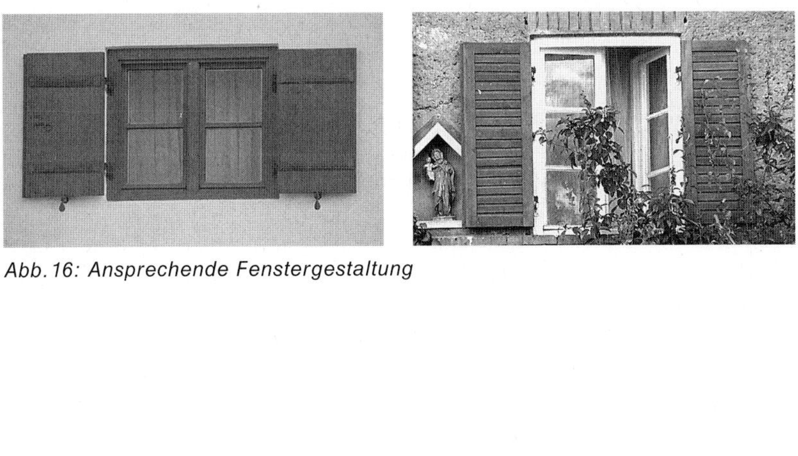

Abb. 16: Ansprechende Fenstergestaltung

Abb. 17: Altes Bauernhaus – alle Details hervorragend renoviert

1.3 Neubau

Lässt die vorhandene Bausubstanz hinsichtlich des Materials, der Statik und der Wirtschaftlichkeit der Sanierung keinen Umbau, Anbau oder Ausbau mehr zu, so bleibt nur der Neubau.

Neue Hausstelle

Soll das neue Haus an anderer Stelle errichtet werden als das alte Haus, so wird man mit dem Abriss bis zum Neueinzug warten.

Alte Hausstelle

Fällt die Wahl des Bauplatzes auf die alte Hausstelle so wird die Unterbringung während der Bauzeit unter Umständen ein Problem.

Aussehen

Welches Aussehen ein Haus bekommt hängt von vielen Faktoren ab. Anzahl der Räume, ein- bzw. zweigeschossig, Dachform, Bauauflagen, Umgebung, Bauplatz und nicht zuletzt eigene Vorstellungen erleichtern diese Aufgabe keineswegs. In Zusammenarbeit mit einem erfahrenen Architekten wird man versuchen der *Ausgewogenheit, Schönheit, Funktionalität* und *Tradition* gerecht zu werden.
Da es kaum mehr möglich ist, einen unausgewogenen Baukörper nachträglich zu verbessern, so sollten umso gründlicher, länger und vielfältiger Entscheidungen überdacht werden.

Die Gestaltung eines Hauses hat entscheidenden Einfluss auf die Psyche seiner Bewohner.

Abb. 18: Unausgewogener – ausgewogener Baukörper

1.4 Bauplatz

Bei bestehender Dorf- bzw. Hoflage ist eingehend zu prüfen, ob nicht die Stelle des alten Hauses wesentliche Vorteile gegenüber einem völlig neuen Bauplatz bietet. Es sprechen hierfür die gewachsene *Orientierung* zur Straße und die Zufahrt zum Hof, die vorhandene *Einbindung* in das Siedlungsbild bzw. die Umgebung. Die Einheit mit den übrigen Wirtschaftsgebäuden sollte beachtet werden, ebenso ein vorhandener Schutz gegen Witterungseinflüsse (z. B. alter Baumbestand). Bestehen schon Anschlüsse für Wasser, Strom, Gas, etc. und können diese ausreichend genutzt werden, reduzieren sich dadurch die Kosten.
Es ist dabei auch an das geschlossene Straßenbild zu denken, in dem das bestehende Wohnhaus das Dorfbild und den Straßenraum mitbildet. Wenn das alte Wohnhaus abgerissen und das neue in einen abseits liegenden Garten versetzt wird, mag das zwar vordergründige Vorteile für den Bewohner bieten, das Dorfbild kann aber unter Umständen empfindlich gestört sein.
Ebenso schwierig kann es sein, zu einem vorhandenen Einfirst-, Vierkant- oder Dreiseithof ein kleines neues Wohnhaus zu setzen, ohne die vorhandene Harmonie zu beeinträchtigen.

Erschließung

Bei der Erschließung hat man oft nicht viel Spielraum. Man ist meist an den nahen Anschluss zur Straße gebunden oder man unterliegt bestimmten behördlichen Vorschriften. Grundsätzlich lässt sich zur Erschließung sagen:

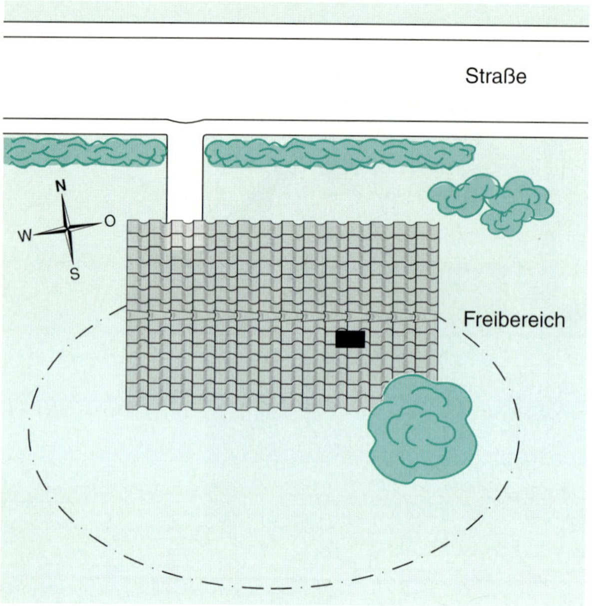

Abb. 19: Kurze Erschließungswege

von Norden her

- ▲ gute Grundrisseinteilung möglich
- ▲ kürzere Erschließungswege
- ▲ offener Freibereich nach Süden

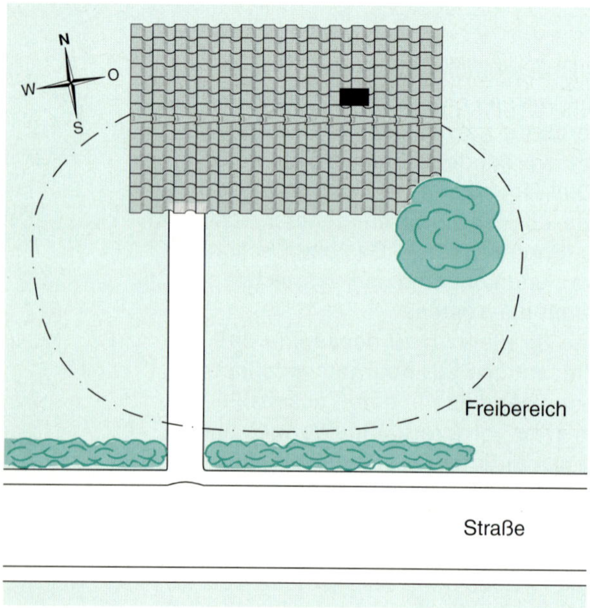

Abb. 20: Lange Erschließungswege

von Süden her

- ▲ gute Grundrisseinteilung schwieriger
- ▲ längere Erschließungswege
- ▲ Verkehrsflächen und Freibereich nebeneinander

Jede Erschließung lässt gute Lösungen zu. Voraussetzung muss immer eine individuelle und wohlüberlegte Planung sein.

Geländeneigung

Bauen in der *Ebene* ist einfacher und billiger. Ist das Baugrundstück jedoch geneigt, so sollte man es nicht einebnen, sondern den *Hang* in die Planung miteinbeziehen, z. B. durch Versetzen der Geschosse oder Verlegen eines Geschosses in den Hang (Hanghaus). Den Hang auszunutzen ist sinnvoller, als eine künstliche Ebene zu schaffen, die außerdem den Bau zusätzlich verteuert. Reine Nordhänge sollte man nach Möglichkeit nicht auswählen, da sie eher eine schlechtere Wohnqualität bieten.

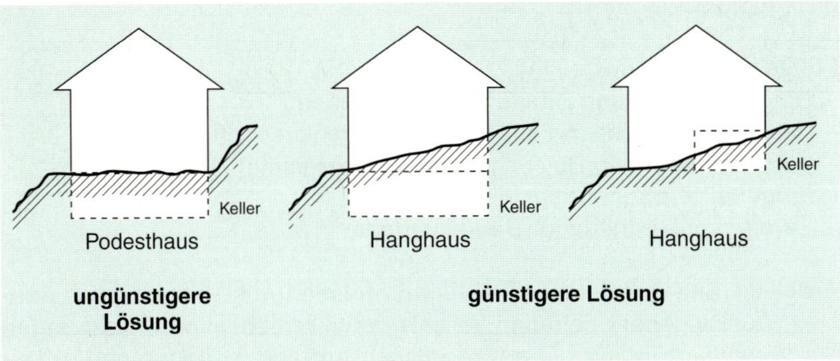

Abb. 21: Verschiedene Hangeinbindungen

Aussicht

Die Schönheit der Aussicht, eine evtl. zu erwartende Verbauung durch den Nachbarn, die Erweiterungsfähigkeit von Wohnhaus und Wirtschaftsgebäuden beeinflussen die Grundstückswahl außerdem.

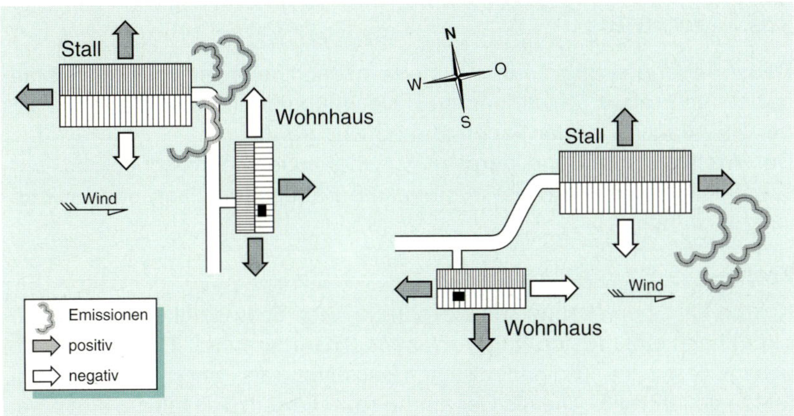

Abb. 22: Spätere Erweiterungsmöglichkeiten

1.5 Baurecht

Wer bauen will muss sich bei der zuständigen Baubehörde die behördliche Genehmigung einholen.
Durch eine große Anzahl von *Gesetzen, Verordnungen* und *Normen* wird das Bauen mehr oder weniger entscheidend beeinflusst. Die wichtigen und notwendigen baurechtlichen Bestimmungen fallen in den Verantwortungsbereich des Architekten. Er muss über relevante Gesichtspunkte informiert sein und informieren.
Dennoch liegt es auch im Interesse des Bauherrn, einen gewissen *Überblick* nicht zu verlieren.

Einige wichtige Punkte sind:
- Baugesetzbuch und Baunutzungsverordnung
- Landesbauverordnung mit Durchführungsvorschriften
- Wärmeschutz- und Heizungsanlagenverordnung
- Eingeführte Baunormen
- Verdingungsordnung für Bauleistungen

Architekt (Entwurfsverfasser), *Bauunternehmer* (Ausführender) und *Bauherr* (Auftraggeber) stehen in Verantwortlichkeit zueinander und tragen die Verantwortung für die erforderlichen Anträge, Vorlagen und Anzeigen. Insgesamt wird vom Architekt im Auftrag des Bauherrn der notwendige Überblick gefordert.

Der Architekt handelt im Auftrag und in Vertretung des Bauherrn, dessen Verantwortlichkeit bleibt bestehen.

1.6 Architekt

Bauvorlageberechtigt können viele sein, doch bei einer Vielzahl von planerischen Fragen, Zeichnungen, Berechnungen und Informationen aus der Baubranche ist der Fachmann notwendig.
Der Architekt plant und berät in künstlerischer, technischer und wirtschaftlicher Hinsicht. Er ist auch für die Bauüberwachung und -ausführung zuständig.

Kosten

Kosten für einen Architekten werden (je nach Schwierigkeit der Bauaufgabe) nach einer festen *Honorartabelle* [HOAI] ermittelt. Eine Faustregel besagt, dass circa 10% der betreuten Bausumme als Honorar für den Architekten gezahlt wird. Dieses Gesamthonorar verteilt sich auf die einzelnen Leistungen, die ein Architekt während des Bauens erbringt, unterschiedlich.

Wahl

Bei der Wahl eines Architekten sollte man mit großer Sorgfalt vorgehen. Je mehr Häuser man sich ansieht, Erkundigungen einzieht und Informationen sammelt, umso höher ist die Wahrscheinlichkeit einen zu den

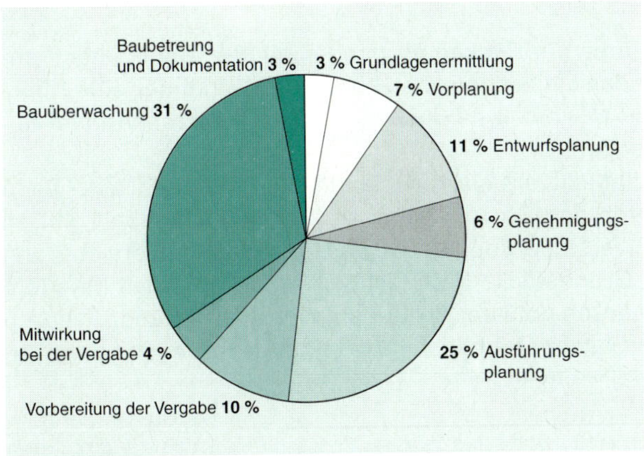

Abb. 23: Das Architektenhonorar

eigenen Vorstellungen passenden Architekten zu finden. In erster Linie setzt der Architekt die Wünsche des Bauherrn in die Realität um. Je besser ein Architekt ist, umso mehr wird er sich Zeit für seinen Klienten nehmen, ihn beraten und ihm auch, falls notwendig, von etwas abraten, ohne dabei nur seine eigenen Vorstellungen durchzusetzen.

1.7 Baukosten

Vor Baubeginn wird ein detaillierter *Finanzierungsplan* aufgestellt, der die gesamten Kosten bezüglich des geplanten Bauvorhabens umfasst. In der Mehrzahl der Fälle wird im ländlichen Wohnhausbau ein Baugrundstück schon vorhanden sein. Trotzdem können noch Kosten hinsichtlich der *Vorbereitung* des Grundstücks für die geplante Bebauung, für Urkunden, Untersuchungen des Baugrunds oder für die Vermessung anfallen.

Neben den Kosten für das Grundstück entstehen Ausgaben für seine Erschließung, die eigentlichen Bauwerkskosten, Kosten für Geräte und die Baunebenkosten, nicht zu vergessen die Kosten für Außenanlagen.

Unter Umständen werden sogar vor, während oder nach dem eigentlichen Bauvorhaben zusätzliche Maßnahmen notwendig, deren Kosten ebenfalls abgesichert werden müssen (z. B. auftretende Schäden während des Bauens).

Abb. 24: Unvorhergesehene Schäden

Versicherung

Da jede Baumaßnahme mit *Risiken* verbunden ist, die einen selbst, andere oder auch nur das Objekt betreffen können, ist es immer eine Überlegung wert, ob und inwieweit mögliche *Schadensersatzansprüche* abgesichert werden sollen.
Die Bauherren-Haftpflichtversicherung kommt für Schäden auf, wenn Außenstehende durch den Bau zu Schaden kommen. Daneben gibt es noch die Bauwesenversicherung, die Gewässer-Haftpflichtversicherung und die Haus- und Grundstücks-Haftpflichtversicherung. Nicht in jedem Fall ist jede Versicherung notwendig oder sinnvoll. Bei umfangreicheren Eigenleistungen und Nachbarschaftshilfe ist eine Abklärung mit der Bauberufsgenossenschaft notwendig.

Unfälle und Gefahren auf der Baustelle dürfen nicht unterschätzt werden, ein Schaden kann immer Existenzen bedrohen!

1.8 Hausformen

Für das Bauen im städtischen Bereich gibt es eine Anzahl von Formen des Einfamilienhauses, die aber vor allem aus dem Zwang entstanden sind, Baugrund zu sparen: Reihenhaus, Atriumhaus, Doppelhaus, Kettenhaus usw.
Auf dem Lande und vor allem für den landwirtschaftlichen Betrieb ist heute das *frei stehende Einfamilienhaus* mit Einliegerwohnung für das Altenteil die Regel. Das frei stehende Haus lässt einerseits eine ideale Belichtung und Belüftung aller Räume, andererseits eine freie Grundrissgestaltung zu. Allerdings ist es aber hinsichtlich der Bau- und Heizungskosten teurer als ein städtisches Reihenhaus. Es ist von allen Seiten der Witterung ausgesetzt und an der Wetterseite bedarf es unter Umständen eines besonderen Schutzes.
In erster Linie wird die Art und Größe des Baugrundstücks die Frage nach ebenerdiger oder zweigeschossiger Bauweise beantworten. Darüber hinaus spielt die Nachbarbebauung eine große Rolle, denn das neue Wohnhaus soll sich harmonisch in die Umgebung einfügen und nicht ohne jede Beziehung wie ein Fremdkörper zwischen den anderen Gebäuden stehen. Dazu ist zu beachten, dass es für manche Gebiete auch Bauauflagen hinsichtlich Geschosszahl, Dachneigung u. a. gibt.

Ebenerdiges Haus

Vorteile:

- ▲ sehr gute Möglichkeit zur freien Raumgestaltung
- ▲ einfachere Zuordnung der Raumgruppen
- ▲ Wahl der richtigen Raumgröße, unabhängig von Ober- und Untergeschoss
- ▲ lästiges Treppensteigen entfällt
- ▲ leichte Erweiterungsmöglichkeit gegeben

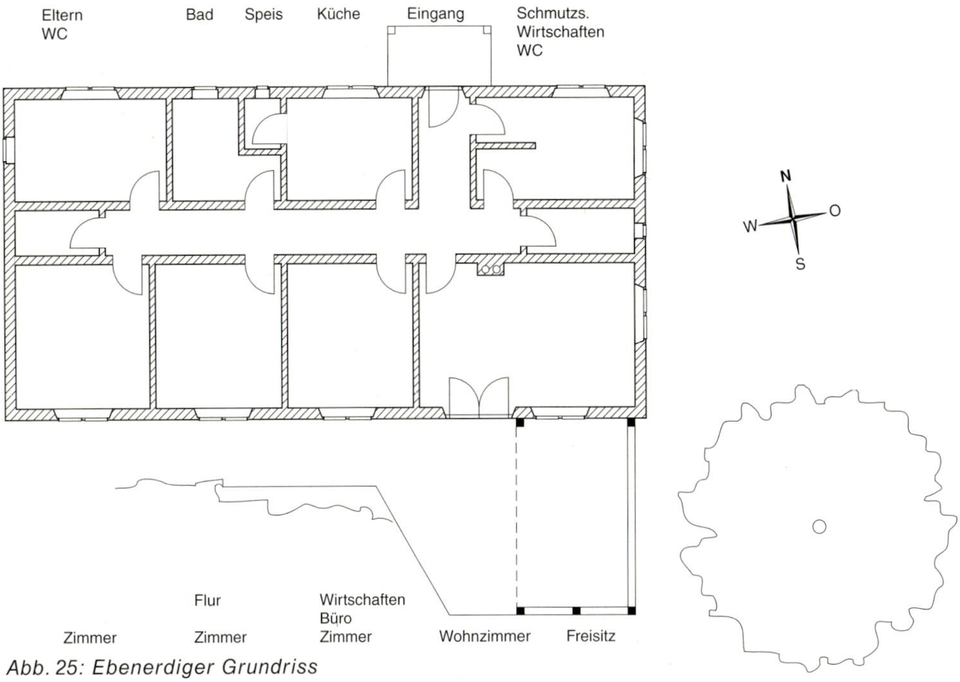

Abb. 25: Ebenerdiger Grundriss

Nachteile:

- höhere Baukosten durch größere überbaute Fläche (Dach, Fundament, Keller)
- längere Installationswege

Zwei- oder mehrgeschossiges Haus

Vorteile:

- kleinere überbaute Grundfläche
- Vollunterkellerung
- kürzere Installationswege – Einsparung durch sinnvolles Übereinanderlegen der Sanitärräume
- geringere Dachfläche

Nachteile:

- Einteilung und Größe der Räume in beiden Geschossen voneinander abhängig
- Unterbringung des Raumprogramms auf zwei Ebenen (Altenteil im Obergeschoss, d.h. Treppensteigen – oder Wirtschaftsräume im Untergeschoss)

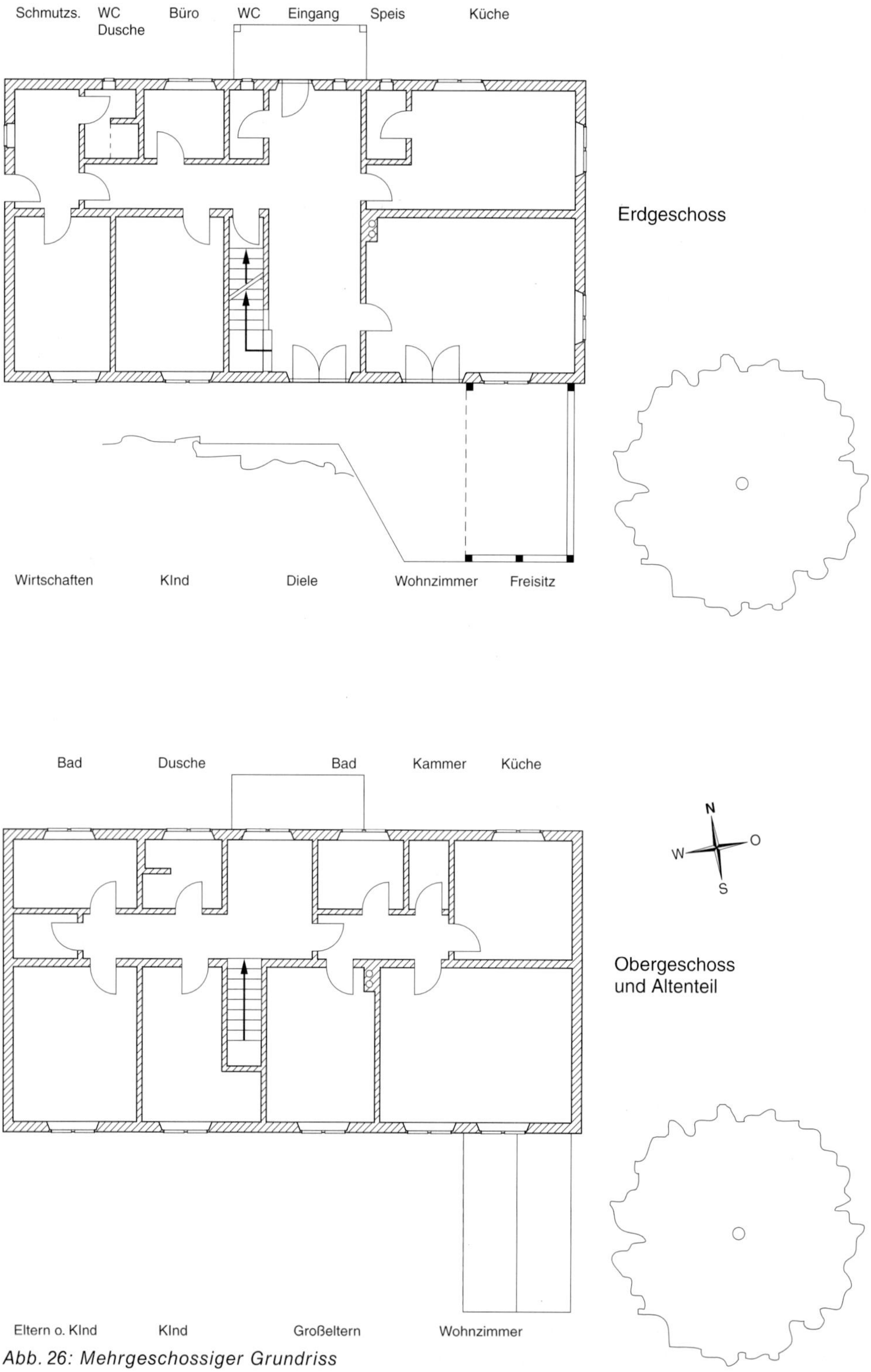

Abb. 26: Mehrgeschossiger Grundriss

Hat das Grundstück Hanglage – am besten Südlage – sollte man das Gelände möglichst geschickt ausnutzen (vgl. Abb. 21, Seite 21). An der Südseite des Untergeschosses können vollwertige Räume, wie Schlafzimmer, Altenteil o. ä. untergebracht werden, während die in der Erde liegende Hälfte für Keller und Heizung ausreichend ist.

Keller

Es ist zu überlegen, ob das Haus voll-, teil- oder nicht unterkellert werden soll. Der Keller verbindet das Haus mit dem Baugrund, schützt das Erdgeschoss gegen Feuchtigkeit und Kälte. Er bietet Platz für Neben- und Wirtschaftsräume, für Heizung, Brennmaterial, Vorräte, Wäschetrockenraum, Hobbyräume u.a.m.
Ein zweigeschossiges Einfamilienhaus sollte voll unterkellert werden, denn hier wird eine Teilunterkellerung keinerlei Kosteneinsparung bringen. Schon beim Ausheben des Baugrundes für die Kellerräume und für die Gräben der Fundamente auf Frosttiefe beim nicht unterkellerten Teil zeigt sich, dass ein Großteil des Erdreichs ausgekoffert wird.

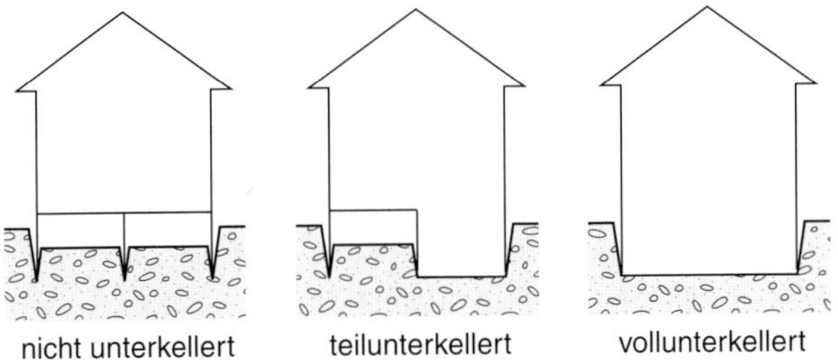

Abb. 27: Unterkellerung und Frosttiefe

Man muss den nicht unterkellerten Teil wieder auffüllen und zudem gegen aufsteigende Feuchtigkeit und Kälte gut isolieren. Bei unterschiedlichen Fundamenten besteht außerdem die Gefahr, dass beim Setzen des Hauses Risse entstehen.

Der Keller gehört vollständig unter die Erde!

Leider sieht man den Keller oft zur Hälfte aus der Erde herausschauen, sei es wegen der besseren Belichtung für den Hobbyraum oder weil man die Baugrube nicht so tief ausheben wollte, da man Grundwasser befürchtet. Man verliert dadurch aber zum einen die gute Verbindung des Erdgeschosses zum Garten (Terrassenhügel!) und zum anderen das vorteilhafte Kellerklima. Außerdem entstehen zusätzliche Kosten durch Außentreppen, Außenputz und Dämmung.
Hüten sollte man sich vor Garagen im Keller. Eine steile Abfahrt ist im Winter schlecht zu befahren, eine flache nimmt viel Gartenfläche weg. Dazu kommen teure Stützmauern an den Flanken zum Garten hin.

1.9 Gestaltung

Jedes neu zu errichtende Gebäude sollte sich nicht nur als einmaliges einzigartiges Werk präsentieren, sondern sich harmonisch in das Ortsbild einfügen. Es sollte sich an eine bestehende Bebauung oder Straßenräume in Form, Material und Gestaltung anpassen.
Im Außenbereich kann das Bauwerk durch eine Anlehnung an Bodenschwellen, Baumgruppen, vorhandene Bepflanzungen, Geländeverläufe in die Landschaft besser eingefügt werden.

Abb. 28: Gut gegliederter Straßenraum

Abb. 29: Eintönige Straßenführung

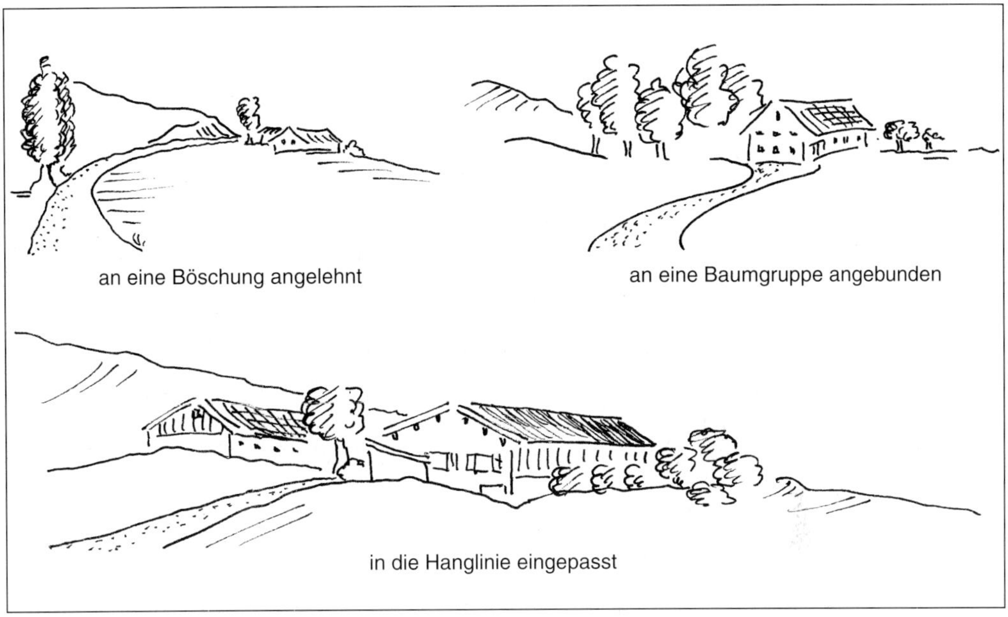

Abb. 30: Ausnutzung der Geländeform

Abb. 31: Harmonisch in die Landschaft eingefügte Gebäude

Gegenüber alten Bauernhäusern mit dominierenden Dächern und Baumassen haben neue Wohnhäuser, da sie allein dem Wohnen dienen, vergleichsweise bescheidene Ausmaße.

Darum sollten möglichst einfache Baukörper ohne Vor- und Rücksprünge, Loggien, flache Anbauten, Bögen, Pfeiler usw. erstellt werden. Man beschränkt sich auf wenige Fensterformate und sollte versetzte Fenster oder Glasbausteinschlitze bei Podesttreppen völlig vermeiden.

Abb. 32: Ansprechend gestaltetes Wohnhaus

Fassade

Das Aussehen eines Hauses wird von der Art der verwendeten Baustoffe, der Konstruktion selbst, den verschiedenen Maueröffnungen, dem Dach und unzähligen kleinen Details mitbestimmt.
Unterschiedliche Fassaden bei ein und demselben Haus verändern das Aussehen grundlegend (vgl. Abb. 73, Seite 58).

Abb. 33: Zerrissene Fassade – wohlgestaltete Fassade

Dach

Die beabsichtigte Nutzung (Ausbaufähigkeit, Lagerraum) und die gestalterischen Vorstellungen sind wichtige Kriterien, um sich für eine bestimmte Dachform zu entscheiden.
Fast jede verfügbare Dachform kann mit ein und demselben Grundriss kombiniert werden. Zusammen mit den unterschiedlichen Fassaden und möglichen Grundrissen ergeben sich vielfältige Gestaltungsmöglichkeiten.

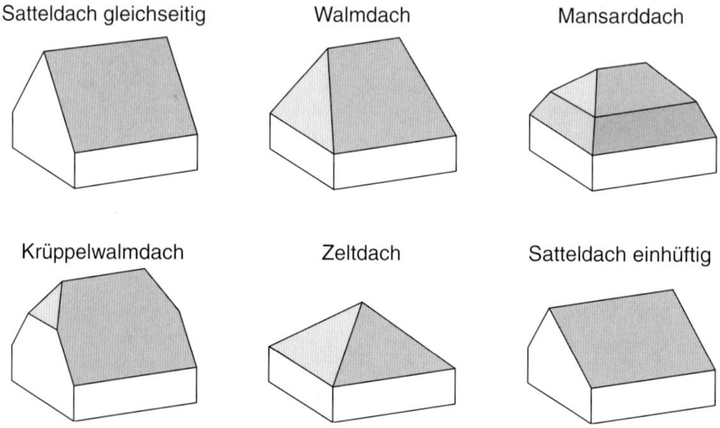

Abb. 34: Unterschiedliche Dachformen

Baumaterialien

Bei der Wahl der Baumaterialien ist Zurückhaltung ein Gebot. Die Beschränkung auf wenige, in ihrer Verwendung geprüfte, schadstofffreie Materialien führt zu besseren Lösungen und schont die Gesundheit.

Abb. 35: Baumaterialien am Altbau

Abb. 36: Baumaterialien am Neubau

Details

Das Baudetail bestimmt in seiner handwerklich sinnvollen Durchbildung wesentlich das Aussehen eines Hauses. Es bedarf eines kritischen Auswahlvermögens von Planer und Bauherr, um aus der angebotenen Vielfalt der Materialien die *Kombinationen* herauszufinden, deren bautechnische Eigenschaften, Größenordnungen und Gestaltungen übereinstimmen. Gebäude und Details sollten entsprechend ihren Funktionen aus einem bescheidenen Maßstab heraus entwickelt werden. Das Gebäude soll nicht die Grenzen der technischen Möglichkeiten und des gestalterischen Wagemuts aufzeigen.

steil geneigtes Dach

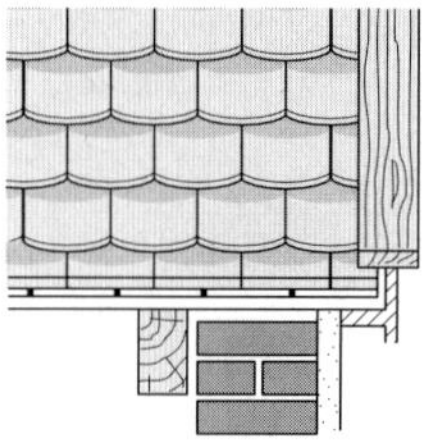

Sparrendachstuhl mit knappem Ortgang, glattem Giebelanschluss und Windbrett.

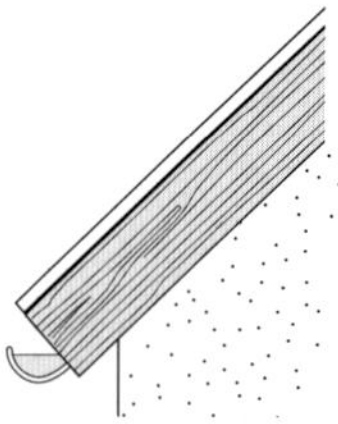

Giebelansicht mit Windbrett und knapper Traufe.

flach geneigtes Dach

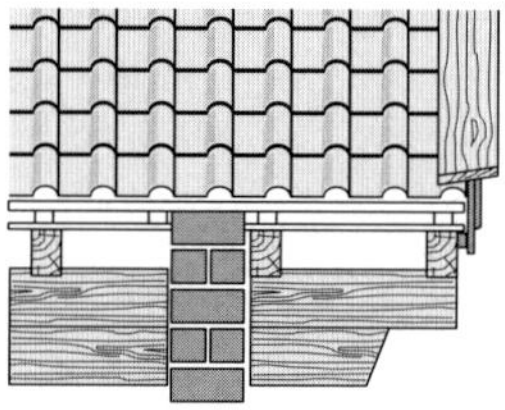

Pfettendachstuhl mit weit ausladendem Ortgang und Windbrett.

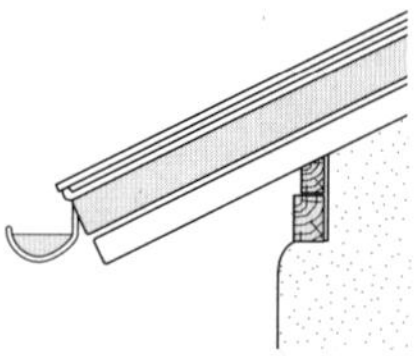

Giebelansicht mit Windbrett und ausladender Traufe.

Abb. 37: Ansprechende Details

Funktionsgerechte Grundrissgestaltung

2.1 Allgemeines

Die *Wohnbedürfnisse* der Menschen sind unterschiedlich und können sich auch innerhalb des gleichen Haushalts im Lauf der Zeit verändern. Neben allgemeinen hygienischen und hauswirtschaftlichen Belangen muss eine Wohnung zwei *Grundbedürfnissen* gerecht werden:

- ▲ dem Bedürfnis nach Kontakt und Kommunikation und
- ▲ dem Bedürfnis nach Alleinsein.

Grundriss

Um zu einem funktionsgerechten Grundriss zu kommen, wird man am besten nach einem Plan schrittweise vorgehen. Das gewünschte und notwendige Raumprogramm wird nach einem groben Schema aufgestellt und schriftlich festgehalten.

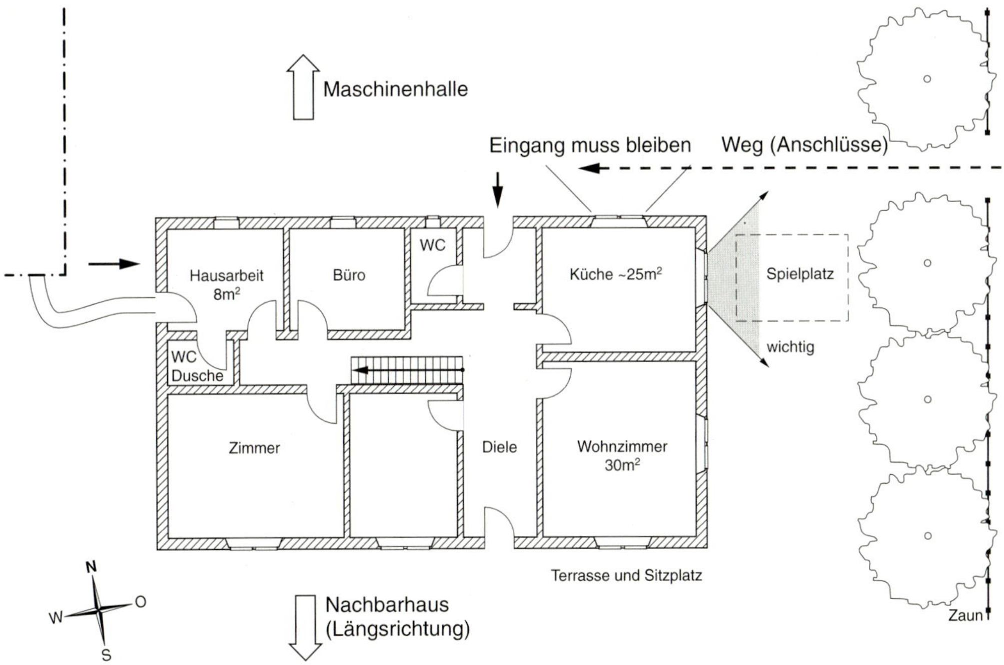

Abb. 38: Grundrissentwurf – Erdgeschoss

Dazu sind die Größen der einzelnen Räume, ihre Himmelsrichtung, die Aussicht, der Zugang und die Installation ungefähr festzulegen. Lebensgewohnheiten, Beschaffenheit des Grundstücks, Windrichtung, Nachbarbebauung usw. sind zu berücksichtigen. Anschließend erfolgt die Skizzierung dieser Planungspunkte auf Papier.
Schon in dieser Phase ist zu überlegen, ob nicht doch schon ein Architekt hinzugezogen werden soll.

Bedarfsfeststellung

Die wichtigsten Fragen:

- Welche Räume sind für die Familie notwendig?
- Wie groß sollen die Räume sein?
- Welchem Verwendungszweck sollen sie dienen?
- Ist eine Variation möglich?
- Wie sollen die Räume einander zugeordnet werden?
- Wie sieht die künftige Entwicklung aus?
- Wie viel darf das alles kosten?

Da oft nicht alle Anforderungen unter einen Hut zu bringen sind, ist es notwendig zu entscheiden, was am wichtigsten ist. *Kompromissfähigkeit*

Abb. 39: Sitzplatz unter einem Baum

und *Flexibilität* bringen mehr als eigensinniges Beharren auf schwer umzusetzenden Lösungen.
Eine starre Zuordnung bestimmter Nutzungen, Funktionen und Möblierungsweisen auf bestimmte Räume widerspricht diesem Ziel.

Außenbereich

In die Grundrissplanung ist auch der Außenraum mit einzubeziehen. Er hat einen nicht geringen Einfluss auf das Wohlbefinden der Bewohner. Es genügt vielleicht ein Sitzplatz unter dem Balkon, aber es könnte auch ein größerer überdachter Sitzplatz an das Haus angebaut werden. Auch unter einem großen Laubbaum kann man sich im Sommer herrlich aufhalten. Es gibt viele Möglichkeiten außer dem üblichen Sitzplatz mit Loggia und Terrassenhügel. Das Einbinden der Natur in die Planung kann gar nicht hoch genug bewertet werden.

Abb. 40: Gartenplatz beim Haus

2.2 Raumbedarf und Wohnungsgröße

Bedarfsabstimmung

Der Raumbedarf und die Wohnungsgröße werden beeinflusst durch

- finanzielle Möglichkeiten,
- Familiengröße,
- Alter der Familienmitglieder,
- Wohnansprüche der Familie,
- möglichen Einsatz technischer Hifsmittel und
- evtl. Begrenzung der Wohnfläche durch die Förderung mit öffentlichen Mitteln.

Prinzipiell wäre es notwendig für jedes Familienmitglied einen eigenen Raum einzuplanen, um dem Bedürfnis nach Stille, Ruhe und Alleinsein gerecht zu werden. Dabei ist zu berücksichtigen, dass Kinder wachsen, einen natürlichen Bewegungsdrang entwickeln und sich ihre Ansprüche an die Größe eines Raumes ändern. Wenn möglich sollten *Kinderzimmer* etwas großzügiger geplant werden.

Abb. 41: Mitwachsendes Kinderzimmer

Dagegen nehmen *Elternschlafzimmer* neben dem Wohnzimmer immer noch den größten Raum ein. Da sie in der Regel nicht als Aufenthalts- bzw. Rückzugsbereich dienen, könnte man ihre Größe ohne weiteres auf das notwendige Maß reduzieren.
Wohnzimmer, Küche oder *Esszimmer* hängen sehr stark von individuellen Wünschen und Vorstellungen ab.
Die Frage nach zusätzlichen Zimmern und ihrer Größe sollte weitgehendst durch *Bedarfsüberlegungen* beantwortet werden.
Jeder zusätzliche Raum verteuert die Bauherstellungskosten und die späteren Unterhaltskosten.

Wohnfläche

Die Wohnfläche einer Wohnung ist die Summe der anrechenbaren Grundflächen der Räume, die ausschließlich zu der Wohnung gehören. Gewisse Zubehör- und Wirtschaftsräume werden bei der Wohnflächenberechnung nicht berücksichtigt.

Grundfläche

Die Grundfläche eines Raumes ist aus den Fertigmaßen oder den Rohbaumaßen zu ermitteln. Bei Rohbaumaßen werden 3% für den Putz abgezogen.

2.3 Raumgruppen

Nicht nur im ländlichen Wohnhaus sind folgende Raumgruppen einzuplanen:

- ▲ *Wohnbereich* (Kommunikationsbereich)
- ▲ *Schlafbereich* (Individualbereich)
- ▲ *Wirtschaftsbereich* (technischer Bereich)
- ▲ *Altenteil* (Seniorenbereich)

Kommunikationsbereich

Der *Wohnbereich* ist der Mittelpunkt des Familienlebens. Er muss ausreichend groß sein, um dort die Mahlzeiten einzunehmen, die Freizeit zu verbringen und Besuche zu empfangen. Er sollte von Haupteingang und Diele geradewegs zu erreichen sein, möglichst nach Süden oder Westen liegen und eine Verbindung zum Garten oder zu einem überdachten Sitzplatz im Freien haben.

Der *Essplatz* kann dabei in einem gesonderten Raum mit direkter Verbindung zu Wohnraum und Küche untergebracht werden. Er kann aber auch einem Teil des Wohnraumes oder der Küche direkt zugeordnet sein. Die Größe wird bestimmt durch die Art der Einrichtung und die Zahl der Familienmitglieder. Der Essraum kann aber auch zum *großen Familienraum* werden, dem dann ein kleiner Wohnraum für sich zurückziehende Familienmitglieder zugeordnet wird.

Der *Freisitz* sollte wind- und regengeschützt sein (abgeschlepptes Dach), ausreichend Platz für eine Sitzgruppe haben und von der Küche gut zu erreichen sein.

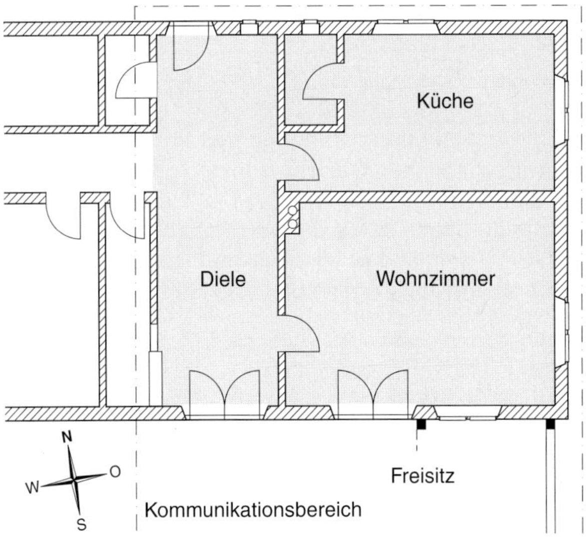

Abb. 42: Kommunikationsbereich

Individualbereich

Im *Schlafbereich* darf das Elternschlafzimmer so bemessen sein, dass darin auch ein Kleinkinderbett Platz findet und eine zusammenhängende Stellfläche für den Schrank vorhanden ist. Die Form des Raumes sollte auch eine andere als die zunächst vorgesehene Möbelanordnung zulassen, dies kann z. B. bei Krankheit notwendig werden. Schlafzimmer orientiert man am besten nach Osten. Für weniger begeisterte Frühaufsteher kann ein Sonnenschutz angebracht werden oder man sieht eine Nord- oder Westlage vor. Dem Elternschlafzimmer wird zweckmäßigerweise ein *Sanitärraum*, d. h. *Bad* und *WC* zugeordnet.

Zahl und Größe der *Kinderzimmer* richten sich nach Anzahl und Geschlecht der Kinder (z. B. zwei Mädchen oder zwei Buben in einem Zim-

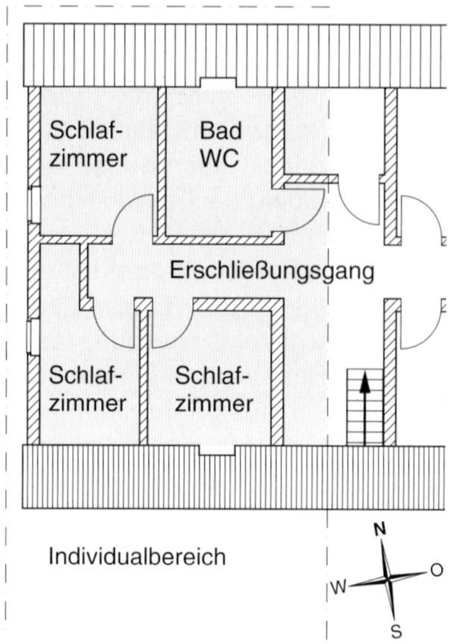

Abb. 43: Individualbereich

mer). Nach Möglichkeit sollte man jedoch jedem Kind sein eigenes Reich einplanen oder eine evtl. spätere Aufteilung eines sehr großen Kinderzimmers in zwei Einzelzimmer vorsehen. Kinderzimmer sollen nicht nur zum Schlafen dienen, sondern nach Größe und Ausstattung die sich ändernden Anforderungen berücksichtigen (Siehe Abb. 41, Seite 36). Bad oder Dusche und WC müssen leicht erreichbar sein. Eine Orientierung nach Osten, Süden oder Westen bietet sich an.

Technischer Bereich

Der *Wirtschaftsbereich*, der Hauptarbeitsbereich des im Haushalt Tätigen, soll nach arbeitswirtschaftlichen Gesichtspunkten geplant werden. Die Wirtschaftsräume dienen der Zubereitung der Mahlzeiten, dem Spülen, der Wäsche- und Kleiderpflege sowie der Vorratshaltung. Sie liegen günstig nach Norden oder Osten, und es ist zweckmäßig, wenn der oder die Haushaltende von hier aus den Zugang bzw. die Hofzufahrt überblicken kann.

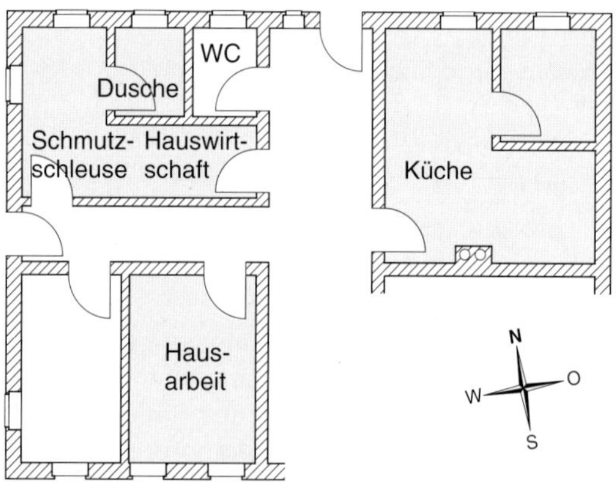

Abb. 44: Technischer Bereich

Seniorenbereich

Im Wohnhaus des landwirtschaftlichen Betriebes leben meist drei Generationen unter einem Dach. Um den großen Altersunterschied der Bewohner zu berücksichtigen, sollte man trennbare Bereiche schaffen und eine zweite kleinere Wohnung einplanen. Schon immer hatte man die

Zugehörigkeit der Altenteiler zum Hof gekannt und ihre Mithilfe für notwendig erachtet und geschätzt – ihnen aber oft ein eigenes kleines Haus errichtet. Aus Kostengründen ist dies heute regelmäßig nicht mehr möglich, aber ein eigener Bereich sollte den Altenteilern ein selbständiges Leben garantieren. Am günstigsten liegt das Altenteil zu ebener Erde, vor allem dann, wenn alte Menschen keine Treppen mehr steigen können.

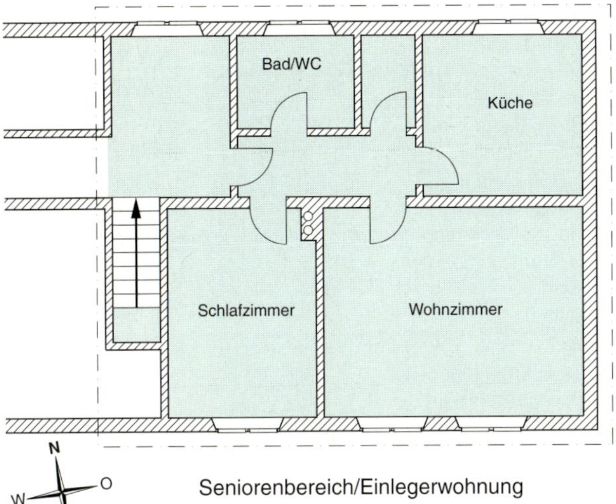

Abb. 45: Seniorenbereich

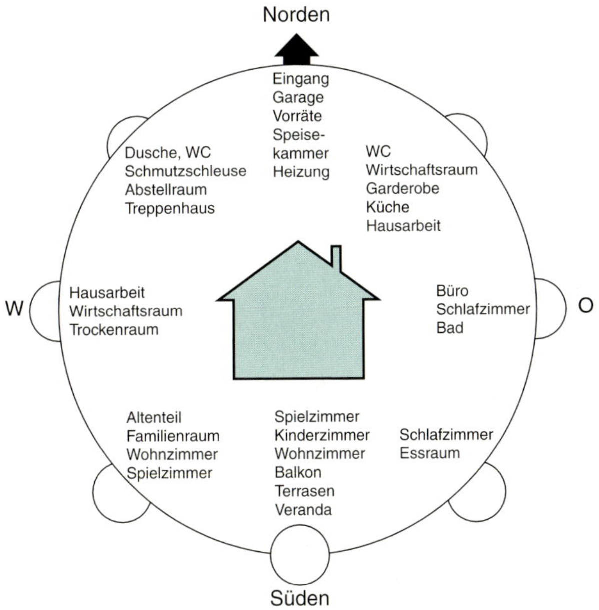

Abb. 46: Orientierung der Räume zur Himmelsrichtung

2.4 Raumgrößen

Raum	ca. m²
Wohnzimmer	20 - 24
mit Essplatz	- 30
Essplatz	10 - 12
Familienraum	20 - 24
Arbeitszimmer	6 - 8
Kinderzimmer	10 - 15
Schlafzimmer	
2 Betten	14 - 18
1 Bett	8 - 10
Sitzplatz im Freien	10 - 12
Arbeitsküche	9 - 12
mit Essplatz	15 - 22
Hausarbeitsraum	8 - 12
Hauswirtschaftsraum	8 - 12
Schmutzschleuse	5 - 8
Bad	4 - 9
Dusche	2 - 3
WC	2 - 3
Speisekammer	2 - 4
Vorratsräume	- 20
Büro	8 - 12

Abb. 47: Raumgrößen im bäuerlichen Wohnhaus

Für die einzelnen Raumgrößen gibt es in entsprechenden DIN-Normen Mindestabmessungen. Diese können für das individuell geplante Haus als Entscheidungshilfen dienen. Inwieweit man sich an einzelne Größenvorgaben hält, hängt weitgehend von den Wünschen und Bedürfnissen der Familie ab. Trotzdem sollte man darauf achten, dass Stellflächen, Abstände und Bewegungsflächen bzw. -räume in ihren Mindestabmessungen nicht unterschritten werden.
Die folgende Übersicht kann als Anhaltspunkt für eine Planung verstanden werden:

Invalidität

Für ältere oder in ihrer Bewegungsfähigkeit behinderte Personen müssen die Raumgrößen (z. B. für Sanitärräume, Gänge) zum Teil überschritten werden, da durch eingeschränkte Beweglichkeit größere Bewegungsflächen erforderlich sind.
Hierbei berücksichtigt man auch, dass ein Rollstuhl oder ein fahrbares Krankenbett eine größere Türweite und einen größeren Bewegungsbereich in der Nähe der Tür benötigt.
Es kann notwendig werden, für das Alter und eine mögliche Invalidität vorzuplanen und z. B. für Hilfsgeräte (Personenhebeanlage, Aufzug) Platz bereitzuhalten.

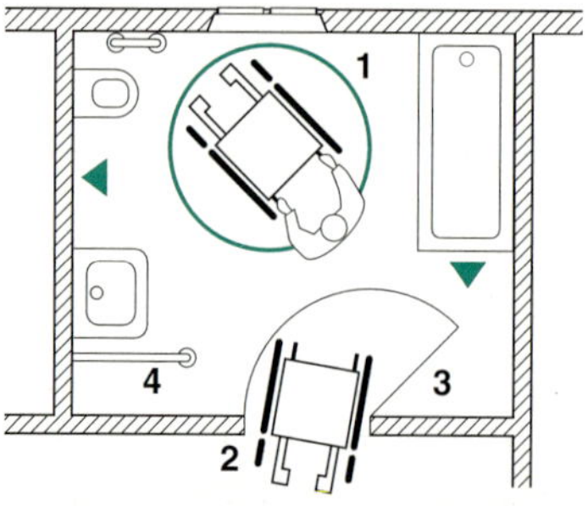

◀ möglicher Einbau einer Hebeanlage
1 Mindestdrehbereich eines Rollstuhles
2 größere Durchgänge bei Türen
3 größerer Schwenkbereich bei Türen
4 Einbau von Griff- bzw. Haltestangen

Abb. 48: Behindertengerechtes Bad

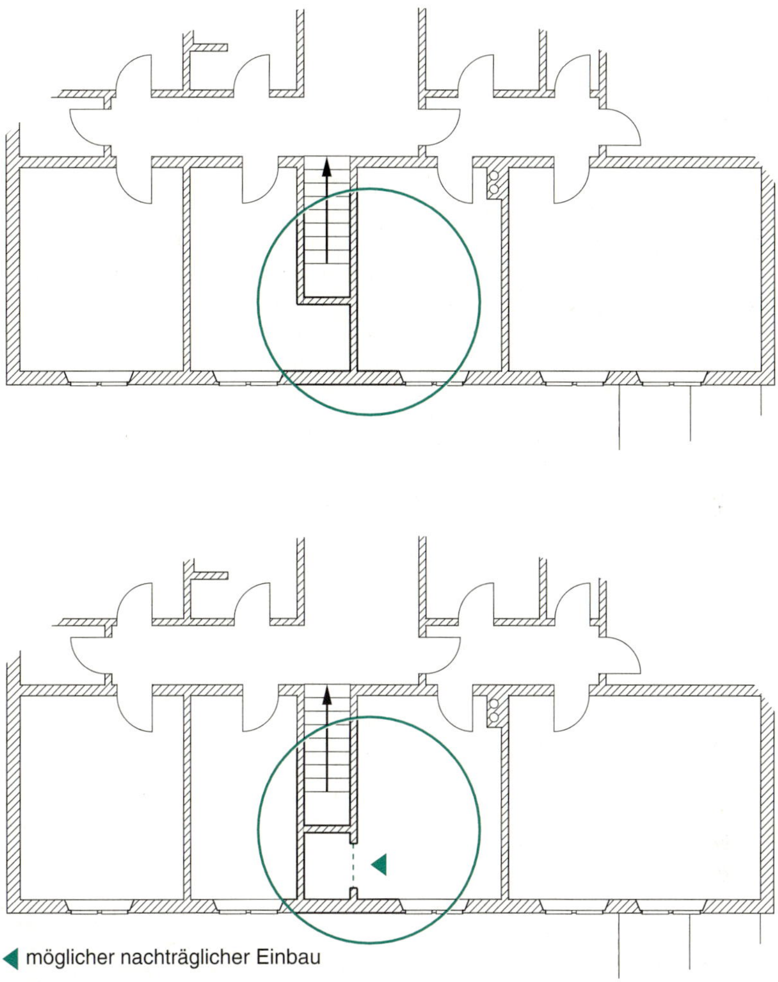

Abb. 49: Möglicher nachträglicher Einbau eines behindertengerechten Aufzuges

2.5 Beurteilung eines Grundrisses

Bei der Beurteilung eines Grundrisses sind zu beachten:

- ▲ Hauserschließung
- ▲ Zuordnung der Raumgruppen
- ▲ Raumformen
- ▲ Installationen

Hauserschließung

Hauseingang Vom Straßenzugang oder von der Hofeinfahrt sollte der Hauseingang gerade zu erreichen sein und der Besucher nicht umständlich um das Haus herumgeführt werden.

Wirtschaftseingang Ein Wirtschaftseingang mit Schmutzschleuse sollte *nicht* direkt neben dem Haupteingang liegen und *nicht* so angeordnet sein, dass er dem Besucher zuerst auffällt.

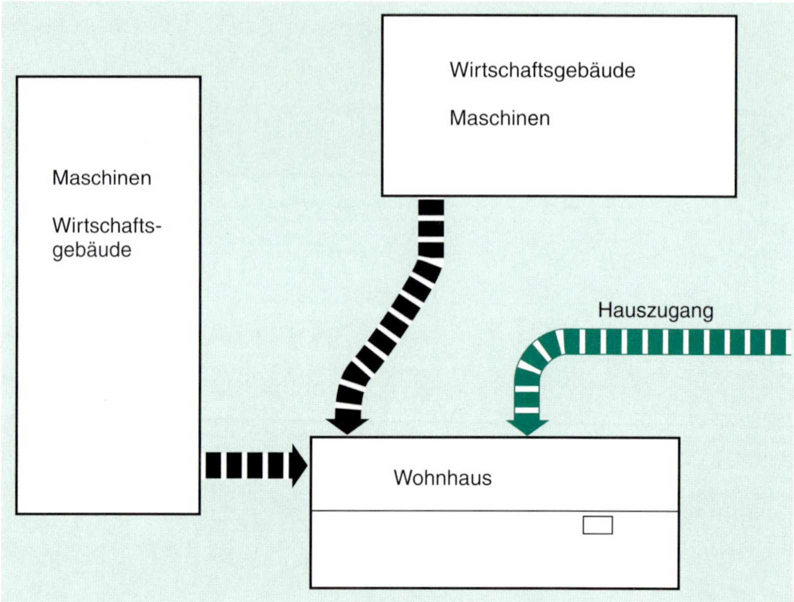

Abb. 50: Mögliche Wirtschaftseingänge

Abb. 51: Wenig ansprechende Fassadengestaltung

Der Zugang zum Haus sollte von der Küche aus zu überblicken sein. Ein Vordach über dem Eingang ist zweckmäßig. Auf einen kleinen Windfang sollte eine geräumige Diele folgen, die auch ausreichend Raum für die Begrüßung der Gäste sowie der Garderobe bietet und von der aus man direkt in die Wohnstube oder den Familienraum gehen kann. Erschließungsgänge sollten nur zum Schlafbereich und zu den technischen Räumen führen. Die Belichtung des Treppenhauses muss sorgfältig geplant werden.

Abb. 52: Eine bessere Lösung für das Treppenhaus

Zuordnung der Raumgruppen

Die Räume müssen nicht nur *funktionsmäßig* (Reduzierung von Wegen, Energieeinsparung), sondern auch *technisch* zugeordnet werden (Installationskosten!).
Schlafräume z. B. haben andere Aufgaben als Aufenthaltsräume. So lassen sich Räume mit bestimmten Aufgaben zusammenfassen, z. B. häufiger benutzte Räume, Sanitärräume, Lagerräume, nicht beheizte Räume, usw. Auch innerhalb der einzelnen Raumgruppen kann man durch sinnvolles Anordnen der Räume Kosten sparen, Arbeitsaufwände reduzieren, Behaglichkeit schaffen.

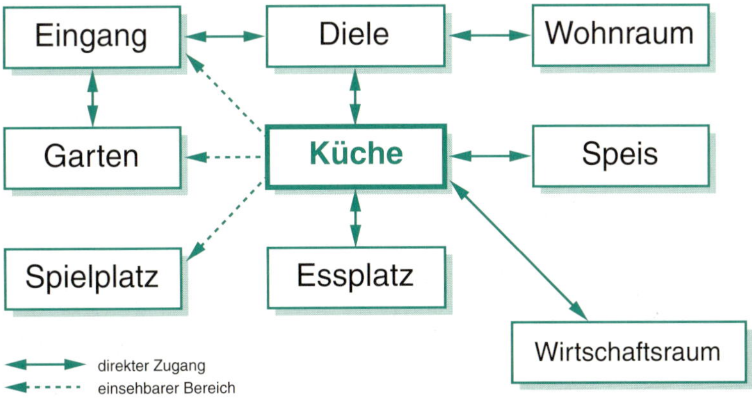

Abb. 53: Beziehung der Räume zueinander (Kommunikationsbereich)

Raumformen

Möblierbarkeit Besonderes Augenmerk ist auf die gute Möblierbarkeit der Räume zu legen. Diese hängt oft gar nicht so sehr von den wünschenswerten Quadratmetern, sondern mehr von der Form des Raumes ab. Quadratische oder rechteckige Räume sind sehr gut zu möblieren. Wogegen jede nicht rechtwinklige Ecke Probleme mit den Möbeln aufwirft.
Es sollen ausreichende Stellflächen berücksichtigt werden, vor allem wenn Einbauschränke zwischen zwei Mauern vorgesehen sind. Besonders auf die Anordnung der Fenster, Türen und deren Öffnungsbereich hinsichtlich der Möblierung sollte man achten.

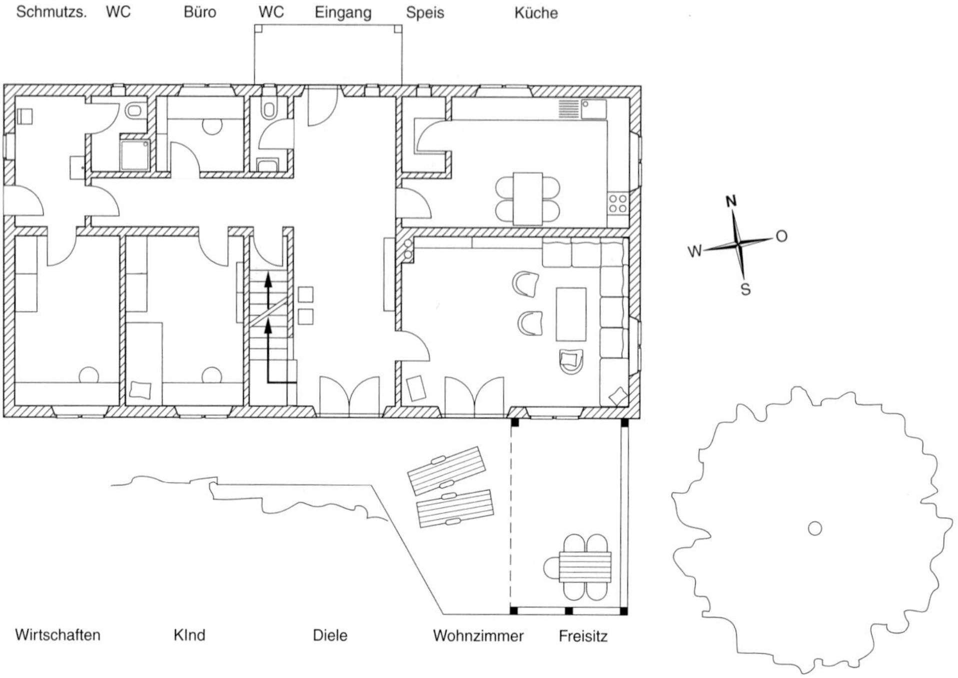

Abb. 54: Neues Wohnhaus – Erdgeschoss mit möglicher Einrichtung

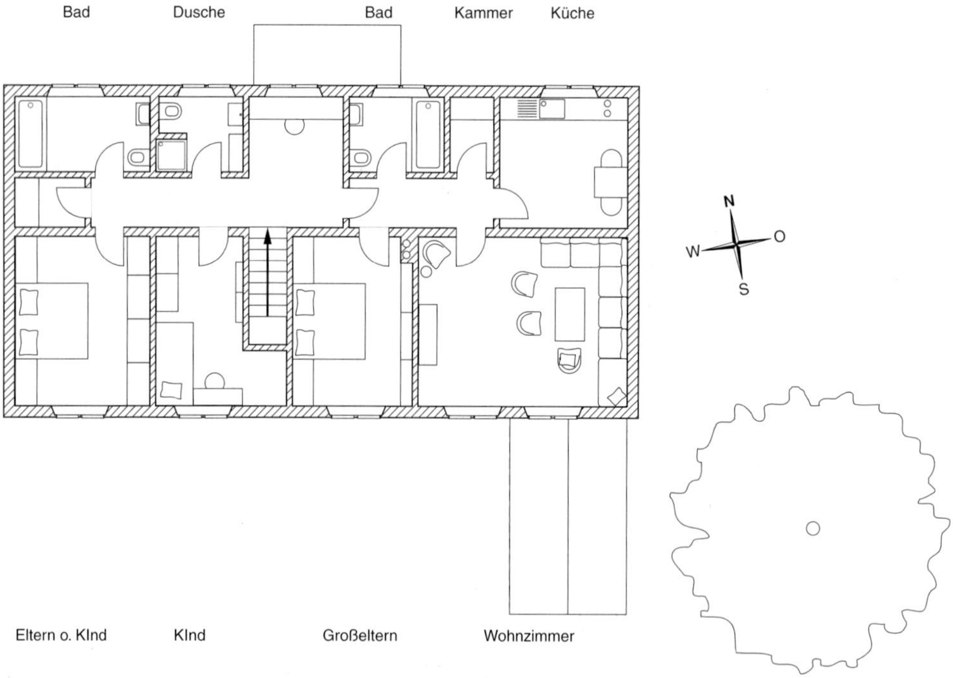

Abb. 55: Neues Wohnhaus – Obergeschoss mit Altenteil und möglicher Einrichtung

Werden Einbauten vorgesehen, z. B. in der Küche, ist auf die Brüstungshöhe der Fenster zu achten. Fenster sollen die Arbeitsflächen belichten. Ebenso muss auf den Aufschlag der Türen geachtet werden.
Raumgröße In Schlafräumen, mit Ausnahme der Kinderzimmer, Nebenräumen und Gängen sollte man zwar sparsam mit den Maßen umgehen, jedoch ausreichend Platz für notwendige Bewegungsflächen (Krankentrage, Krankenpflegebett) vorsehen. Betten sollten besser nicht an einer Außenwand stehen.
Raumnutzung Die Räume müssen sorgfältig geplant und sollten später auch ihrem Planungszweck nach genutzt werden, denn dafür wurden sie auch entsprechend ausgestattet (z. B. Elektroinstallation, Wasserinstallation).

Installation

Ein oft übersehener Punkt ist die Einbeziehung der Installation in die Beurteilung des Grundrisses. Kurze Wege, insbesondere der Abflusswasser- und Warmwasserleitungen sowie ihre Zusammenfassung an Installationswänden ist anzustreben. Andererseits sind später mögliche Nutzungsänderungen der Räume bereits bei der Planung zu berücksichtigen.
Es ist vorteilhaft Bäder, Toiletten, Wasseranschlüsse und -abflüsse in verschiedenen Etagen übereinander, auf der gleichen Ebene nebeneinander anzuordnen (Reduzierung der Leitungslängen).
Im Bad ist es angenehmer, wenn die Badewanne nicht unter dem Fenster liegt. Das WC sollte vom Bad getrennt sein. Bei mehr als 5 Personen kann es zweckmäßiger sein im Schlafbereich getrennte Waschplätze vorzusehen. Auch ist es sinnvoll, eine getrennte Dusche mit Waschbecken einzuplanen.

Hilfen

Dies kann nur eine kleine Aufzählung beachtenswerter Punkte sein. Ist man sich aber hinsichtlich seiner Vorstellungskraft nicht ganz sicher, sollte man sich ruhig vom Architekten eine Wandabwicklung, besser noch eine perspektivische computerunterstützte Animation zeigen lassen. Gerade bei Räumen die stark von den üblichen Vorstellungen abweichen oder bei teuren Einbaumöbeln vermittelt ein räumliches Bild noch den besten Eindruck des zukünftigen gewünschten Aussehens.

Abb. 56: Neues Wohnhaus – Ansicht

Hilfsreich ist auch ein verkleinertes plastisches Modell des zukünftigen Grundrisses.

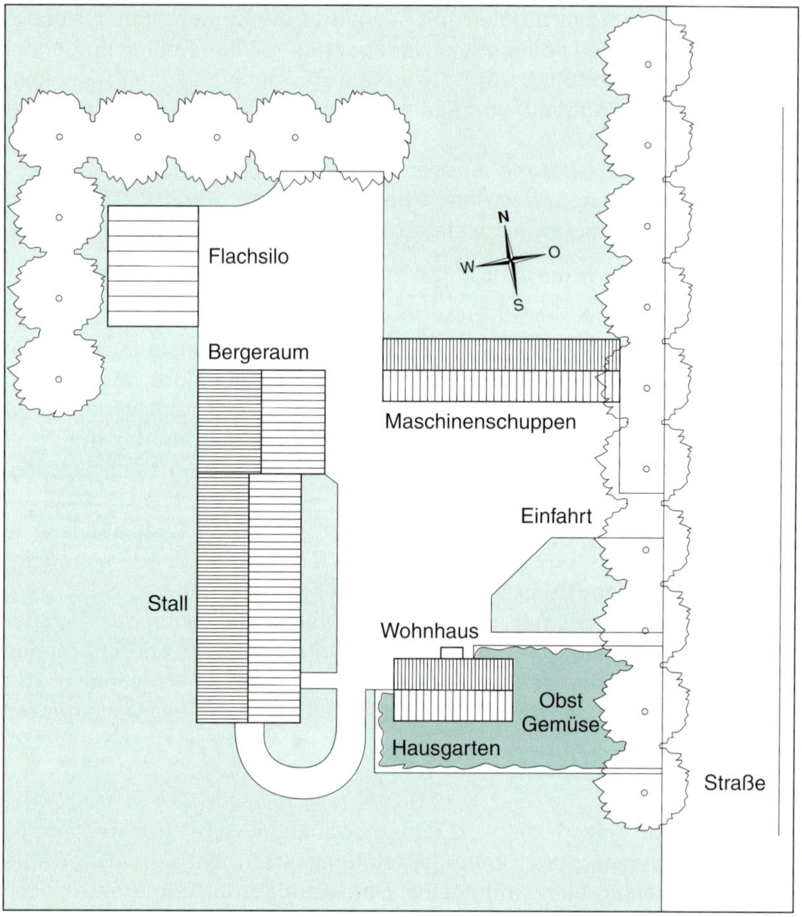

Abb. 57: Neues Wohnhaus – Lageplan

Rohbau

3.1 Baugrund

Der Baugrund hat die Aufgabe, die *Bauwerkslasten* aufzunehmen. Bei unbekannten Baugrundverhältnissen empfiehlt sich eine Baugrunduntersuchung durch einen Fachmann. In einfachen Fällen genügt eine Schürfgrube, die tiefer sein muss als die Fundamente.
Fehleinschätzungen des Baugrundes führen meist zu technisch und wirtschaftlich schwer zu reparierenden Schäden. Um dem entgegenzuwirken erkundet, untersucht und beurteilt man den gewählten Baugrund.
Wichtige Fragen für die Entscheidung sind:

▲ Welche Bodenart herrscht in welcher Tiefe vor?

▲ In welcher Tiefe befindet sich tragfähiger Boden, wie mächtig ist er?

▲ Wie hoch ist der höchste Grundwasserstand?

▲ Besteht die Gefahr einer Setzung?

▲ Besteht Frost- oder Ausspülgefahr?

▲ Enthält der Boden betonschädliche Stoffe?

▲ Wie liegen die Versorgungsleitungen?

Qualität des Baugrundes

Die Beschaffenheit des Baugrundes hat einen großen Einfluss auf die Baukosten. Vorsicht ist geboten bei hohem Grundwasserstand, aufgeschüttetem Boden u.ä. Der Baugrund wird auch die Frage nach der Unterkellerung wesentlich mitbestimmen.

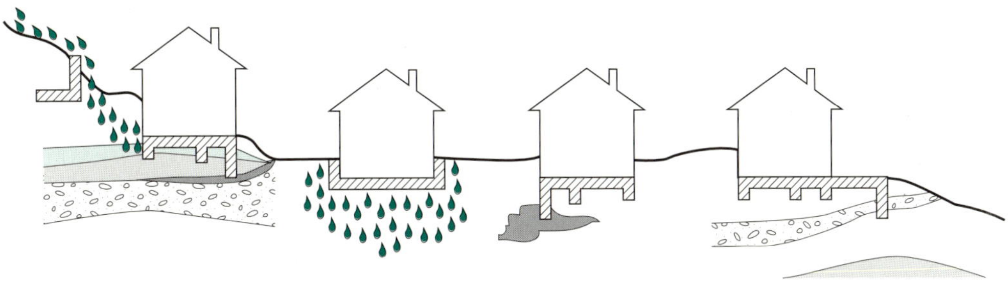

Abb. 58: Gefahren durch den Baugrund

Ein *guter Baugrund* ist Fels, Kies, Kiessand, Grobsand (nichtbindige Böden) und trockener Ton, trockener Lehm oder trockener Mergel (bindige Böden).
Als *mittelguten Baugrund* versteht man Feinsand, Mittelsand (nichtbindige Böden) und feuchten Ton, feuchten Lehm und Mergel (bindige Böden).
Schlechter Baugrund damit nicht zu empfehlen, sind Muttererde, Löß, Schlamm, Knollenmergel, Torf, Moorerde, aufgeschütteter Boden und Mehlsand.
Aufgefüllter Boden, wie alte Kiesgruben oder Mülldepots, ist für eine gewöhnliche Fundierung ungeeignet, unter Umständen sogar gefährlich und sollten vermieden werden.

Die Kosten einer eingehenden Bodenuntersuchung fallen gegenüber den Schäden einer ungünstigen Gründung kaum ins Gewicht.

Nach Art des Baugrundes wird die notwendige Gründung des Hauses vom Statiker gewählt.

3.2 Fundamente

Die Lasten des Gebäudes werden durch die Fundamente in den Baugrund weitergeleitet bzw. verteilt. Von der Tragfähigkeit der Fundamente hängt auch die *Standsicherheit* des Gebäudes ab.
Lasten, die das Fundament aufnimmt sind:

- ▲ Eigengewicht der Bauteile (Mauern, Decken, Dach, usw.)
- ▲ Wind- und Schneelasten
- ▲ Verkehrslasten (Menschen, Maschinen, Einrichtungen, usw.)

Es gibt je nach Anforderungen unterschiedliche *Arten von Fundamenten*. Die gebräuchlichsten sind:

- ▲ Streifenfundament (für Wände, am häufigsten angewandt)
- ▲ Einzelfundament (für Stützen und sehr leichte Gebäude)
- ▲ Plattenfundament (bei ungünstigeren Bodenverhältnissen)

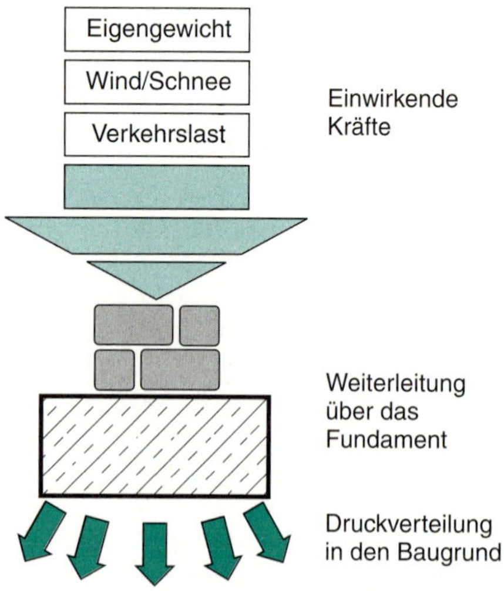

Abb. 59: Lasten die das Fundament aufnimmt

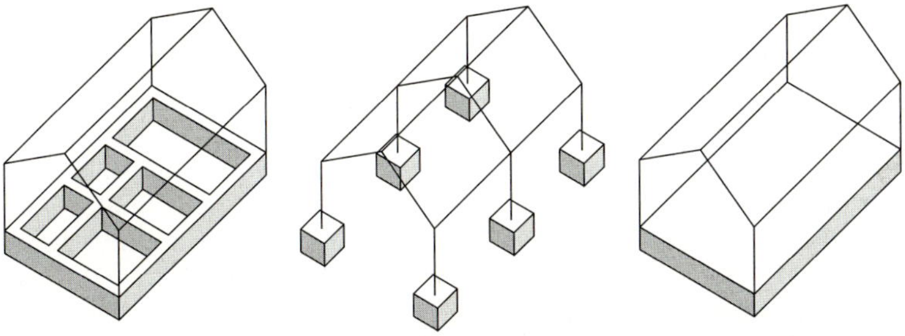

Abb. 60: Die gebräuchlichsten Fundamente

Fundamente werden frostfrei gegründet. Je nach *Klimaregion* und *Bodenverhältnissen* liegt die Frostgrenze zwischen 0,8 m und 1,5 m tief. Als Material für Fundamente wird fast überwiegend *Beton* verwendet. Er ist leicht herzustellen, zu transportieren, zu verarbeiten und einzubauen. In Beton eingegossener *Baustahl* macht ihn auch auf Zug und Biegung belastbar. Zu erwähnen ist noch die *Grundwasserwanne* bei zu hohem Grundwasserstand und drückendem Wasser (regelmäßige Messungen notwendig). Sie besteht aus einer wasserdichten Bodenplatte, fugenlos kombiniert mit wasserdichten Kellerumfassungswänden. Sie verteuert die Baukosten in empfindlichem Umfang, auch wird eine Absenkung des Grundwasserspiegels, bzw. ein Abpumpen der Baugrube während der Bauzeit notwendig.

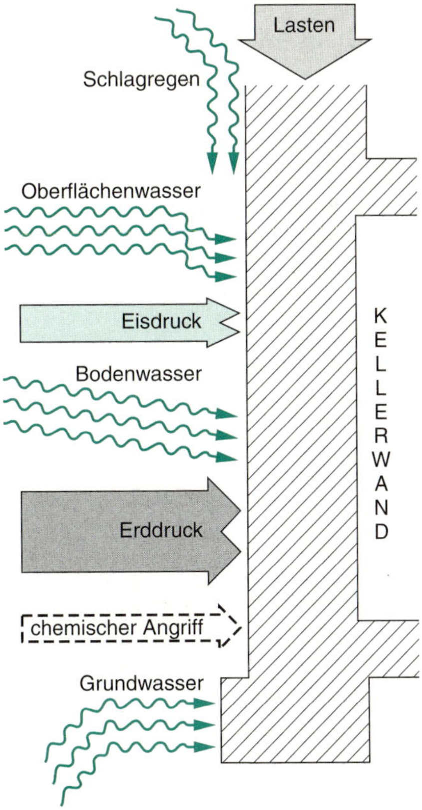

Abb. 61: Belastungen auf die Kelleraußenwand

3.3 Kellerwände

Kelleraußenwände

Die Kelleraußenwände haben die Aufgabe, den anfallenden *Erddruck, Eisdruck* im Winter, *Erdfeuchtigkeit* bzw. Grundwasser und *chemische Angriffe* der Erde von den Kellerräumen fernzuhalten. Zugleich müssen sie ihre *statischen Aufgaben* erfüllen und Lasten in das Erdreich ableiten.

Materialien

Beton, alle Schwerbetonsteine oder Schalungssteine, die mit Beton ausgefüllt werden, Vollziegel und Kalksand-Vollsteine, vermauert mit Zementmörtel, kommen für den Kellerbau in Frage. Zur Verbesserung der Wärmedämmung können an der Kelleraußenseite Dämmplatten aus nicht wasseraufnehmenden Dämmmaterial als sogenannte Perimeterdämmung angebracht oder für die Kelleraußenwände geeignete und zugelassene Loch- oder Leichtsteine verwendet werden.
Kellerlichtschächte gibt es als Fertigteile.

Feuchteschutz

Um das Eindringen und Aufsteigen von Feuchtigkeit von unten her zu verhindern, werden beim Mauerwerk waagrechte *Sperrschichten* z.B. aus Bitumenpappe oder Folie eingebaut. Bei Betonwänden ist ein Sperrbeton empfehlenswert, der wasserundurchlässig ist.
Gegen seitliche andrängende Feuchtigkeit wird an den Wänden außen entweder ein mehrmaliger *Bitumenanstrich* oder eine Spachtelmasse aufgetragen. Bewährt haben sich auch Dichtungsbahnen unterschiedlichster Ausbildung, die an der Außenseite vollflächig verklebt werden. Sie verhindern nicht nur das Eindringen von Wasser, sondern leiten es nach unten zur Dränage ab.
Um den Kellerfußboden gegen aufsteigende Feuchtigkeit zu schützen, kann entweder eine *Sperrbetonplatte* (wasserdicht) oder im Bodenaufbau eine *Folie* bzw. eine *Bitumendachpappe* auf einer Betonschicht verlegt werden. Darauf wird eine *Schutzschicht* aus Zementestrich aufgebracht.

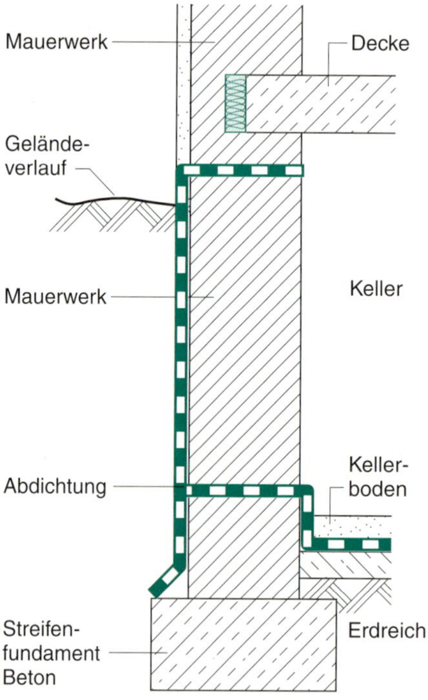

Abb. 62: Feuchteschutz einer Kelleraußenwand

Dränage

Beim Auftreten von Wasser im Erdreich und auch sonst sollte eine Dränageleitung (Entwässerungsleitung) verlegt werden. Das ist regelmäßig bei hoher *Bodenfeuchtigkeit* in durchlässigem Boden, bei *Stau-* und *Druckwasser* und bei Gebäuden an der *Berg-* bzw. *Hangseite* der Fall. Die Leitung soll nicht höher als die Fundamentensohle liegen und mit grobem Kies abgedeckt werden.

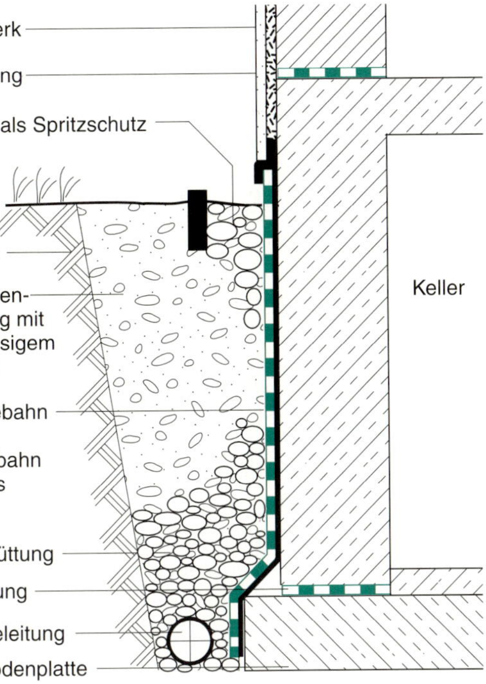

Abb. 63: Dränage der Kelleraußenwand

Kellerinnenwände

Die Kellerinnenwände werden vorwiegend in Kalksandsteinen oder Ziegelsteinen ausgeführt. Sie müssen ebenso gegen aufsteigende Feuchtigkeit isoliert werden.
Um den Feuchtigkeitsschutz zu gewährleisten, darf die untere Sperrschicht nicht unterbrochen werden.

So günstig das Kellerklima für bestimmte Arten der Lagerhaltung auch sein mag, für angenehme Wohnzwecke ist es ungeeignet.

3.4 Brandwände

Brandwände sind feuerbeständige, standfeste und tragfähige, in der Regel öffnungslose Wände, die unter Brandeinwirkung und allen bei Bränden möglichen Nebeneinwirkungen ihre *Standsicherheit* bewahren und als *Raumabschluss* wirksam bleiben.
Bei der Anordnung von Brandwänden wird zwischen *Grenzbrandwänden* und *Brandwänden im Gebäude* unterschieden.

Grenzbrandwände

Diese werden verlangt, wenn unmittelbar an der Grenze oder in geringem Abstand zu ihr ein Gebäude erstellt wird. Hierfür gibt es vorgeschriebene Mindestabstände, die jeweils in den Bauordnungen der Bundesländer festgelegt sind.

Brandwände im Gebäude

Zwischen Wohn- und Betriebsgebäude sowie zwischen Wohn- und Schlafräumen und dem Betriebsgebäude sind Brandwände zu errichten, wenn der umbaute Raum des Betriebsgebäudes eine bestimmte Größe überschreitet.
Die Begriffe *feuerhemmend, feuerbeständig* und *hochfeuerbeständig* sind aus dem bauaufsichtlichen Sprachgebrauch entnommen.

▲ *Feuerhemmend* ist ein Bauteil, das sich mindestens 30, höchstens 90 Minuten dem Feuer widersetzt.

▲ *Feuerbeständig* ist ein Bauteil, das sich mindestens 90, höchstens 180 Minuten dem Feuer widersetzt.

▲ *Hochfeuerbeständig* ist ein Bauteil, das sich mehr als 180 Minuten dem Feuer widersetzt.

Öffnungen

Die Türen in Brandwänden müssen feuerbeständig oder mindestens feuerhemmend und selbstschließend sein. Lichtöffnungen sind auf ein äußerst notwendiges Maß zu beschränken und entsprechend den Brandschutz-Bestimmungen auszuführen.

3.5 Außenwände

Während im traditionellen Mauer- und massiven Holzbau die Anforderungen an die Außenwände vom gleichförmigen Wandquerschnitt und der entsprechenden Dicke erfüllt wurden, werden heute auch *mehrschalige* oder *mehrschichtige* Konstruktionen geringerer Dicke ausgeführt. Dabei finden unterschiedliche Materialien für die verschiedenen Teilfunktionen, wie Tragen, Dämmen und Abdichten, Verwendung.

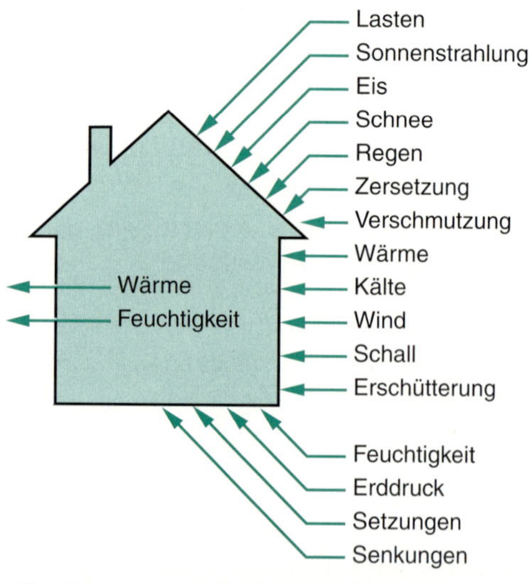

Abb. 64: Einwirkungen auf die Außenwände

Eine Außenwand soll

- ▲ wetter- und frostbeständig sein,
- ▲ bei Regen und Schnee vor Feuchtigkeit schützen,
- ▲ atmungsaktiv sein (eigene Feuchtigkeitsregulierung),
- ▲ Wärme dämmen und speichern,
- ▲ Schall dämmen,
- ▲ belastbar sein (statische Eignung).

Wandaufbau

Man kann grob unterscheiden zwischen *einschaligen* Wänden einerseits und *mehrschaligen* Wänden andererseits.

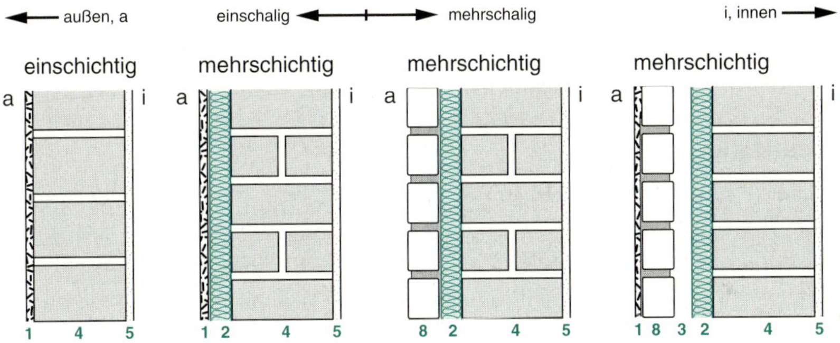

1 Außenputz
2 Wärmedämmung
3 Luftzwischenraum
4 Mauerwerk
5 Innenputz
8 Verblendmauer

Abb. 65: Einschalige und mehrschalige Außenwand

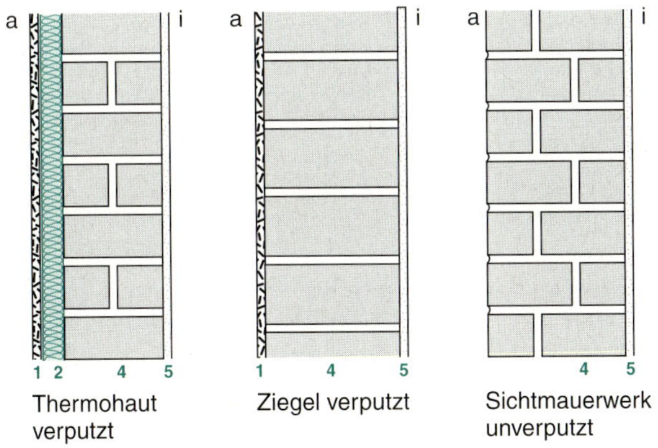

Abb. 66: Einschaliges Mauerwerk

1 Außenputz
2 Wärmedämmung
4 Mauerwerk
5 Innenputz

Einschaliges Mauerwerk ist über die ganze Dicke tragfähig und sollte eine Mindestdicke von 24 cm, besser noch 36,5 cm haben.
Ein *mehrschaliges Mauerwerk* besteht aus einem tragenden (Innenschale) und einem nichttragenden Teil (Außenschale).

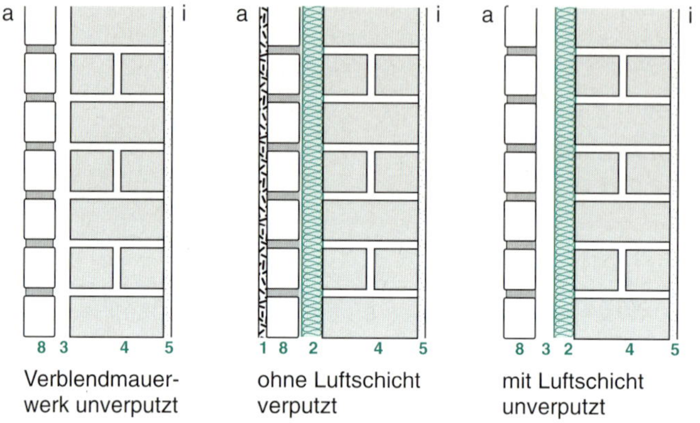

1 Außenputz
2 Wärmedämmung
3 Luftschicht
4 Mauerwerk
5 Innenputz
8 Verblendmauer

Abb. 67: Mehrschaliges Mauerwerk

Materialien

Für die *Außenwand* kommen Ziegel, ebenso Natursteine, Kunststeine, bzw. Beton und auch wieder Holz in Frage. Jeder dieser Baustoffe weist Vor- und Nachteile auf und es liegt in der Entscheidung des Bauherrn, welchen Vorteilen er den Vorzug gibt bzw. welche Nachteile er bereit ist in Kauf zu nehmen.

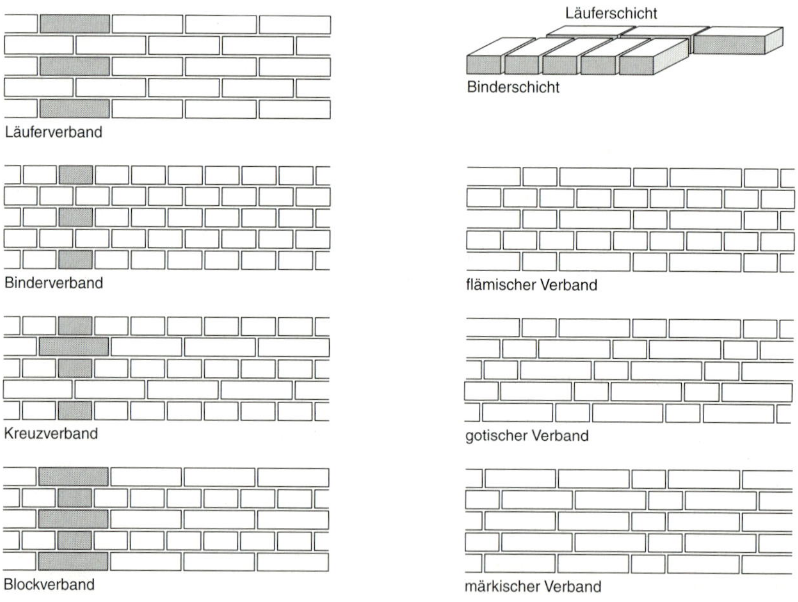

Abb. 68: Verbände beim Sichtmauerwerk

Ziegel

Ziegel kann in verschiedenen Ausführungen verwendet und in unzähligen Verbänden gemauert werden. Trotz seiner überwiegend positiven Eigenschaften wurde der *Vollziegel* aus wirtschaftlichen Gründen vom *Lochziegel* verdrängt. Dieser weist sehr gute raumklimatische bei ebenso guten bauphysikalischen Eigenschaften auf. Ein Nachteil kann, bei geringerer Wandstärke, die Durchfeuchtungsgefahr sein, weshalb stets ein guter Außenputz zum Schutz gegen Niederschlagsfeuchtigkeit notwendig ist, der etwaiges Tauwasser ungehindert verdunsten läßt. Ziegel kann im ländlichen Wohnungsbau ohne weiteres der bestimmende Baustoff sein.

Natursteine

Bauen mit Natursteinen ist teuer und wird deshalb heute nur noch regelmäßig als dünne Platten für die *Wetterhaut* und als *gestalterisches Element* zur Verblendung ohne statische Funktion verwendet. Natursteine bieten ein reizvolles Farbenspiel, eine interessante Struktur und sind auch als Wetterschutz ohne weiteres zu empfehlen.

Abb. 69: Natursteinmauerwerk

Kunststein

Kalksandstein, Leichtbeton und *Gasbeton* weisen durchweg gute bis sehr gute bauphysikalische Eigenschaften auf. Sie werden allen Anforderungen hinsichtlich Stabilität und Statik gerecht und sind im modernen Bauwesen dem Ziegel ebenbürtig.
Hinsichtlich der Tragfähigkeit und Druckfestigkeit erlaubt *Beton* eine erheblich geringere Wandstärke, dämmt wegen seiner Dichte und seines hohen Gewichtes Luftschall sehr gut und hat aus den gleichen Gründen eine ebenfalls sehr gute Wärmespeicherfähigkeit. Die Wärmedämmfä-

higkeit ist gering, ebenso der Schutz gegen Körperschall, was eine zusätzliche Wärmedämmschicht für Außenwände und eine Trittschalldämmung für Geschossdecken erforderlich macht. Ein besonderer Nachteil für das Raumklima ist seine geringe Fähigkeit, Feuchtigkeit aufzunehmen, bzw. wieder abzugeben und macht daher zusätzliche Maßnahmen notwendig. Man sollte bedenken, dass im Wohnhausbau wesentlich angenehmere Baustoffe als Beton zur Verfügung stehen.

Holz

Im Wohnhausbau ist dieser klassische – organische – Baustoff weitgehend verdrängt worden. Obwohl er alle bauphysikalischen Eigenschaften bestens erfüllt und auch in statischer Hinsicht den Anforderungen völlig genügt, ist dennoch der Schutz vor Witterungseinflüssen, pflanzlichen und tierischen Schädlingen, chemischer Zersetzung und auch den damit verbundenen Alterungsprozessen eine zusätzliche Aufgabe. Holz ist zwar leicht zu bearbeiten, verlangt aber ein großes *Fachwissen* und *Können* ebenso wie entsprechende *Qualität* und kommt daher als bestimmender Baustoff für eine Außenwand kaum mehr in Frage. Als gestalterisches Element, Verkleidung der Außenwand oder als Innenwand ist Holz unübertroffen.

Wärmeschutz

Nach der Wärmeschutzverordnung wird ein *Mindestwärmeschutz* im Hochbau gefordert. Dieser sollte sich auf die ganze Hausaußenfläche erstecken. Ein optimaler Wärmeschutz spart erheblich an Heizkosten, verhindert das übermäßige Aufheizen der Räume im Sommer, das schnelle Auskühlen im Winter und verbessert das Raumklima nachhaltig. Man unterscheidet zwischen *Innendämmung*, d.h. an der Innenseite der Außenwände und der *Außendämmung*, d.h. an der Außenseite.

Innendämmung

Sie ist zwar witterungsunabhängig und sehr preiswert anzubringen, es entfällt aber die Wärmespeicherwirkung der Wand und die Gefahr von

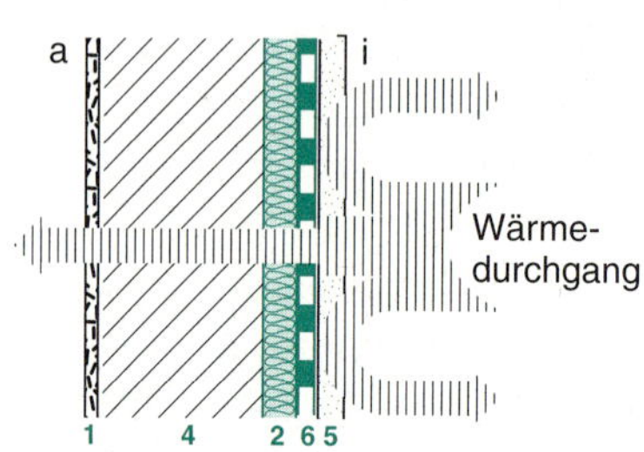

Abb. 70: Wandinnendämmung – fehlende Wärmespeicherwirkung

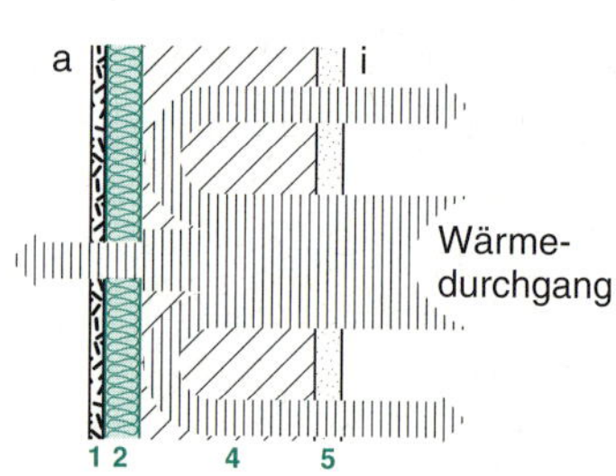

Abb. 71: Wandaußendämmung – Wärmespeicherwirkung

Schimmelbildung durch Kondens- und Tauwasser ist hoch. Sie ist bauphysikalisch die schlechtere Lösung.

Außendämmung

Eine fachgerecht angebrachte Außendämmung ist bauphysikalisch die beste Lösung. Die Wand ist den Schwankungen der Außentemperatur weniger ausgesetzt. Die Wärmespeicherfähigkeit der Wand kann optimal ausgenutzt werden, d.h. im Sommer bleibt es länger kühl, im Winter länger warm. Feuchtigkeit und Frostschäden können vermieden werden.

Wärmedämmstoffe

Zum Einsatz kommen Dämmputzsysteme, Holzwolleleichtbetonplatten, Holzfaserplatten, Kunstharzschaumplatten, Glaswolle, Kork und Kokosfasern u.a.m.

Schallschutz

Man kann sagen, je schwerer, dicker, steifer eine Außenwand ausgebildet ist, umso besser dämmt sie Schall. Da dies immer mit höheren Kosten verbunden ist, die Tendenz aber zu leichteren, dünneren, konstengünstigeren Außenwänden geht, gewinnt hier die planerische Vorüberlegung eine zunehmend größere Bedeutung.
Ruheräume werden an der der Lärmquelle abgewandten Seite geplant.

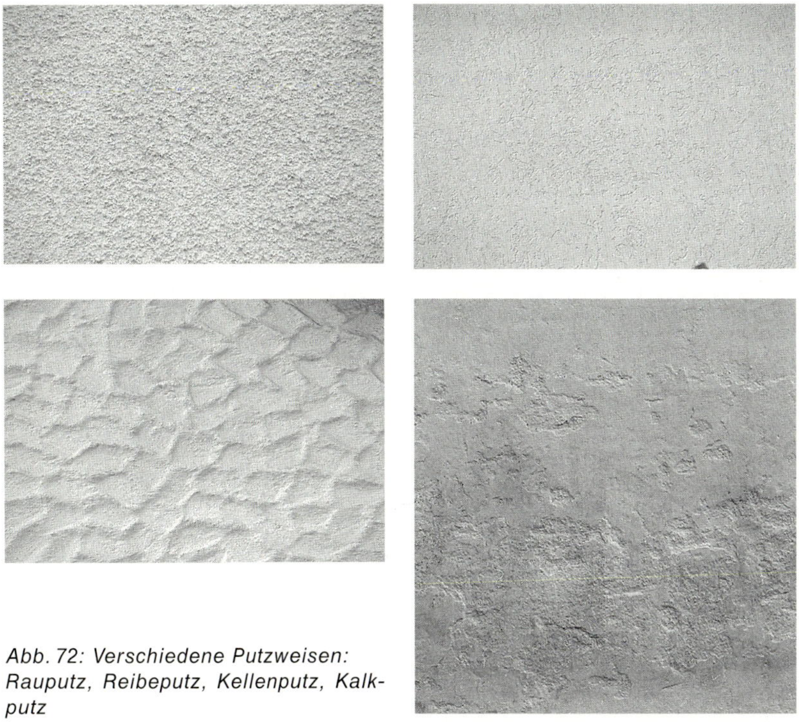

Abb. 72: Verschiedene Putzweisen: Rauputz, Reibeputz, Kellenputz, Kalkputz

Außenputz

Außenputz kann aus Kalk, Zement, Kunststoff, Kautschuk und den verschiedensten Zusammensetzungen von Schutzmaterialien bestehen. Er muss wetter-, frost- und temperaturbeständig sowie guthaftend sein, um einen ausreichenden Schutz des Mauerwerks zu gewährleisten. Am besten sollte er in drei Lagen mit einer Mindestdicke von 2 cm aufgetragen werden.
Ein zu dünner Putz kann keine Spannungen aufnehmen, das wiederum führt zur Rissbildung. Ebenso können sich auf der Oberfläche des Putzes die Fugen des Mauerwerks unschön abbilden. Da für den Außenputz heute überwiegend fabrikmäßig hergestellte Trockenmischungen verwendet werden, sind die Herstellervorgaben zu beachten.
Dem Haus wird durch die *Oberflächengestaltung* des Putzes ein charakteristisches Aussehen verliehen (vgl. Abb. 72, Seite 57). Man unterscheidet verschiedene Putzweisen wie Glättputz, gefilzter Putz, gewaschener Putz, Kratzputz, Spritzputz, Kellenputz und verriebener Putz, die alle unterschiedliche Vor- bzw. Nachteile aufweisen. Ein geglätteter Außenputz ist zum Beispiel anfällig für leichte Schwindrisse, ein Rauputz verschmutzt dagegen schneller und leitet das Regenwasser schlechter ab.

3.6 Fassade

Die Fassade ist nicht nur ein notwendiger Schutz und die erste Angriffsfläche der Umwelt, sondern durch sie wird dem Haus auch ein bestimmter *gestalterischer Ausdruck* verliehen.
Durch die Wahl des Materials der Außenwände (Holz, Ziegel, Stein) und unterschiedliche Verarbeitungsweisen der Materialien entstehen schon die verschiedensten Möglichkeiten, eine Hausfassade ansprechend zu gestalten.
Beachtenswert ist, dass schon geringfügige Veränderungen von Details die Fassade völlig verändert erscheinen lassen.

Abb. 73: Verschiedene Fassadengestaltungen

3.7 Innenwände

Man kann sie grob in *drei Kategorien* einteilen: tragende Innenwand, aussteifende Innenwand und nichttragende Zwischenwand.
An die Innenwände werden im Prinzip dieselben Anforderungen wie an Außenwände hinsichtlich des Wärme-, Schall- und gegebenenfalls Brandschutzes gestellt.
Beim Wärmeschutz wird man Abstriche machen können, wogegen der Schallschutz im Hausinneren zwischen bestimmten Räumen (Sanitärräume – Schlafzimmer) eine größere Bedeutung gewinnt. Auch hier gilt grundsätzlich, je schwerer eine Wand und je steifer sie ist, desto besser dämmt sie Schall.

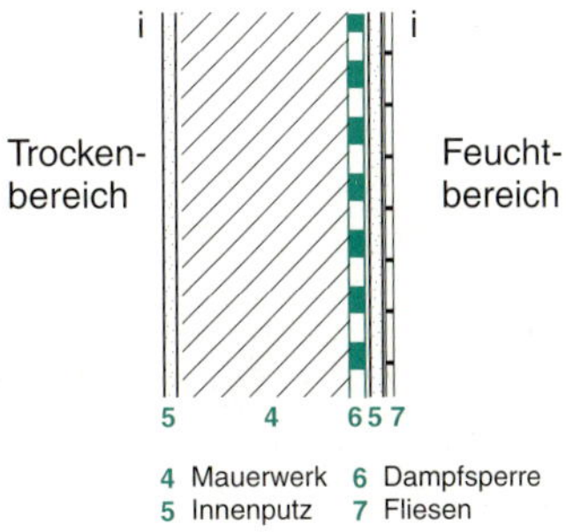

Abb. 74: Innenraumwand im Nassbereich

3.8 Fenster- und Türöffnungen

Fenster- und Türöffnungen sind *Maueröffnungen*.
Maueröffnungen werden durch Bögen oder Balken überdeckt, die die von oben einwirkenden Lasten aufnehmen. Liegen diese sogenannten Stürze in einer Außenwand, sollten sie mit einer Wärmedämmung versehen werden.

Fensteröffnungen

Die Größe und Lage eines Fensters hängt ab von der Lage zu benachbarten Gebäuden, Tageslichteinfall, Raumgröße, Himmelsrichtungen, Lärmquellen, angestrebten Proportionen, Lüftungsmöglichkeiten, der festen Bepflanzung, der gewünschten Aussicht u.a.m.

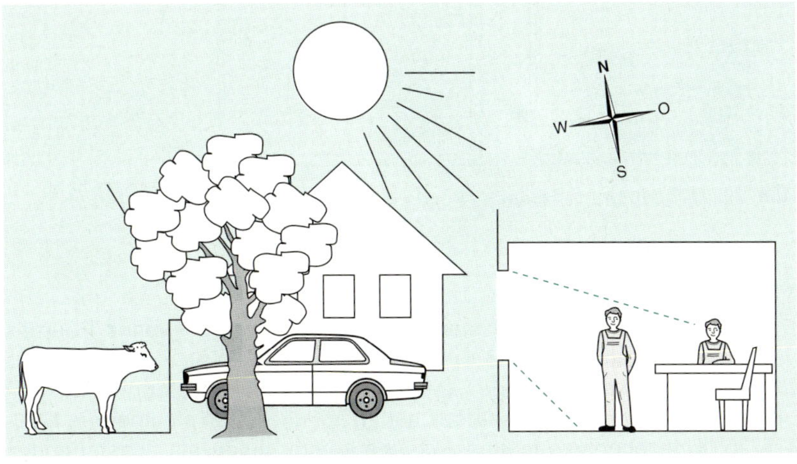

Abb. 75: Einflussgrößen auf die Fensterplatzierung und -gestaltung

Um einer Zergliederung der Fassade vorzubeugen, sollten nur wenige verschiedene Größen und Formen von Fenstern verwendet werden.

Abb. 76: Zu viele Fensterformate – zu große Fensterformate

Türöffnungen

Türöffnungen werden in der Regel so angeordnet, dass keine allzu großen Stellflächenverluste entstehen. Die Lage der Türöffnung und ihr beabsichtigter Aufschlag bestimmen den Weg und die Blickrichtung in den Raum.

Schiebe- und Falttüren verbinden zwei kleinere Räume zu einem großen Raum. Durch den fehlenden Schwenkbereich (zusammengefaltet oder in die Wand verschoben) entsteht kein Flächenverlust.

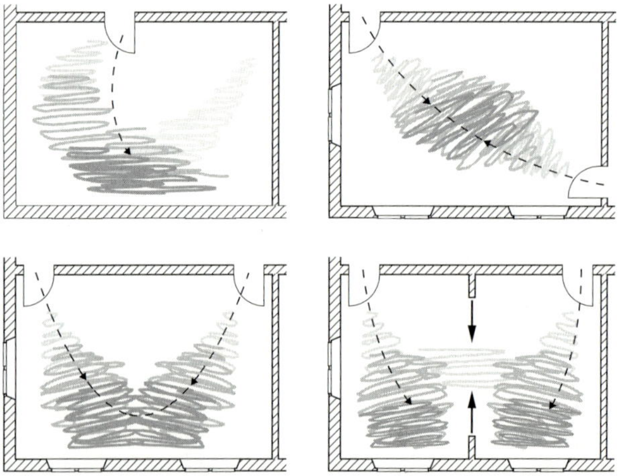

Abb. 77: Türöffnung mit Hauptblick- und Bewegungsrichtung in den Raum

3.9 Decken

Unter einer Decke versteht man den oberen Abschluss eines Raumes sowie den Boden als unteren Abschluss.

Decken nehmen einwirkende Lasten aus Eigengewicht (ständige Lasten) und Verkehrslasten (wechselnde Lasten) auf und leiten sie über die Mauern ab. Eine ebenso wichtige Aufgabe kommt ihnen als aussteifendes Element zu.

Die gebräuchlichsten Decken im Wohnungsbau sind die *Holzbalkendecke*, die *Massivdecke* und die *Fertigteildecke*.

Holzbalkendecke

Sie war bis in die Neuzeit hinein die vorherrschende Deckenkonstruktion, da sie leicht herzustellen ist und einen guten Wärmeschutz bietet. Diesen guten Eigenschaften stehen nur ein verminderter Schallschutz und eine etwas geringere Biegesteifigkeit entgegen. Die Anfälligkeit von Holz als organischen Baustoff gegenüber schädlichen Einflüssen wie Feuchtigkeit, Schädlingsbefall und Brandgefährdung wurde durch die moderne Bauchemie und Baukonstruktion weit gehend vermindert.
Infolge des geringeren Gewichtes der einzelnen Bauelemente eignet sich die Holzbalkendecke gut für den Eigenbau, da man auf schweres Baugerät verzichten kann. Die Decke ist sofort belastbar.

Massivdecken

Sie werden aus Beton, Stein und Stahl hergestellt. Trotz mancher Abstriche hinsichtlich Schallschutz und Wärmeschutz haben sie mehr und mehr die Holzbalkendecke im Wohnungsbau verdrängt. Vorteilhaft ist ihre Feuerbeständigkeit, ihre aussteifendere Wirkung (Stahl-

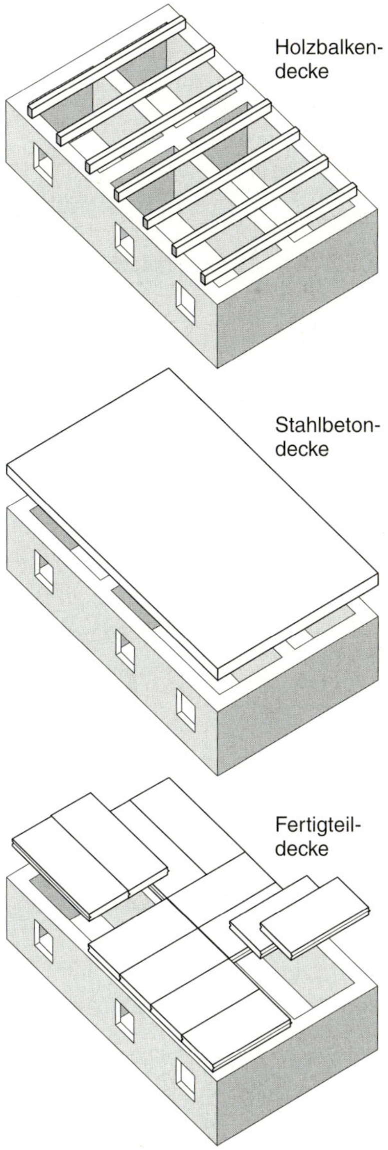

Abb. 78: Die gebräuchlichsten Deckensysteme im Wohnhausbau

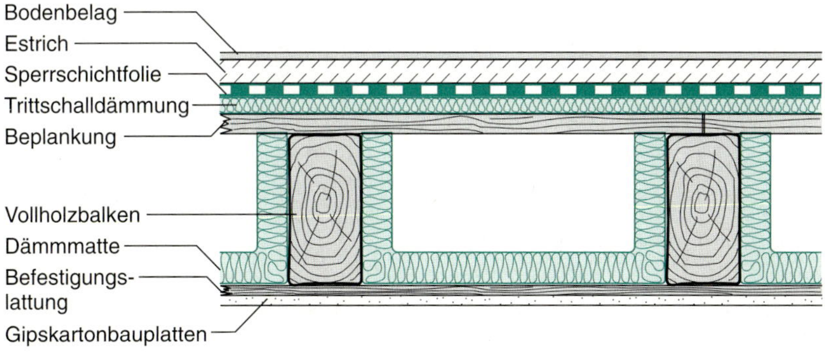

Abb. 79: Holzbalkendecke (Aufbau)

betondecke), Wasserunempfindlichkeit, und die Fähigkeit zur Überbrükkung auch großer Spannweiten. Nachteilig wirken sich die aufwendigen Schalungsarbeiten (Form für den Betonguss) und Abbindezeiten (nicht sofort belastbar) aus.

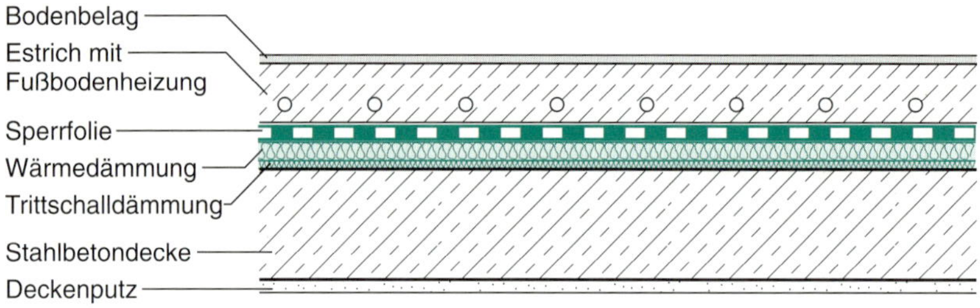

Abb. 80: Stahlbetondecke (Aufbau mit Fußbodenheizung)

Fertigteildecken

Diese werden von der Industrie in den unterschiedlichsten Ausführungen angeboten (Beton, Leichtbeton, Ziegel u.a.m.). Sie können auf ein bestimmtes Maß vorgefertigt und anschließend an Ort und Stelle eingebaut werden. Die Fertigteildecke kann sofort belastet werden, der Einbau benötigt Fachkräfte und, abhängig von der Art der Fertigteildecke, Spezialmaschinen (Kräne, Transportfahrzeuge).

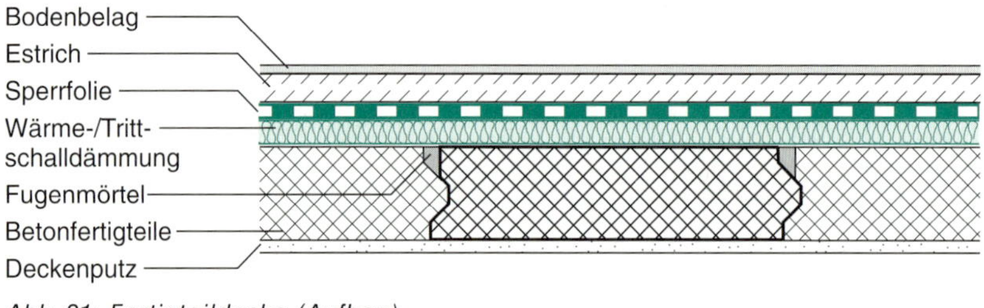

Abb. 81: Fertigteildecke (Aufbau)

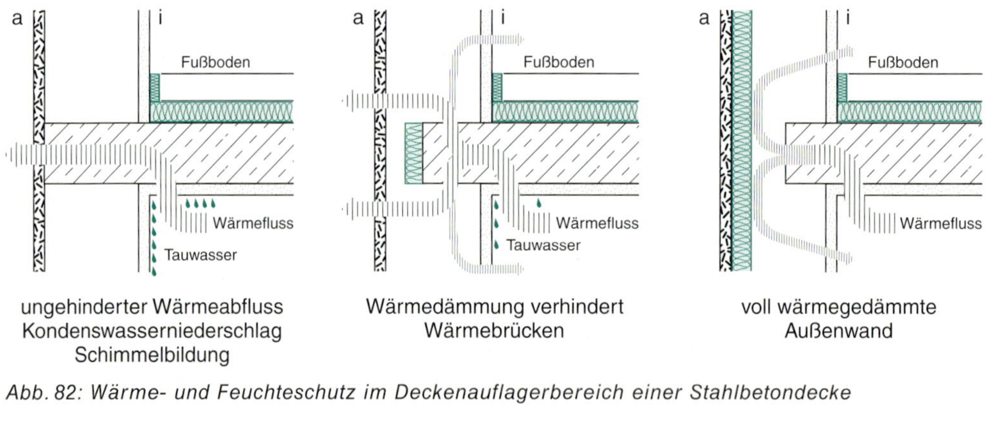

Abb. 82: Wärme- und Feuchteschutz im Deckenauflagerbereich einer Stahlbetondecke

Schall- und Wärmeschutz kann man bei Decken gemeinsam mit einer Dämmschicht erreichen. Erhöhter Wärmeschutz ist im Randbereich, bei Decken über Durchfahrten und bei der Keller- und Dachdecke vorzusehen, da hier besonders leicht *Wärmebrücken* entstehen.

3.10 Treppen

Nach einer Definition sind Treppen die begehbare Verbindung zwischen zwei Geschossebenen.
Es gibt eine unüberschaubare Vielzahl von Treppen hinsichtlich Art, Form und Gestaltung und ebenso auch nach der Einteilung.
Eine Treppe als Verkehrsweg zwischen unterschiedlichen Ebenen sollte sicher und bequem zu begehen sein.

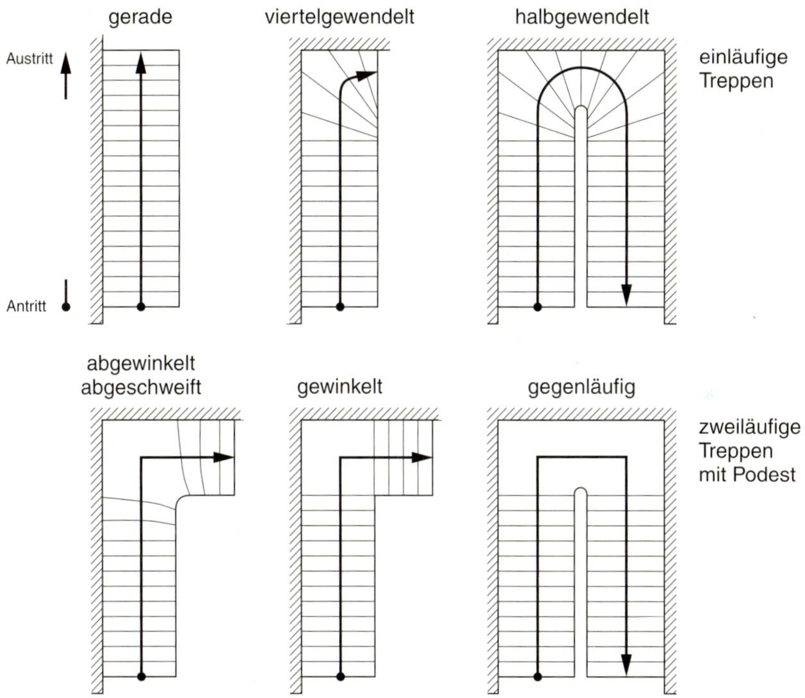

Abb. 83: Treppenformen

Treppenstufen

Die *Höhe* (Steigung) einer Stufe sollte nicht mehr als 19 cm betragen, um ein bequemes Auf- und Abgehen zu ermöglichen. Hinsichtlich den Anforderungen variiert man die Stufenhöhe.
Die *Breite* (Auftritt) sollte nicht unter 25 cm und nicht über 32 cm betragen, um ein sicheres Aufsetzen des ganzen Fußes zu gewährleisten. Bei Auftrittsbreiten unter 26 cm ist eine Unterschneidung (Untertritt) von mindestens 3 cm vorgeschrieben. Bei gewendelten Stufen sollte die Breite an der schmalsten Stelle nicht unter 10 cm gehen.

Abb. 84: Treppenstufen (Benennungen)

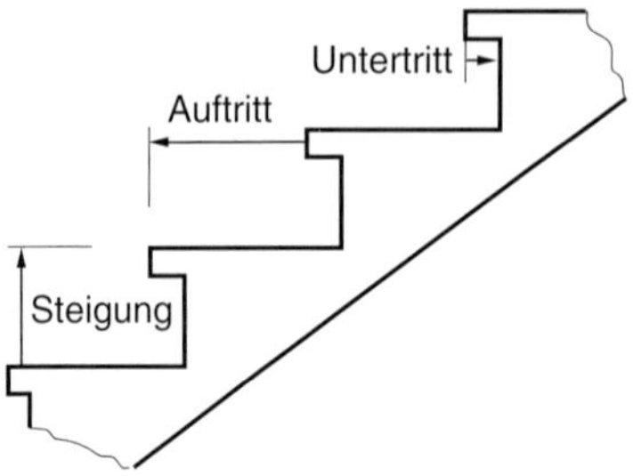

Bei steilen Treppen sollten zur Vergrößerung der Auftrittsfläche die Trittstufen überstehen (Untertritt).
Ein bequemes und sicheres Maß für eine Stufe beträgt 17 cm für die Höhe und 29 cm für die Breite (Steigungsverhältnis 17/29).
Wird ein *Podest* erforderlich, muss es so bemessen sein, dass eine Krankentrage bzw. Möbelstücke ungehindert transportiert werden können.
Einzelne Treppenstufen und weniger als drei Stufen sollten auf Grund der Unfallgefahr vermieden werden, da man sie schlecht erkennt und leicht übersieht.

Ausführung

Treppen werden in Holz, Stahl, Beton und Fertigteilen ausgeführt und auch hier gibt es die unterschiedlichsten Ausführungen. Ein allgemeingültiger Vor- bzw. Nachteil lässt sich nicht anführen.

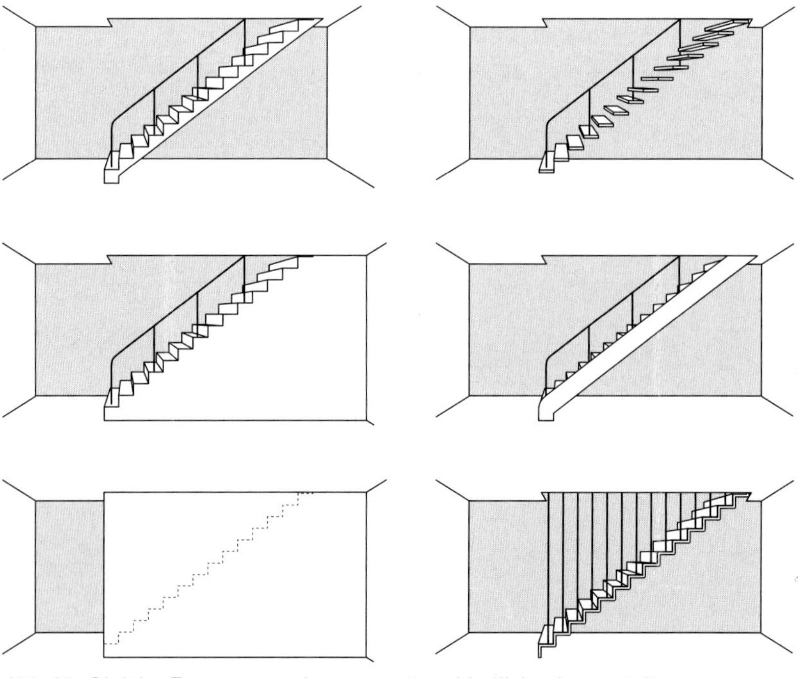

Abb. 85: Gleiche Treppenanordnung – unterschiedliche Ausgestaltung

Laufbreite, Durchgangshöhe

Die Mindestbreite (Laufbreite) ist 80 cm, in jedem Fall sollte die Breite den Transport von Möbeln sowie einer Krankentrage ermöglichen. Notwendig ist auch eine Mindestdurchgangshöhe von 2,0 m.

Oberfläche

Die Rutschfestigkeit wird durch die Wahl geeigneter Materialien gewährleistet. Sie sollte auch im Fall einer feuchten Treppe nicht ganz verloren gehen.

Handlauf, Geländer

Die freien Seiten der Treppe müssen abgesichert sein durch ein Geländer mit Handlauf oder durch eine Brüstung. Befindet sich links und rechts von der Treppe eine Wand (z.B. bei Kellertreppen), so erhöht auch hier ein Handlauf an einer Wand die Sicherheit.
Das Geländer wird um Podeste und Absätze herumgeführt. Das Material des Handlaufs soll sich angenehm und sicher greifen lassen, d.h. man sollte keine zu zierlichen und keine zu groben Konstruktionen wählen. Holz fühlt sich immer handwarm, Metall immer kalt an, was unbewusst zu einem Nichtbenutzen führen kann. Ein angebrachter Kinderhandlauf in Höhe von 0,60 m erleichtert und ermöglicht Kindern ein sichereres Treppensteigen.
Geländerstäbe sollten zur Sicherheit nicht weiter als 12 cm auseinanderstehen.

Beleuchtung

Eine ausreichende Beleuchtung garantiert das sichere Erkennen der Stufenkanten und vermindert die Gefahr von Stürzen.

Abb. 86: Gleichmäßiges Siedlungsbild

3.11 Dach

Das Dach hat die Aufgabe das Haus vor Witterungseinflüssen zu schützen und ist ein wichtiger Faktor bei der Gestaltung des Hauses. Die *Dachform* und seine *Neigung* entscheiden über die Dachdeckungsmaterialien und späteren Ausbaumöglichkeiten.

Dachform

Sie kann ebenso wie die Neigung durch eine behördliche Auflage festgelegt sein. Ein wichtiges Kriterium für die Entscheidung zu einem bestimmten Dach sollte immer die Umgebung bzw. das Dorf- oder Siedlungsbild sein (vgl. Abb. 86, Seite 65).

Dachstuhlkonstruktion

Die Dächer bei Ein- oder Mehrfamilienhäusern werden überwiegend in Holzkonstruktionen erstellt. Dabei unterscheidet man drei Arten: *Sparrendach, Pfettendach* und das *Kehlbalkendach*.

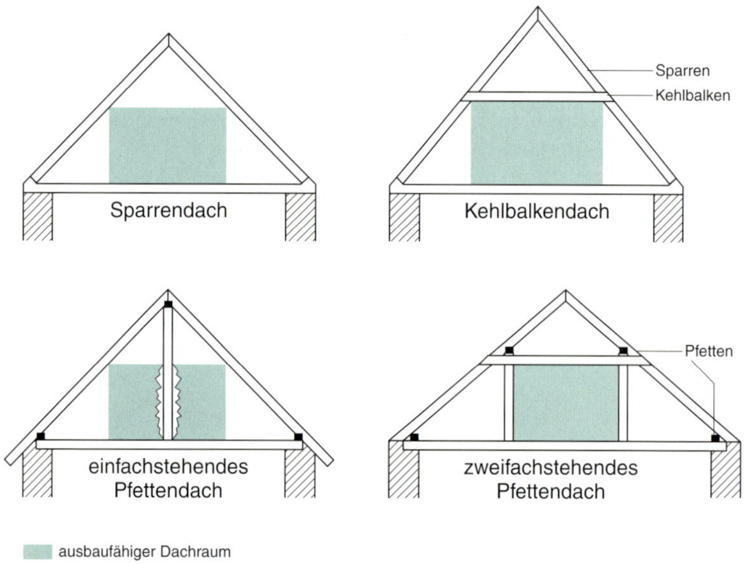

Abb. 87: Die gebräuchlichsten Dachstuhlkonstruktionen mit möglichem Ausbaubereich

Das *Sparrendach* empfiehlt sich bei steilen Dachneigungen. Es ist im Allgemeinen eine sehr einfache Konstruktion und günstig im Preis. Für die Nutzung und Ausbaufähigkeit bietet das steile Sparrendach sehr gute Möglichkeiten.

Auch das *Kehlbalkendach* eignet sich ebenfalls gut zum Dachausbau. Es ist eine Variante des Sparrendachs, hat aber längere Sparren.

Beim *Pfettendach* gibt es mehrere unterschiedliche Konstruktionsausführungen. Grundsätzlich werden die Pfetten durch senkrechte Holzpfosten unterstützt. Nachteilig können sich beim Dachausbau die Stützen auswirken.

Ausbaufähigkeit

Dächer werden meist erst ab einer Dachneigung von 30° ausgebaut. Dazu eignet sich das Satteldach sehr gut, da man in der Giebelseite problemlos Fenster einbauen kann. Bei der *Dachhaut* gilt dies nicht, hier sollte man sich aus Kosten- und architektonischen Gründen die Notwendigkeit eines Fensters sehr gut überlegen.

Dachdeckung

Sie ist die erste Angriffsfläche gegen Regen, Schnee, Wind, Sonne und Schadstoffe. Die gesamte Dachhaut soll möglichst regendicht, aber auch *luft-* und *dampfdurchlässig* sein, um die Feuchtigkeit aus dem Hausinneren und die durch die Eindeckung eingedrungene Feuchtigkeit entweichen zu lassen. Die Merkmale einer guten Dachdeckung sind eine lange Lebensdauer unter schädigenden Umwelteinflüssen, eine gute Wärmedämmung und geringes Eigengewicht.

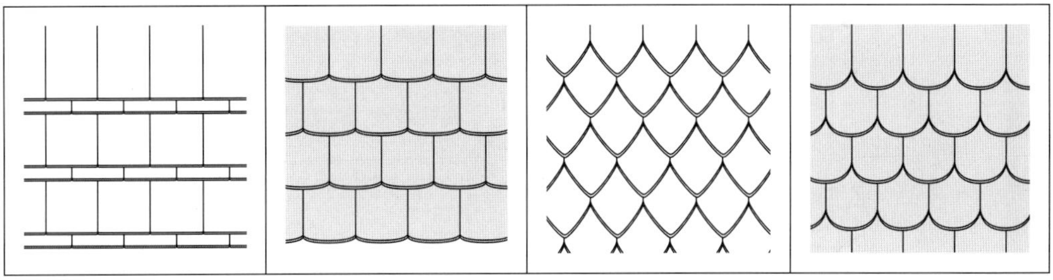

Biberschwanz, Kronendeckung — Biberschwanz, Segmentschnitt — Biberschwanz, Kirchenmäuschen — Biberschwanz, Rundschnitt, klassisch

Abb. 88: Eine Ziegelart – verschiedene Erscheinungsbilder

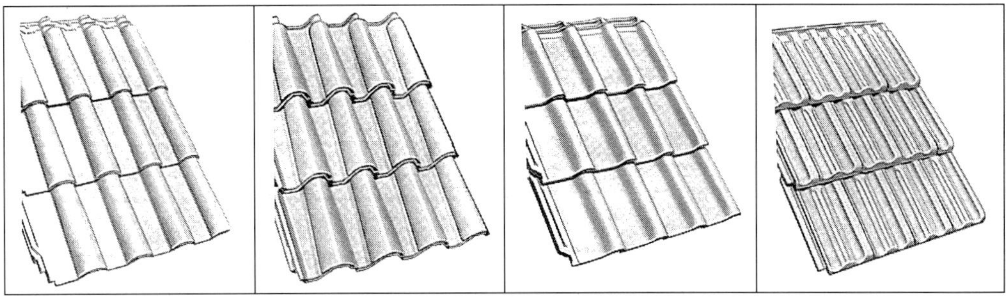

Romano Kremper
Der Dachziegel für die elegante Dachstruktur aus griechisch-römischer Tradition.

Klosterpfanne
Die historische Mönch-Nonnen-Dacheindeckung als kräftiger Pressdachziegel konstruiert.

Flachdachpfanne
Der traditionell bewährte schöne Dachziegel.

Falzziegel
Der wiederentdeckte Dachziegel aus dem 19. Jahrhundert mit rustikalem Charakter.

Abb. 89: Verschiedene Dachziegelarten

Wärmedämmung

Eine wärmegedämmte Dachhaut verhindert ein Auskühlen des Hauses nach oben. Werden die Räume unter dem Dach ausgebaut oder sind sie dafür vorgesehen, so dient eine gute Wärmedämmung der Behaglichkeit und den raumklimatischen Anforderungen. Sollen Feuchträume ausgebaut werden, so ist eine zusätzliche Dampfsperre notwendig.

Die Wärmedämmung wird *über* (am besten beim Neubau), *zwischen* oder *unter* (auch nachträglich ohne große Probleme möglich) den Sparren angebracht.

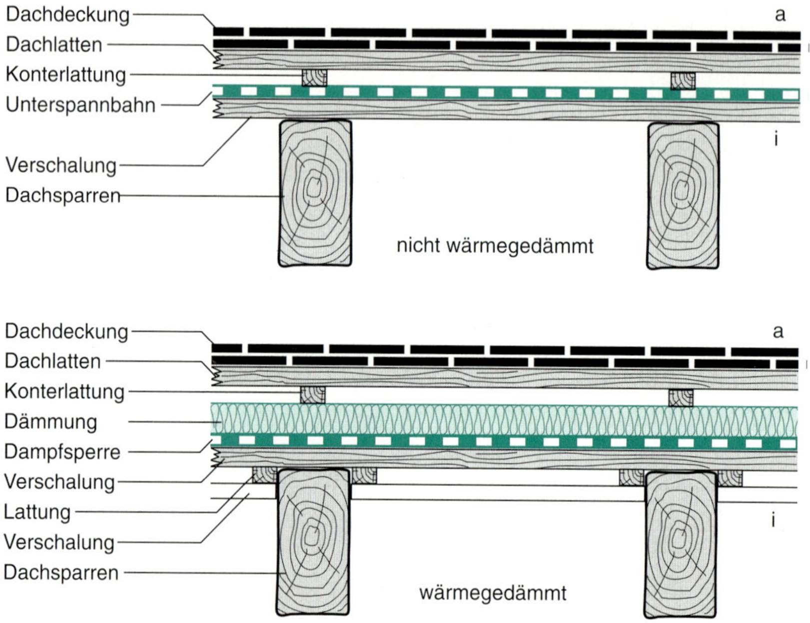

Abb. 90: Dachaufbau und Wärmedämmung

Alternativen

Es ist zu überlegen, die Dachhaut in die Energieversorgung mit einzubeziehen. *Solarabsorber, Fotovoltaik, Sonnenkollektoren, Wärmesammler-* und *-tauscher* sind hier nur einige Begriffe. Viele dieser Techniken sind ausgereift und arbeiten wirtschaftlich (vgl. Kap. 7).
Allen ist gemeinsam Energie einzusparen. Sie entziehen der Umgebung Wärme und transportieren sie in das Innere des Hauses bzw. wandeln vorhandene Energie (z. B. Licht) in Wärme oder Strom um.

Dachentwässerung

Die Dachentwässerung wird durch *Dachrinnen* und *Regenrohre* gewährleistet. Dachrinnen haben die Aufgabe das abfließende Regenwasser aufzufangen, um Passanten, die Außenwand und besonders die Kellerwände vor einer Durchfeuchtung zu schützen. Die Regenrohre leiten das anfallende Wasser in die Kanalisation. Sollte nur eine Klärgrube vorhanden sein, so leitet man das Regenwasser in einen Sickerschacht.
Überlegenswert ist, das Regenwasser auf seinem Grundstück großflächig versickern zu lassen, um es so dem natürlichen Kreislauf rückzuführen. Ebenfalls eine wirtschaftlichere Lösung ist die Bereitstellung des Regenwassers z. B. für die Toilettenspülung, Gießwasser, Reinigungswasser für Maschinen und Geräte usw. (s. Abb. 126, S. 99).

Dachrinnen werden heutzutage aus Zink, verzinktem Stahl, Kupfer, Aluminium, Kunststoff und Edelstahl hergestellt.

3.12 Schornsteine

Bei der Verfeuerung von Brennstoffen wie Holz, Öl, Gas oder Kohle entstehen Abgase, die durch den Schornstein über das Dach hinweg abgeleitet werden.
Schornsteine müssen standsicher ausgeführt sein und die Übertragung von Feuer und Rauch in das Gebäude verhindern.
Die *Lage* eines Schornsteins soll so gewählt werden, dass er so lange wie möglich im Innenbereich des Hauses geführt wird und dass der *Durchstoßpunkt* möglichst nahe am höchsten Punkt des Daches (Dachfirst) liegt. Die positiven Eigenschaften einer solchen Anordnung sind die geringeren Wärmeverluste, das unbehinderte Ablaufen von Regenwasser und ein strömungstechnisch einwandfreier Abzug.

Ausführung

Der Schornstein muss korrosionsbeständig und gut isoliert sein, um Wärmeverluste zu vermeiden, er sollte in seiner gesamten Länge den gleichen Innenquerschnitt behalten (quadratisch oder rund) und auch sonst gilt in der Bauausführung das Einhalten bestimmter Mindestmaße und Vorschriften (Mindestquerschnitt, Höhe über Dachfirst, Abstand zum Nachbargebäude usw.). Hier ist unbedingt der Rat des Fachmannes, des Bezirkskaminkehrermeisters für eine notwendige und sichere Konstruktion einzuholen.

Anschlüsse

Welche Rohranschlüsse, welche Rauchgase von festen oder flüssigen Brennstoffen, welche Feuerstellen an einen Schornstein angeschlossen werden dürfen und wie viele, kann mit Bestimmtheit nur der Fachmann entscheiden.

Bezirkskaminkehrermeister

Der Bezirkskaminkehrermeister soll schon in die Planungsphase miteinbezogen werden. Er überprüft nicht nur bestehende Feuerungsanlagen, er entscheidet auch über die Zulässigkeit einer geplanten Anlage.

Ausbau

4.1 Fenster

Fenster haben die Aufgabe, einen guten *Lichteinfall,* die *Durchlüftung* des Wohnraumes und die notwendige *Sicht- bzw. Kommunikationsverbindung* nach draußen zu gewährleisten. Sie tragen entscheidend zum subjektiven Wohlbefinden der Bewohner bei und sollten in der Ausgestaltung entsprechende Beachtung finden.

mit Lisene — mit Putzband — mit Kämpfer

Abb. 91: Dekorative Elemente beim zweiteiligen Drehflügelfenster

Öffnungsarten

Wie bei fast allen Bauteilen am Bau kann man auch hier eine Einteilung vornehmen. Eine gebräuchliche ist die Einteilung nach der *Öffnungsart bzw. Bewegungsrichtung.*

Drehflügelfenster. Es kann zwar leicht von innen und außen gereinigt werden, ist aber empfindlich gegen Zugluft und Schlagregen bei geöffnetem Fenster.

Kippflügelfenster/Klappflügelfenster. Ein ausschließliches Kipp- bzw. Klappflügelfenster kann außen nur schwierig gereinigt werden.

Dreh-Kippflügelfenster. Hier werden zwei Öffnungsarten kombiniert. Dieses Fenster ermöglicht eine leichte Reinigung und ist, bei entsprechender Fensterstellung, regenunempfindlicher.

Schwing-/Wendeflügelfenster. Die Reinigung erfolgt ohne großen Aufwand, die Nutzung des Fensters als Kommunikationsbereich von innen nach außen ist jedoch eingeschränkt.

Schiebefenster. Sie werden in horizontaler oder vertikaler Richtung bewegt. Ihre Reinigung außen ist etwas schwierig, aber sie lassen sehr leicht unterschiedliche Öffnungsbreiten zu.

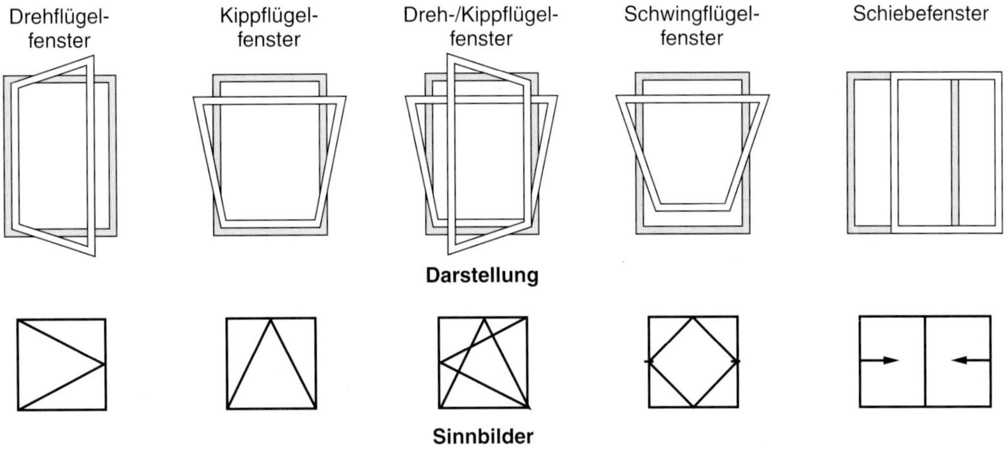

Abb. 92: Unterschiedliche Öffnungsarten

Welchem Fenstertyp man den Vorzug gibt, sollte man mit einem Architekten unter Einbeziehung eigener Wünsche und Vorstellungen erörtern. Grundsätzlich kann man sagen, dass Dreh-, Drehkippflügel- und Schiebefenster (horizontal und vertikal) hauptsächlich bei senkrechten Wänden verwendet werden. Schwingflügel- und Klappflügelfenster finden Einsatz in der Dachhaut und Kippflügelfenster im Keller.
Im ländlichen Wohnhausbau war schon immer das zweiteilige Drehflügelfenster ein bestimmendes und äußerst dekoratives Element. Leicht zu reinigen, geringe Öffnungsweite in den Raum, variable Öffnungsbreite und einfache, preiswerte sowie sichere Konstruktion sind seine Vorteile. Ein Flügel wird heute in der Regel als Dreh-Kippflügel ausgebildet.

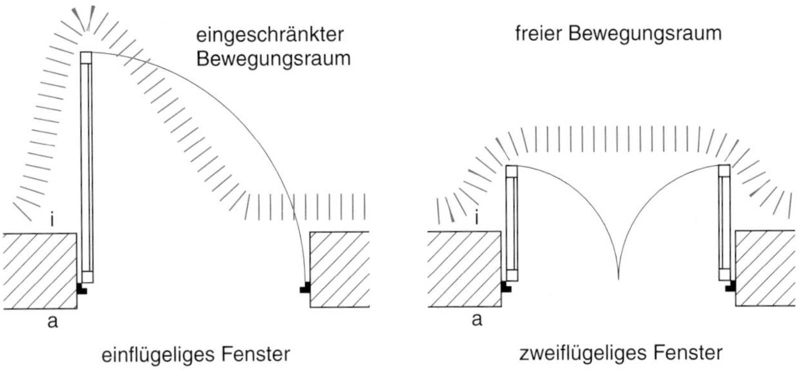

Abb. 93: Öffnungsweiten in den Raum

Verglasungsarten

Die Fenster werden hinsichtlich der Anforderungen bzw. Belastungen, die an sie gestellt werden (Wärme-, Schall-, Feuchteschutz, der Wetterseite ausgesetzt), mit *Einscheiben-* (EV), *Isolier-* (IV) oder *Doppelver-*

glasung (DV) verglast. Die unterschiedlichen Verglasungsarten können in die verschiedensten Fensterkonstruktionen eingebaut werden.

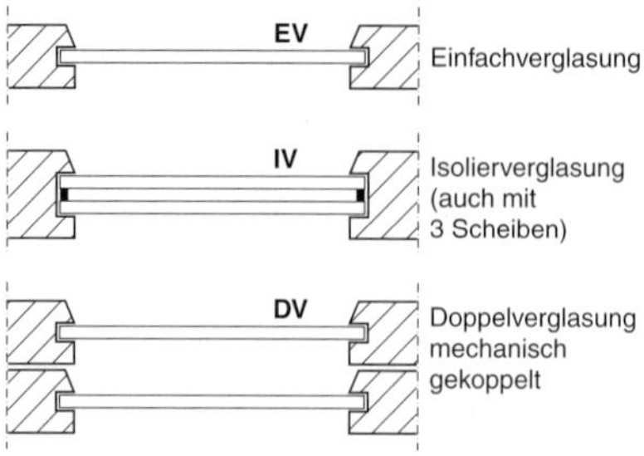

Abb. 94: Verglasungsarten

Fensterkonstruktionen

Hinsichtlich der verschiedenen Anforderungen bezüglich Wärmeschutz, Schallschutz, Dichtigkeit, Verglasung, Fenstergröße und auch Einbruchschutz sind verschiedene Fensterkonstruktionen auf dem Markt.

Einfachfenster. Sie werden mit Isolierscheibenverglasungen (zwei oder drei Scheiben) hergestellt. Fenster mit nur Einfachverglasung werden im Wohnhausbau generell nicht mehr verwendet.

Verbundfenster. Ein Verbundfenster hat zwei mechanisch zusammengekoppelte Fenster mit Einfachverglasung bzw. Isolierscheibenverglasung. Diese werden wie ein Flügel bewegt, können jedoch zum Reinigen (höherer Aufwand) auseinandergenommen werden.

Doppelfenster (Kastenfenster). Ein Doppelfenster ist ähnlich einem Verbundfenster aufgebaut mit Einfach- oder Isolierverglasung, wobei Innen- und Außenflügel durch einen Rahmen (Zargen oder Mauerrand) einen größeren Abstand erhalten und getrennt bewegt werden.

Feste Verglasung. Dieses Fenster ist ohne Öffnungsmöglichkeit mit Isolierscheiben eingebaut. Die einfache und fugendichte Konstruktion ist jedoch nur sinnvoll, wenn das Fenster nicht für die Raumlüftung erforderlich ist und von beiden Seiten problemlos gereinigt werden kann.

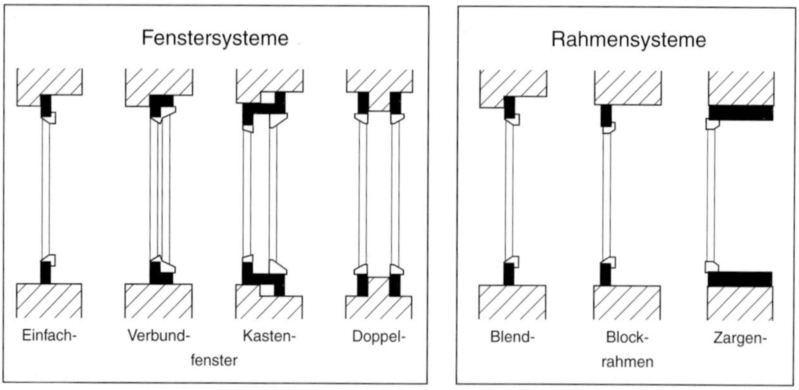

Abb. 95: Fenstersysteme – Rahmensysteme

Materialien

Es kommen die Materialien Holz, Aluminium, Kunststoff und die verschiedensten Materialkombinationen untereinander in Frage.
Holzfenster. Fenster aus Holz werden aus heimischen oder überseeischen Weich- und Harthölzern hergestellt.
Bei Holz werden bestimmte Anforderungen an die *Materialqualität* gestellt. Resistenz gegen Pilz- und Insektenbefall, gegen äußere Einwirkungen wie Feuchtigkeit, Licht, Anstrichmöglichkeit und Widerstandsfähigkeit gegen atmosphärische Verunreinigungen sind notwendig. Standfestigkeit, Alterungsbeständigkeit und die Notwendigkeit einer guten Verarbeitung machen die Auswahl der Hölzer neben einer fachgerechten Konstruktion zu einer Wissenschaft für sich.
Leichtmetallfenster (Aluminiumfenster). Dieser Werkstoff ist sehr leicht, dabei fest, korrosionsbeständig und sicher gegen die meisten chemischen und Umwelteinflüsse. Bei sachgemäßer Behandlung dürfte die Lebensdauer die des Besitzers weit überschreiten. Da jedoch die meisten Leichtmetalle Wärme sehr gut leiten, ist ein hoher konstruktiver Aufwand nötig (Wärmeschutz, Tauwasserbildung an der Innenseite). Aluminiumfenster erhält man mit unterschiedlichen Farben und Oberflächenbehandlungen.
Kunststofffenster. Diese Fenster werden entweder aus einem Vollprofil oder einem metallverstärkten Hohlprofil hergestellt. Sie sind korrosionsbeständig, licht- und wetterfest. Auch hier ist ein höherer konstruktiver Aufwand vonnöten. Es wird zwar ein schlagfester und -zäher Kunststoff verwendet, aber im Einzelfall ist immer zu prüfen, ob sich ein Kunststofffenster für die geplante Anwendung eignet. Aus Gründen des Umweltschutzes (Herstellung, Entsorgung, Abgabe schädlicher Stoffe) sollte man sich den Einbau von Kunststofffenstern reiflich überlegen.
Materialmischungen. Es gibt noch verschiedene Materialkombinationen, die die Vorteile von Holz und Aluminium sowie von Holz und Kunststoff zu vereinen suchen. Z. B. hohe Alterungsbeständigkeit von Aluminium außen, mit der angenehmen wohnlichen Holzstruktur innen. Ein Gleiches gilt für Kunststoff.
Ein erfahrener Architekt wird hier mit entsprechendem Fachwissen die nötige Hilfestellung geben. Auch kann er bei der Bemessung die Belastung durch Wind, Regen und andere zu erwartende Beanspruchungen berücksichtigen und daraufhin die Glasdicke, Befestigungsmittel, Dichtungen und die Rahmenkonstruktion festlegen.

Wärmedämmung

Die größten Wärmeverluste entstehen durch zu einfache, zu große oder zuviele Fenster. Durch entsprechende Wahl der Verglasung (EV, DV, IV) und des Rahmenmaterials bzw. der Konstruktion lassen sich die Verluste weiter minimieren. Je größer das Luftpolster zwischen den Scheiben (z. B. Kastenfenster), umso größer wird die Wärmedämmwirkung. Ein fachgerechter Einbau verhindert zudem den Wärmeverlust durch Undichtigkeiten und unerwünschte Fugen, der immerhin zwischen 5 % und 15 % jährlich mehr an Heizkosten verursacht.

Schallschutz

Es ist wichtig, bereits vorher zu klären, ob das Fenster an einer vorhandenen oder zu erwartenden Lärmquelle liegen wird. Durch Schallschutzfenster, Mehrfachverglasungen, großem Scheibenabstand und hohem Glasgewicht lässt sich der Lärm auf ein angenehmes Maß reduzieren.

Feuchteschutz

Die einwandfreie Abdichtung des Fensterstockes zum Mauerwerk dient nicht nur dem Wärme- und Schallschutz, sie verhindert auch das Eindringen von Feuchtigkeit vor allem bei Schlagregen (Durchfeuchtung des Mauerwerks, Schimmelbildung).

4.2 Türen

Türen schließen die Räume untereinander und nach außen hin ab, ermöglichen aber auch den Zutritt. Dabei sollen sie dicht, leise, sicher und ohne Kraftaufwand zu schließen sein. Eine Türe besteht nicht nur aus dem Türblatt, sondern auch aus der Umrahmung, gegebenenfalls einer Schwelle und den Beschlägen.
Das *Türblatt* ist die eigentliche Türe. Die *Umrahmung* deckt das Mauerwerk ab, trägt die Türe und sorgt für die Dichtigkeit der Türe. Die *Beschläge* (Türbänder, Schloss, Schließblech, Griffe) dienen dazu, die Türe zu bewegen.

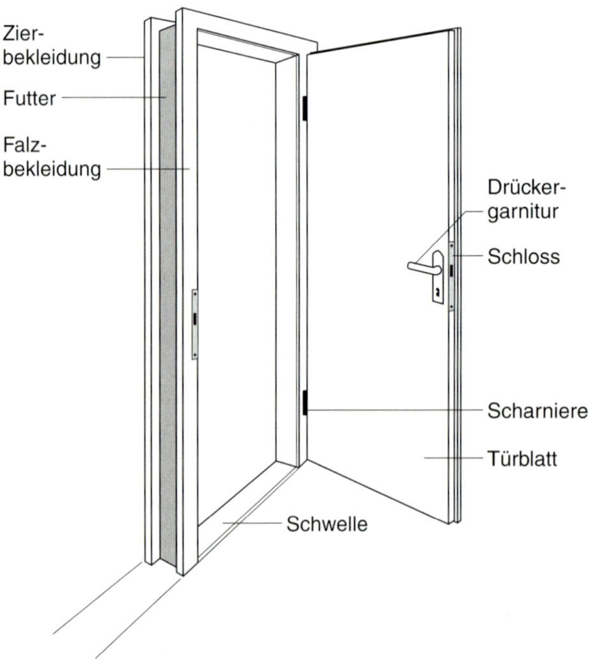

Abb. 96: Teile einer Türe

Wichtige Entscheidungskriterien:

▲ Außen- oder Innentüre,

▲ welche Räume werden getrennt (z. B. beheizte – unbeheizte),

▲ welcher Belastung unterliegt die Türe (z. B. Feuchtigkeit),

▲ wie häufig wird die Türe benutzt (z. B. Küchentüre, Schlafzimmertüre, Kellertüre).

Neben den zwei Hauptaufgaben *schützen* (Blicke, Luft, Kälte, Lärm, Individualbereich) und *verbinden* (Kommunikationsbereich, Bewegung) tragen Türen durch ihre Ausbildung zur Gestaltung des Wohnbereichs bei.

Bauarten der Türen

Man kann nach der *Türumrahmung* (Block-, Blend-, Zargenrahmen, Futterrahmen, Futterrahmen mit Bekleidung), nach der *Bauart des Türblattes* (Bretter-, Rahmen-, Sperrtüren, aufgedoppelte Türen) oder nach der *Bewegungsrichtung* (Dreh-, Schiebe-, Falt-, Pendeltüren) unterscheiden.
Welche Türe (Türrahmen/Türblatt) sich für welche Anforderung besonders eignet, bespricht man am besten mit einem Schreiner.

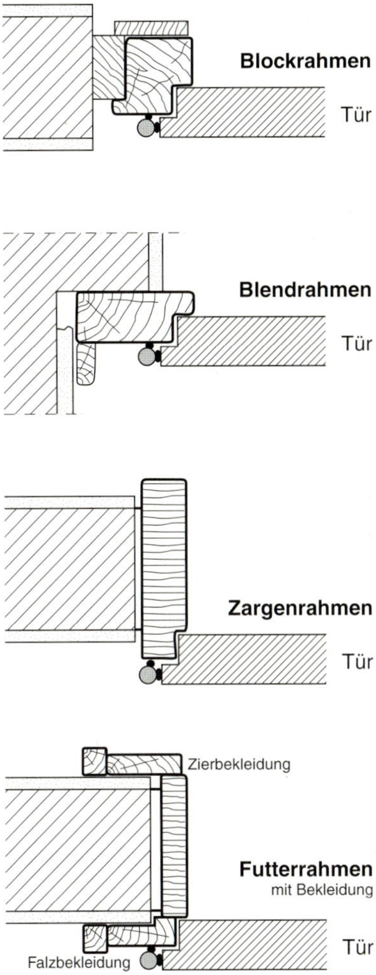

Abb. 97: Türumrahmungen

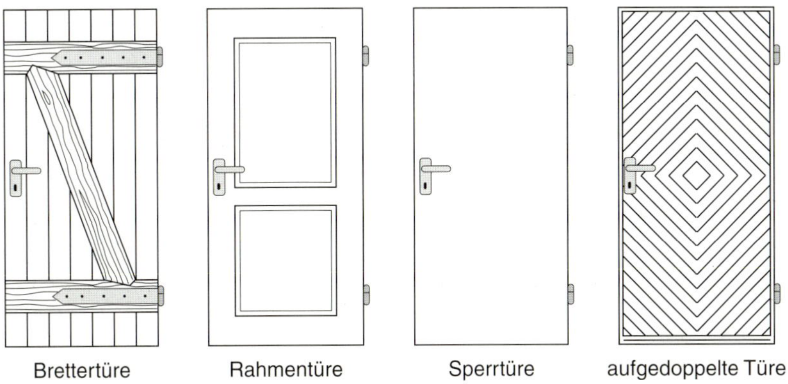

Abb. 98: Türblätter

Zum Beispiel:

▲ Hauseingang – Blockrahmen/aufgedoppelte Türe

▲ Mauervorsprung – Blendrahmen/Sperrtüre

▲ Keller – Zargenrahmen/Sperrtüre

▲ Innenräume – Futterrahmen mit Bekleidung/Rahmentüre

Bei Garagen werden hauptsächlich Schwingtore oder Rolladentore verwendet.
Während der *Türaufschlag* nachträglich beim Ausbau noch geändert werden kann, wird die eigentliche Lage der *Türöffnung* schon beim Rohbau verbindlich festgelegt.
Ist die Türe mit einer *Schwelle* ausgebildet (z. B. Altbauten, Haustüren), lassen sich unterschiedliche Fußbodenhöhen problemlos miteinander verbinden. Ein dichteres Schließen der Türe ist möglich. Die Nachteile sind eine erhöhte Stolpergefahr im Schwellenbereich, Schwierigkeiten bei der Reinigung und ein Hindernis für Rollstühle.

Wärmedämmung

Alle *Außentüren* sollten grundsätzlich wärmedämmend ausgeführt werden, z. B. Isolierverglasung bei Glastüren, bei doppelwandigen Türen (Sperrtüren) die Mittelschicht aus dämmendem Material. Zur Wärmedämmung gehört auch das dichte Schließen einer Türe. Bei *Innentüren* wird man mehr auf ausreichenden Schallschutz, dichtes Schließen und Vermeidung von Zugluft achten.

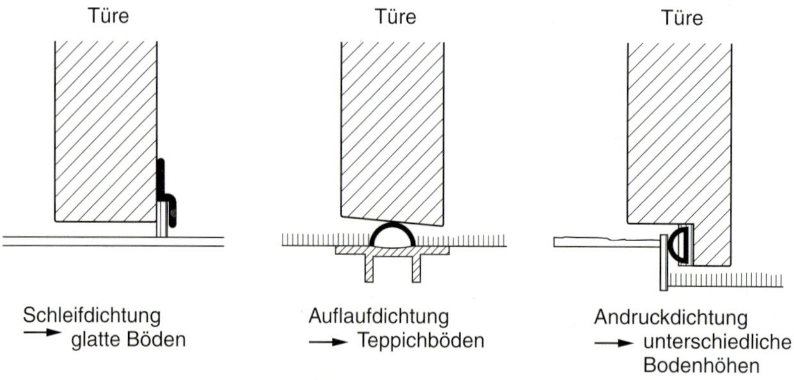

Abb. 99: Türdichtungen im Schwellenbereich

Schallschutz

Schalldämmend sind Türen mit einem hohen Türblattgewicht, großer Türblattdicke und großem Anpressdruck an die Falzdichtungen.

Feuerschutz

Feuerhemmende Türen bzw. Brandschutztüren verlangen die feuerpolizeilichen Vorschriften bei einem direkten Zugang von der Garage zum Haus, beim Heizraum und bei Räumen, in denen Heizöl gelagert wird, sowie für Türen in feuerbeständigen Trennwänden oder Brandwänden. Diese Türen sind meist aus Metall und können mit speziellen Brandschutzeinlagen versehen sein. Im Wohnhausbau wird grob zwischen Außen- und Innentüren unterschieden.

Außentüren

Unter Außentüren versteht man Haustüren, Kellerausgangstüren, Balkontüren und, wenn man so will, Garagentore. Sie sollen wetterbeständig, feuchtigkeits- und verwindungsunempfindlich, fugendicht, möglichst einbruchsicher und wartungsfrei sein. Außentüren werden aus *Holz, Metall* und *Glas* sowie aus *Materialkombinationen* hergestellt.

Der eigentlichen Haustüre sollte man gesonderte Beachtung schenken, da durch sie das Gebäude betreten wird.

Innentüren

Innentüren sind Zimmer-, Keller-, feuerhemmende bzw. feuerbeständige Türen, Boden- oder Speichertüren.

Kaum ein Hauselement wird so stark genutzt und in die Wohnraumgestaltung miteinbezogen wie die Innentüre. Welcher Türe man den Vorzug gibt (Rundbogen, glatt, rustikal, durchbrochen, detailliert usw.), hängt in erster Linie von individuellen Vorstellungen und den Kosten ab. Je einfacher und schlichter eine Konstruktion, desto zeitloser und dauerhafter ist sie in der Regel auch.

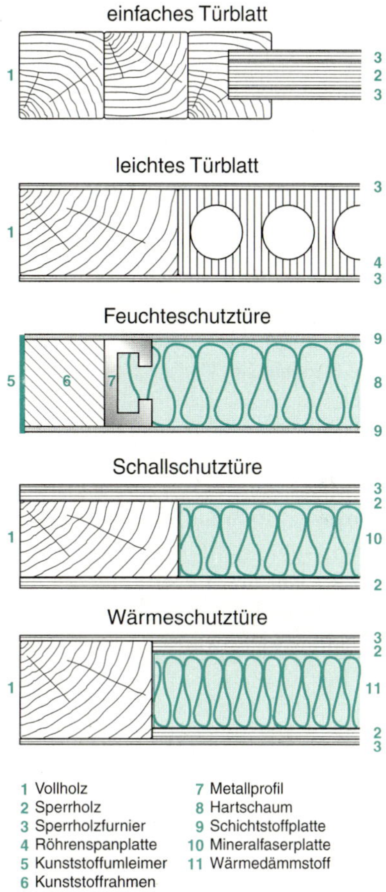

Abb. 100: Türblattkonstruktionen

Abb. 101: Ein gelungener Eingang

Besondere Beachtung verdienen Türen zu speziell genutzten Räumen wie z. B. Feuchträume (Verziehen der Türe durch Feuchtigkeitsaufnahme) oder Werkstätten (besonderer Schallschutz). Diese Türen zeichnen sich durch einen besonderen Aufbau aus.

Abb. 102: Unterschiedliche Innentüren

Türen zu unbeheizten Räumen wie Keller, Dachboden, Windfang oder Treppenhaus sollte man auch abdichten, um nicht unnötig Wärme zu verlieren. Bei Innentüren kommen die verschiedensten Materialien wie *Holz, Stahl, Aluminium, Glas, Kunststoff* oder *Materialkombinationen* untereinander zur Anwendung.

4.3 Innenputz

Der Innenputz regelt die klimatischen Eigenschaften der Räume durch Aufnahme und Abgabe von Feuchtigkeit (Wasserdampf). Er wirkt als *Feuchtepuffer* und trägt entscheidend zum Wohnbehagen bei.

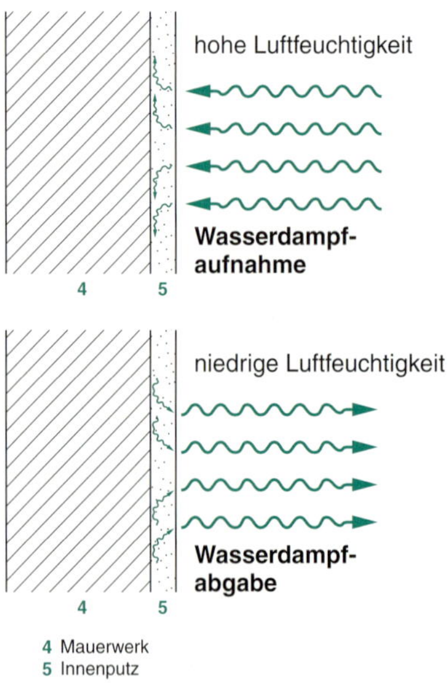

Abb. 103: Aufgaben des Innenwandputzes

Innenwandputz

Beim Innenwandputz soll die Putzdicke im Mittel 15 mm betragen. Der Putz muss *saugfähig* sein, um die anfallende Luftfeuchtigkeit in den Räumen, speziell in Bad und Küche, aufnehmen und wieder abgeben zu können. Er wird von Hand oder maschinell meistens einlagig aufgetragen.
Sollen die Wände später tapeziert werden, so muss auf eine glatte, ebene und abriebfeste Oberfläche geachtet werden. Aber auch eine strukturierte Oberfläche (verschiedene Putzweisen) kann sehr reizvoll sein.

Innendeckenputz

Für den Innendeckenputz gilt das Gleiche wie für den Innenwandputz. Sollten es Bauteile aus Holz, Stahl oder sonstigen Stoffen sein, auf denen kein Putz haftet, werden diese mit einem *Putzträger* überspannt. Es gibt Schilfrohrmatten, Rippenstreckmetall, Ziegeldrahtgewebe und Holzwolleleichtbauplatten. Für das Verputzen von sehr glatten Oberflächen wie Beton eignen sich sogenannte *Haftputze*. Die Putzdicke ist im allgemeinen etwas geringer als beim Wandputz.

4.4 Sonnenschutz

Der Innenraum soll vor *übermäßiger Erwärmung*, die Bewohner vor *Blendung*, die Einrichtung vor zu *starker UV-Strahlung* geschützt werden. Wichtig ist, daß trotz allem genügend Licht die Räume erhellt und die notwendige Sichtverbindung nach draußen nicht verloren geht.

Feststehender Sonnenschutz

Sollte es nötig sein, so kann man schon durch sinnvoll gewählte *Dachvorsprünge* und auskragende *Balkone* eine gute Abschirmung erzielen. Die Wärmestrahlung wird schon außerhalb des Gebäudes reflektiert und gelangt somit gar nicht erst ins Innere. Nachteilig können sich eine vorher nicht einkalkulierte Schattenbildung, ungenügende Wiedererwärmung oder entstehende Wärmebrücken auswirken.

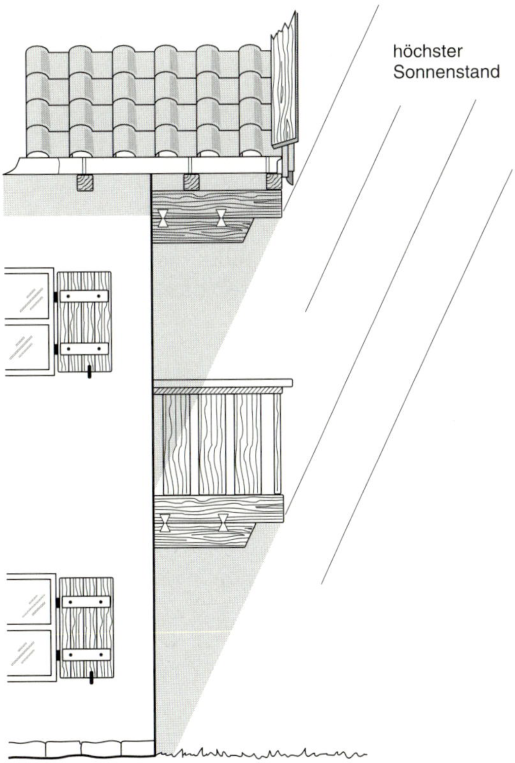

Abb. 104: Fest stehender Sonnenschutz

Beweglicher Sonnenschutz

Beweglichen Sonnenschutz gibt es als Innen- oder Außenmontage. Er hat den Vorteil, bei Bedarf (z. B. um die Mittagszeit) eingesetzt zu werden. Dabei ist ein außen angebrachter Sonnenschutz höher zu bewerten, da er die Strahlung (Blendung, Erwärmung) gar nicht erst in das Hausinnere lässt. Jalousien, Vorhänge, Rollos, Lamellenvorhänge, Rolläden, Markisen und Fensterläden sind hier zu nennen.

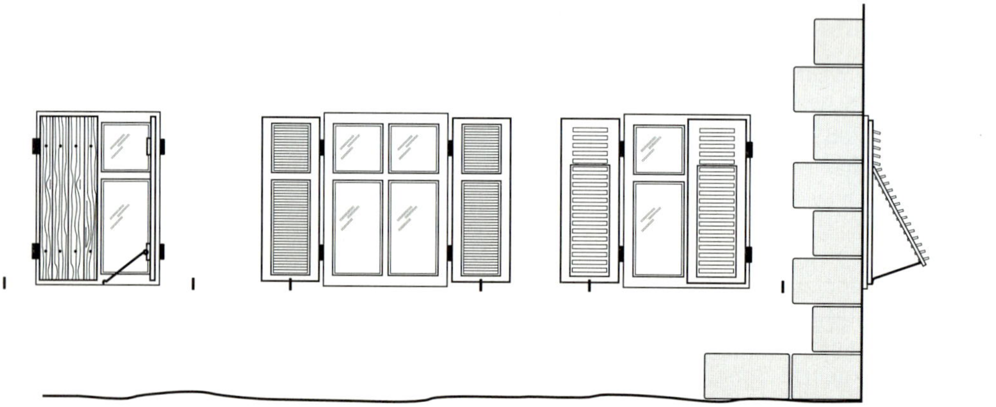

Abb. 105: Beweglicher Sonnenschutz

Passiver Sonnenschutz

Richtige *Gestaltung und Platzierung* der Fenster im Bezug auf die Himmelsrichtung und der jahreszeitlichen Sonnenstände, insbesondere an der Südseite, und die gut geplante Hauslage schützen das Haus vor übermäßiger Sonneneinwirkung.

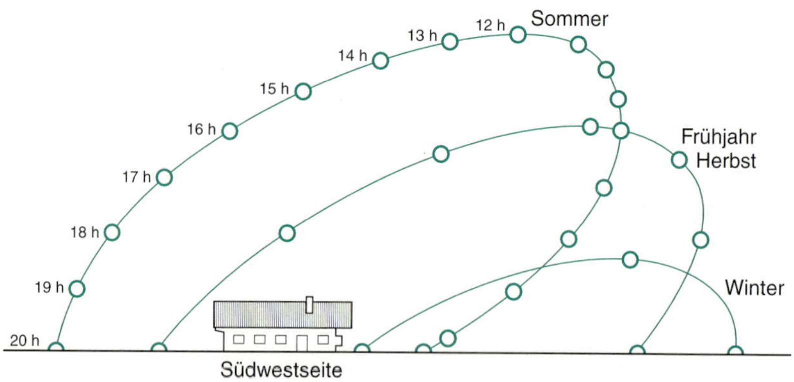

Abb. 106: Sonnenstände – Tageszeiten – Jahreszeiten

Natürlicher Sonnenschutz

Der natürlichste und beste Sonnenschutz um ein Haus sind *Laubbäume*. Mit Bedacht gewählt und überlegt angepflanzt sind sie gegenüber konstruktiven Ausbildungen annähernd konkurrenzlos, bei minimalsten Kosten.
Im Sommer schirmen sie das Haus vor zu starker Bestrahlung ab, im Winter gelangt durch fehlendes Laub mehr Wärme und Licht an das Haus.
Auch eine gut durchdachte *Außenwandbegrünung* verhindert übermäßiges Erwärmen und schafft ein ausgezeichnetes Wohnklima. Bei immergrünen Pflanzen wird auch die Wärmeabgabe über das Mauerwerk im Winter reduziert.
Falsch ist die Befürchtung, dass Pflanzen das Haus angreifen oder zerstören.

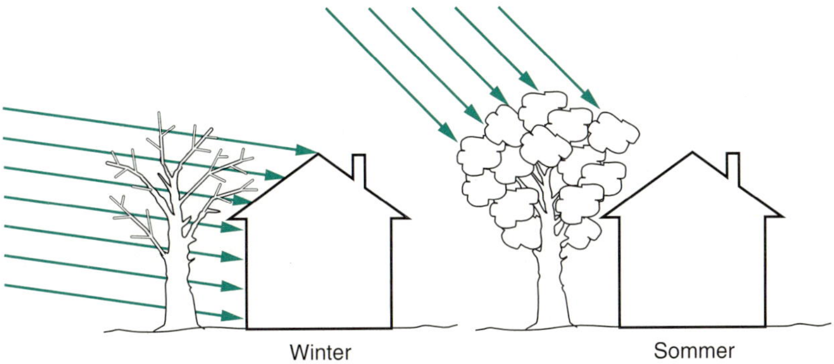

Abb. 107: Natürlicher Sonnenschutz durch Pflanzen

4.5 Fußboden

Beim Fußboden kann man zwischen der *Lauffläche* und dem *Unterbau* unterscheiden. Durch die *Statik* (Aussteifung), den *Nutzungs- und Benutzungszweck* (Wohnraum, Kellerraum), die *Wohnvorstellungen* (Holzbalkendecke, Steinfußboden) ist der Unterbau in der Ausführungsphase des Rohbaus größtenteils schon vorbestimmt.

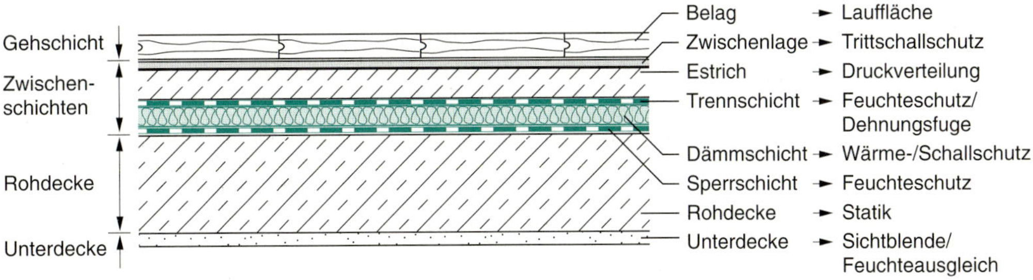

Abb. 108: Grundsätzlicher Aufbau eines Fußbodens

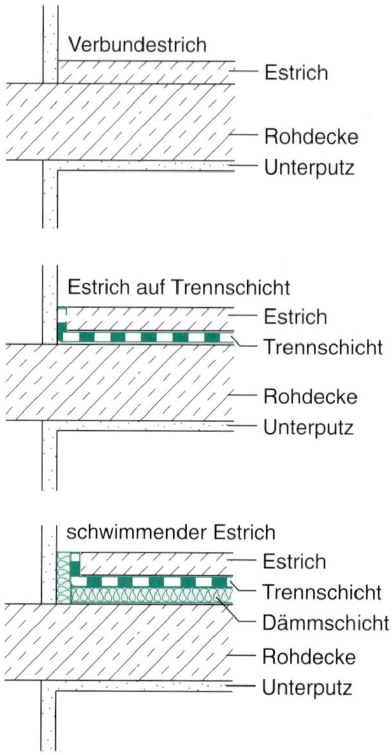

Abb. 109: Die gebräuchlichsten Estricheinbauarten

Bei der Fußbodenkonstruktion müssen die verschiedenen Anforderungen hinsichtlich Schall-, Wärme-, Brand- und Feuchtigkeitsschutz berücksichtigt werden. Dadurch wird der Fußboden in der Regel eine *mehrschichtige Konstruktion* sein. Zu berücksichtigen sind auch z. B. eine eingebaute Fußbodenheizung, Elektroleitungen (Unterflurkanäle) oder besondere Anforderungen (Nassräume).

Estrich

Estrich ist ein *Feinüberzug,* der auf den Rohboden (z. B. Beton) mit einer Dicke von ungefähr 2 bis 6 cm aufgebracht wird. Er ist eben, zugfest, abriebfest und druckfest und besteht aus einer Mischung von Zuschlägen (Feinkies, Sand, Split, Steinmehl), Bindemittel (Zement, Bitumen, Kunstharzen) und z. B. bei Zement, Wasser.
Der Estrich dient meist als Unterboden für den abschließenden Fußbodenbelag (Teppich, Holz, Kunststoff) und verteilt die auf den Boden einwirkenden Lasten (Möbel, Menschen, Maschinen usw.) gleichmäßiger. Er kann aber auch in untergeordneten Räumen als eigentlicher Bodenbelag Einsatz finden.
In Verbindung mit Folien und/oder Wärmedämmstoffen lassen sich die verschiedenen Anforderungen an den Schall-, Wärme-, Feuchte- und gegebenenfalls Brandschutz erfüllen.

Wärmeschutz

Unabhängig vom Fußbodenbelag sollte bei einer angestrebten Raumtemperatur von 20 °C die *Bodenoberflächentemperatur* nicht unter 17 °C fallen. Kalte Füße verursachen ein unangenehmes Gefühl und mindern das Wohnklima.
In den Aufenthaltsräumen wird eine Dämmschicht unter den Estrich eingebaut. Bei Decken über Durchfahrten, nicht beheizten Kellerräumen, Garagen und bei nicht unterkellerten Gebäuden sind zusätzliche Dämmmaßnahmen erforderlich, die möglichst an der kalten Außenseite angebracht werden sollten.

Schallschutz

Die Fußböden bzw. Decken müssen ausreichend gegen *Tritt- und Luftschall* gedämmt werden, um eine störende Schallausbreitung in andere

Räume und im Raum selbst zu dämpfen. Dies wird erreicht durch hinreichend schwere und/oder mehrschichtige Fußböden (z. B. Filzbahnen).

Feuchteschutz

Ein entsprechender Fußbodenaufbau (z. B. Folien, Sperrschichten) verhindert Ein- und Durchdringen von Feuchtigkeit bei Räumen mit hohem Wasserdampfgehalt oder Feuchtigkeitsgehalt (z. B. Bad, Schmutzschleuse). Nicht unterkellerte Bereiche eines Hauses müssen gegen aufsteigende Feuchtigkeit aus dem Erdreich ausreichend gesichert werden, ebenso der Kellerboden. Dies wird erreicht durch wasserdichten Beton, Sperrschichten bzw. eingebaute Folien.

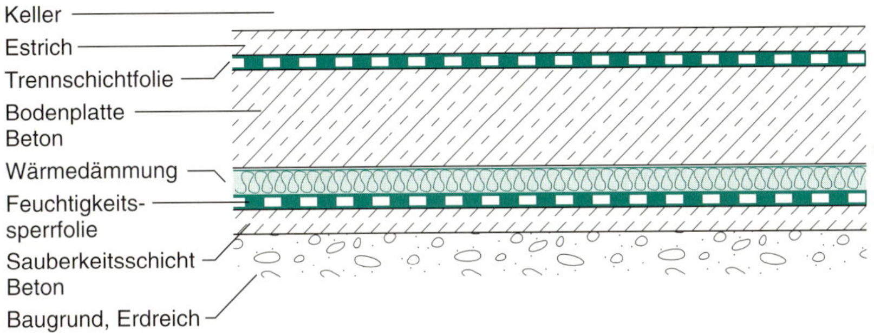

Abb. 110: Kellerboden (Aufbau)

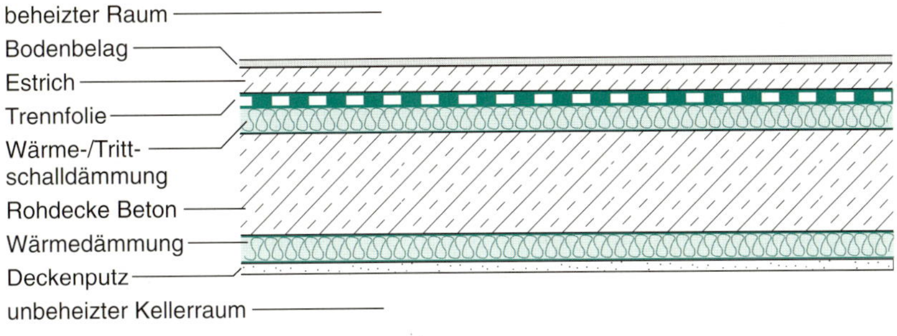

Abb. 111: Erdgeschossboden (Aufbau)

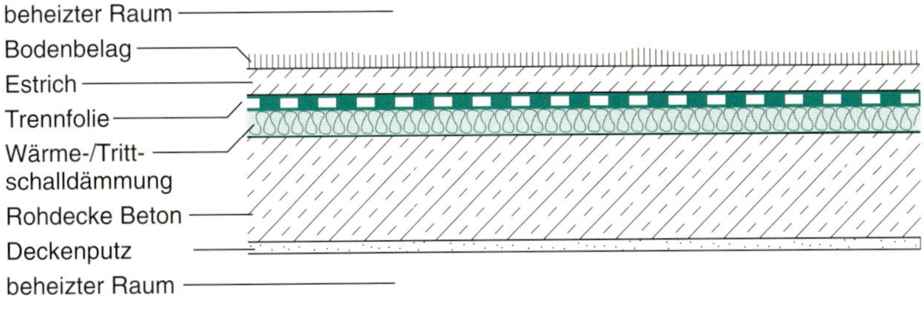

Abb. 112: Obergeschossboden (Aufbau)

Ist das *Dachgeschoss* nicht ausgebaut, sollte der Boden trotzdem wärmegedämmt werden, um Wärmeverluste aus darunter liegenden Wohnräumen so gering wie möglich zu halten. Bei ausgebautem Dachgeschoss kommt eine Schalldämmung hinzu.

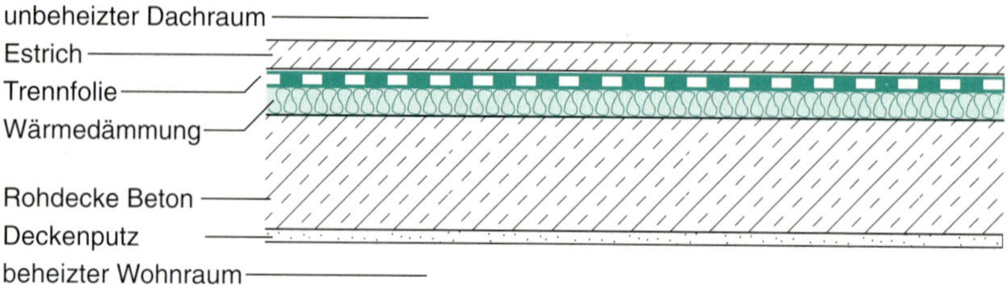

Abb. 113: Dachgeschossboden (Aufbau)

Fußbodenbeläge

Fußbodenbeläge werden sowohl nach praktischen als auch nach ästhetischen Gesichtspunkten ausgewählt. Die Wahl richtet sich nach der *Raumnutzung* – Wohn-, Schlafräume, Wirtschaftsräume –, nach der *Lage* und *Zuordnung* der Räume im Haus sowie der *Familiengröße* und *-struktur* (Kleinkinder, ältere Personen, Gehbehinderte). Besonders der Reinigungs- und Pflegeaufwand muss berücksichtigt werden.
Fußbodenbeläge haben neben den Wänden und Decken den größten Flächenanteil und sind so in Farbe und Material Basis für weitere Überlegungen der Raumgestaltung. Großzügig wirkt ein Haus, wenn sich der gleiche Belag in allen von der Nutzung etwa gleichen Räume durchzieht.

Der ideale Bodenbelag sollte abriebfest, trittweich, Trittschall dämmend, stuhlrollenfest, druckunempfindlich, Wärme dämmend, fußwarm, rutschsicher, Feuer hemmend, antistatisch, Bakterien hemmend, unempfindlich gegen im Haushalt vorkommende Säuren, Laugen und Fette, entsorgungsfähig und pflegeleicht sein.

Für den Reinigungs- und Pflegeaufwand ist die Oberfläche des Belages von Bedeutung. Glatte und dabei matt belassene Oberflächen z. B. von Linoleum, Kork, lackiertem Holz oder keramischen Fliesen lassen sich leichter reinigen als Böden mit rauer Oberfläche. Abzuraten ist von hoch glänzenden Bodenbelägen. Allzu großer Glanz wirkt unnatürlich und auch beim Begehen solcher Beläge wurde bei Testpersonen Trittunsicherheit festgestellt.
Auch die *Lösungsmittelempfindlichkeit* der Beläge ist von Bedeutung; hierüber gibt der Hersteller oder Verleger Auskunft (siehe auch Band »Markt- und Verbraucherkunde«).
In Schlafräumen sollte besonders auf *Hygiene* geachtet werden; für Kinderzimmer und Wohnräume ist die *Fußwärme* des Bodenbelages entscheidend. In Arbeitsräumen spielt die *Elastizität* eine wichtige Rolle, unelastische harte Beläge machen schnell fußmüde.

Nichttextile Fußböden – Eigenschaften und Verwendung

Steinböden

Diese Böden sind lösungsmittelunempfindlich, wasserfest, formbeständig, feuersicher und von fast unbegrenzter Lebensdauer, jedoch fußkalt und unelastisch und haben schlechte Schalldämmeigenschaften.
Bei Steinböden gibt es verschiedene Arten:
Natursteinplatten bestehen aus Marmor, Granit, Muschelkalk, Solnhofener Platten. Die Oberfläche wird geschliffen oder poliert, teilweise auch bruchrau belassen. Es empfiehlt sich, bei porösen Steinböden nach dem Verlegen die Oberfläche „versiegeln" zu lassen. Natursteinböden eignen sich für Flure, Dielen und Treppen. Im Wohnbereich wirken sie meist sehr repräsentativ. Natursteinbeläge sind wie alle Steinböden wegen ihrer Härte für Küchen weniger geeignet.
Betonwerkstein- und Terrazzoböden
Betonwerksteinplatten werden industriell hergestellt und bestehen aus einem Betonkern mit einer Oberschicht aus Natursteinkorn. Die Oberfläche kann rau, geschliffen oder poliert sein.
Terrazzo ist ein an Ort und Stelle hergestellter Estrichbelag mit zementgebundenem Natursteinkorn, der nach dem Verlegen geschliffen wird. Der Belag ist bis auf die notwendigen Dehnungsfugen fugenlos.
Betonwerksteinplatten und Terrazzoböden eignen sich für Flure, Dielen, Treppenhäuser, Nassarbeitsräume, Schmutzschleusen und für Terrassen (Terrazzo = ital. für Terrasse).

Keramische Bodenbeläge

Feinkeramische Fliesen werden aus plastischem Ton, Quarz und Feldspat gepresst, getrocknet und bis zum Sintern (Verdichten durch Erhitzen) gebrannt. Das gesinterte Material ist gegen Abnutzung sehr widerstandsfähig. Fliesen gibt es in vielen Formaten und allen erdenklichen Farben. Glasierte Steinzeugfliesen besitzen abriebfeste Glasuren. Keramische Fliesen eignen sich bei entsprechender Härtestufe für Sanitärbereich, Flur, Diele, Vorratsräume, Nassarbeitsräume und Schmutzschleusen.

Cotto
Dieser Begriff kommt von „Terracotta" und bedeutet im Italienischen „gebrannte Erde". Je nach Herkunft der Tonerde (hauptsächlich Italien, Spanien, Frankreich) nehmen die Platten nach dem Brennen eine gelbliche, bräunliche, hell- oder tief rote Farbe an. Werden Cottoböden mit einer Art Beize oder Versiegelung nach dem Verlegen behandelt, sind sie gefeit gegen Flecken aller Art. Cotto ist für den gesamten Wohnbereich gut geeignet, weil das verhältnismäßig poröse Material offene Poren, d. h. viele Lufteinschlüsse hat und dadurch Wärme gut speichern kann. Der Wärmedurchlasswert ist günstig bei einer Fußbodenheizung.

Klinker und Klinkerplatten
Sie werden aus einem Gemisch aus Ton, Lehm und Zuschlagstoffen gepresst und bis zum Sintern gebracht. Der hohe Eisengehalt im Material und Brandtemperaturen zwischen 900–1400 °C machen die für Klinker

typische rote und braunrote Farbe aus. Der Klinkerscherben weist große Dichte und Festigkeit bei niedriger Wasseraufnahme auf. Deshalb sind Klinkerplatten auch frostbeständig. Ihre Oberfläche ist sehr hart, robust und widerstandsfähig. Die etwas raue Oberfläche macht den Boden gleitsicher. Sie eignen sich gut für Nassarbeitsräume, Schmutzschleusen, Keller, Flure und Treppen. Klinker ist im Verhältnis zu anderen Steinbelägen nicht sehr teuer.

Holzfußböden

Der Holzfußboden ist neben Lehm und Stein der am längsten verwendete Bodenbelag. Er wird auch heute noch wegen seiner Schönheit und der Vielfalt der Gestaltungsmöglichkeiten geschätzt; er hat eine hohe Festigkeit, gute wärmedämmende Eigenschaften und ist elastisch. Durch die Oberflächenbehandlung – schleifen und lackieren (versiegeln) – sind Holzböden heute auch pflegeleicht. Geölte oder gewachste Holzböden sollten nur gesaugt oder nebelfeucht gewischt werden.

Der *Dielenboden* ist die einfachste Art des Holzfußbodens. Massive Bretter von ca. 3 cm Stärke werden entweder auf die Unterkonstruktion genagelt, geschraubt oder „schwimmend" mit Nut und Feder als Kurz- oder Langriemen verlegt. Ein Dielen- oder Bretterboden wird häufig auch als Riemenboden bezeichnet.

Verwendung finden vor allem Weichhölzer wie Fichte, Tanne, Lärche, Kiefer und Douglasie.

Für *Parkettböden* werden hauptsächlich Eiche, Esche, Buche sowie andere Laub- und Nadelhölzer verwendet. Besonders fein in der Wirkung ist ein Boden in hellen Farben wie Birke oder Ahorn.

Es gibt verschiedene Parkettarten. Am bekanntesten sind die auch in älteren Gebäuden oft im Fischgrätmuster verlegten Stab- oder Riemen-Parkettböden. Aufgrund der aufwendigen Herstellungs- und Verlegeart ist ein massiver Parkettboden heutzutage teuer in der Anschaffung.

Fertigparkettböden, die auf den gut vorbereiteten Estrich geklebt oder schwimmend verlegt werden sind preiswerter.

Hochkantlamellen (Hokala) sind auch als Industrieboden bekannt. Dieser Bodenbelag ist besonders strapazierfähig und langlebig. Meist werden die vom Hersteller mit der „schöneren Seite" nach oben sortierten „stehenden" Stäbchen in Platten der ungefähren Größe von 16 × 32 cm und Stärke von 22 mm angeboten. Die einzelnen, nicht verleimten Stäbchen sind nur durch einen Klebestreifen zusammengehalten. Diese Tafeln werden nach dem Verkleben vollflächig an Ort und Stelle geschliffen.

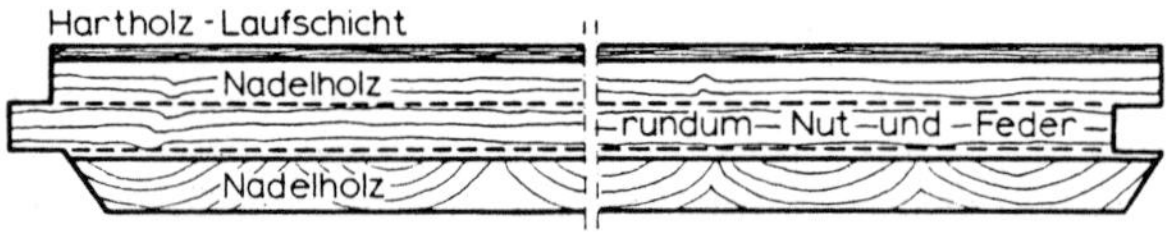

Abb. 114: Schematische Darstellung eines mehrschichtig abgesperrten und verleimten Fertigparkett-Elementes

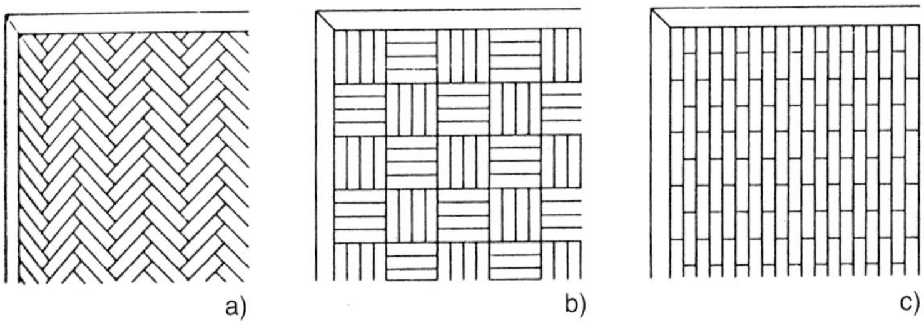

Abb. 115: Verlegemuster von Stabparkettböden
a) Fischgrätmuster, b) Würfelmuster, c) Schiffsbodenmuster.

Hirnholzbelag wird auch als Hirnholzparkett oder Holzpflaster bezeichnet. Dieser Boden ist besonders langlebig und strapazierfähig, da die Jahresringe, also das Hirnholz und nicht wie üblich das Langholz, betreten werden. Die Kosten für Hirnholzparkett liegen ungefähr zweimal so hoch wie für Parkettboden.
Sämtliche Arten von Holzfußböden eignen sich für alle Wohn- und Schlafräume im Haus.

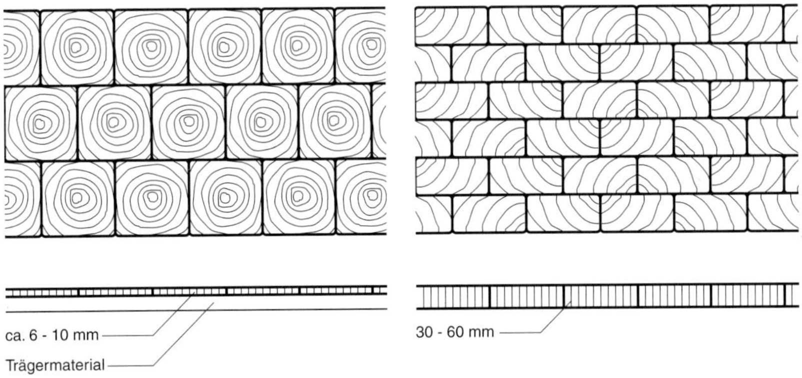

Hirnholzparkett
in größeren Stücken vorverlegt,
auf Trägermaterial

Hirnholzpflaster
in Einzelverlegung, bei diesen
Stärken ohne Trägermaterial

Abb. 116: Hirnholzparkett – in größeren Stücken vorverlegt, auf Trägermaterial
Hirnholzpflaster – in Einzelverlegung, bei diesen Stärken ohne Trägermaterial

Linoleum und Kork

Linoleum, ein seit ca. 100 Jahren bewährter Bodenbelag, besteht im Wesentlichen aus nachwachsenden Rohstoffen. Der wichtigste Bestandteil im Linoleum ist *Leinöl*. Weitere wichtige Rohstoffe sind *Holzmehl*, *Korkmehl*, *Naturharze* sowie *Kalksteinfeinmehl* als Füllstoff, der für spätere Elastizität des Belages nötig ist. Zum Einfärben des Rohmaterials werden vorrangig natürliche oder naturidentische Pigmente mit optimaler Licht-

echtheit verwendet. Zur Herstellung von Linoleum werden alle Grundmaterialien zu einem elastischen Brei verkocht und verknetet und dann auf Jute als Trägermaterial aufgewalzt. Jute auf der Rückseite von Linoleum ist ein eindeutiges Erkennungsmerkmal für Linoleum.
Im Wohnbereich ist es ausreichend, 2,0 mm starkes Material zu verwenden, bei starker Beanspruchung 2,5 mm. Die 2 m breiten Linoleumbahnen müssen vollflächig verklebt und anschließend, um die Fugen abzudichten, mit einem farblich passenden Schmelzdraht verschweißt werden. Für besonderen Trittkomfort sorgt eine unter den Bahnen verlegte dünne Korkschicht.
Linoleum ist warm, trittelastisch, verschleißfest, lösungsmittelunempfindlich, stuhlrollengeeignet, schalldämmend, weit gehend rutschsicher, beständig gegen Fett und Öl im Haushalt, und pflegeleicht. Den leicht marmorierten Belag gibt es in Pastelltönen und in kräftigen Farben.
Linoleum ist ein idealer Bodenbelag für alle Wohn- und Schlafräume, sowie für Küche, Speis und Trockenarbeitsräume. Wegen der geringen Bauhöhe des Materials ist die Verwendung bei Renovierungen besonders praktisch.
Korklinoleum wird aus gröber gekörntem Korkmehl hergestellt, wodurch der Belag eine höhere Elastizität, aber auch eine raue Oberfläche erhält. Für Nassräume ist Korklinoleum nicht geeignet.
Kork ist ein wertvolles Material, da die Rinde der Korkeichen langsam wächst. Je nach Herstellungsverfahren entstehen schmale oder breitere Korkstreifen, die entweder massiv verwendet oder wiederum auf Presskork furniert werden. Dabei ergeben sich Strukturen mit natürlichem Muster aus hellen und dunklen Rindenstücken. Ein relativ einheitliches Bild haben Platten, für die kleinere Korkteile als Granulat Verwendung finden.
Kork ist weitgehend eindruckfest, fußwarm, fußelastisch, bedingt schalldämmend. Er ist schwer entflammbar, stuhlrollengeeignet, rutschfest und antistatisch. Außerdem sind Korkbeläge alterungsbeständig, verrottungs- und fäulnisfest, feuerresistent und leicht zu pflegen.
Kork wird in 30 × 30 cm, 30 × 60 cm oder 15 × 90 cm großen, 8 mm starken Platten und in verschiedenen Oberflächenausführungen angeboten:

1. Naturkork
Unbehandelter Kork ist ein Bodenmaterial für Korkbegeisterte, denen eine eventuelle Patina nichts ausmacht.

2. Kork gewachst
Für weniger beanspruchte Räume eignen sich bereits vom Hersteller gewachste Korkplatten.

3. Kork lackiert
Diese matt oder halbmatt lackierten Oberflächen sind weit gehend verschleißfest und eignen sich zum Verlegen z. B. im Wohnbereich.

4. PVC-beschichteter Kork
Die 3,2 mm starken Korkplatten sind werkseitig mit einer 0,5 mm dicken, verschleißfesten PVC-Folie versehen. Zum besseren Verkleben der Platten ist eine weitere PVC-Schicht auf der Unterseite der Platten aufgetragen. Kork in dieser Ausführung ist besonders abriebfest und kann des-

halb in stark beanspruchten Räumen wie Küche, Hausarbeitsraum etc. verlegt werden.

Abb. 117: PVC-beschichteter Kork

5. Kork auf HDF Platten
Auf Nut und Feder gearbeitete ,,Hochverdichtete Faserplatten" werden als Trägermaterial verwendet und mit Kork als Nutzschicht belegt. Die Oberfläche wird vom Hersteller entweder naturbelassen oder lackiert angeboten. Die ca. 90 × 20 cm großen und 11 mm starken Platten eignen sich gut, wenn eine besondere Isolierung des Bodenbelages gewünscht wird, beim Dachgeschossausbau oder bei Renovierungen.

Gumminoppen-Beläge

Diese Beläge bestehen aus synthetischem Kautschuk. Kautschukbeläge sind verschleißfest, stuhlrollengeeignet, antistatisch, öl- und fettbeständig und mit einer schmutzabweisenden Oberfläche versehen. Sie bieten hohe Trittschalldämmung, sicheren Gehkomfort sowie eine lange Lebensdauer. Die meist ca. 100 × 100 cm großen und 3,5 mm starken Platten werden mit unterschiedlich hohen (0,3 bis 1,5 mm) so genannten ,,Pastillen" oder Noppen hergestellt. Je höher die Noppen, umso rutschsicherer ist der Belag, allerdings ist der Pflegeaufwand größer.

Kunststoffbeläge

PVC ist im Hinblick auf Herstellung, Verarbeitung und Entsorgung für die Umwelt kritisch. Die Freisetzung von Weichmachern kann empfindliche Personen belasten. Kunststoffbeläge sind in der Regel 2 mm dick. Sie sind strapazierfähig, elastisch, schwer entflammbar, feuchtigkeits- und lösungsmittelunempfindlich sowie pflegeleicht. Es können Platten unterschiedlicher Größe oder Bahnen verlegt und die Nähte fugendicht verschweißt werden, was in Nassräumen empfehlenswert ist. PVC-Beläge eignen sich für alle Wirtschafts- und Sanitärräume. Sie sind für Küchen und Arbeitsräume geeignet, in denen längere Arbeiten im Stehen ausgeführt werden.

CV-Verbundbeläge (Cushion-Vinyl) sind ca. 2 mm starke CV-Bahnen mit einer Unterschicht aus Filz, Kork oder CV-Schaum. Sie sind elastisch, fußwarm und eindrucksicher, die Oberfläche ist immer genarbt. Die Bahnen lassen sich kalt verschweißen. Eine Filzunterschicht ist weniger verrottungssicher als Kork oder CV-Schaum. CV-Verbundbeläge verlegt man vor allem in Räumen, wo eine besondere Trittschall- und Wärmedämmung verlangt wird.

Polyolefin-Beläge sind, von der Industrie seit einigen Jahren hergestellte Kunststoffbeläge (Polyethylen PE und Polypropylen PP) ohne Chlor, Schwermetalle und Weichmacher. Die Oberfläche des Belages wird mit einer dünnen Kunststoffdispersion versehen. Sie sind abriebfest, elastisch, stark rutschhemmend, antistatisch, recyclefähig und pflegeleicht. Die 2 mm starken und ungefähr 1,25 m breiten Bahnen oder 60 × 60 cm großen Platten werden nach dem Verkleben thermisch verschweißt.
Laminat nennt man den festen Verbund von mindestens 2, meist 3 Flächen. Die mittlere Schicht besteht aus einer druckfesten, feuchtigkeitsunempfindlichen Platte. Das kann eine Spanplatte oder eine MDF-Platte (Mitteldichte Faserplatte) aus Holzspänen sein. Die Nutz- oder Oberschicht besteht aus mindestens 3 verschiedenen Papierlagen, wobei das Dekorpapier auf fototechnischem Weg die originalgetreue Wiedergabe von Holz oder Stein ist. Alle Papierlagen werden mit glasklarem Melaminharz getränkt und die Oberflächen gehärtet. Auf der Unterseite des Trägermaterials wird ein Bodengegenzuglaminat aufgebracht. Diese Unterschicht soll den Belag vor Feuchtigkeit, die von unten eindringen könnte, schützen. Mit Leim, Hitze und Druck verbinden sich diese drei Schichten miteinander. Je nach Herstellung bezeichnet man Laminatböden auch als Schichtstoffböden.
In der Möbelbranche sind mit „Dekor" versehene Schichtpressstoffe (z. B. Resopal) für Tischflächen oder Küchenarbeitsplatten längst bekannt. Viele Hersteller bieten Paneele mit einer ungefähren Größe von 19 × 120 cm auf Nut und Feder gearbeitet an.
Laminat ist weitgehend stoß-, schlag- und druckfest sowie unempfindlich gegen Punktbelastung.
Textile Bodenbeläge siehe Band „Markt- und Verbraucherkunde".

Haustechnik

5.1 Wasser

Im überwiegenden Teil wird die Versorgung mit Trinkwasser (bzw. die Entsorgung der Abwässer) durch das öffentliche Wasserversorgungsnetz (Kanalisationsnetz) gewährleistet. Dabei wird es durch zunehmende Verschmutzung, Verbrauch, Belastung der Böden schwieriger, die Qualität des Trinkwassers auf einem hygienisch und gesundheitlich einwandfreien Stand zu halten. Durch Eigenverantwortung und sorgsamen Verbrauch trägt jeder dazu bei, die langfristige Bereitstellung und Versorgung zu sichern.

Von der Gewinnung (z. B. Grundwasser, Quellwasser, Oberflächenwasser) aus Brunnen (z. B. Rohrbrunnen) mit anschließender Reinigung in Filteranlagen über die Speicherung bis hin zum Verbrauch durchläuft das Wasser grob die Schritte *fördern – aufbereiten – speichern – verteilen.*

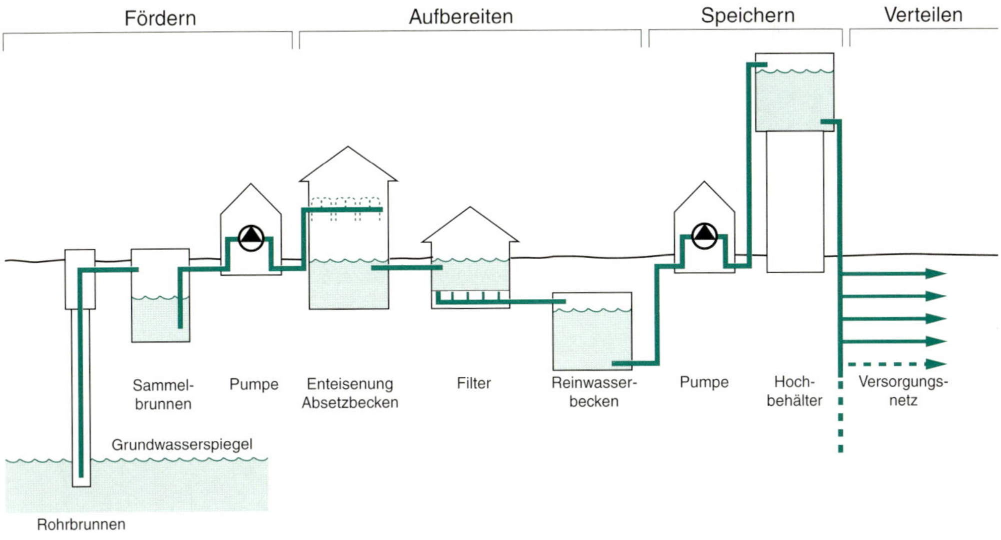

Abb. 118: Weg des Trinkwassers

Trinkwasserversorgung

Für die Erhaltung der Gesundheit des Menschen ist eine einwandfreie technische und hygienische Ausführung der *Trinkwasserversorgungs- und Entwässerungsanlage* notwendig.

Zu erwartende Änderungen bzw. geplante Erweiterungen wie ein ausbaufähiges Dachgeschoss sind bei der Ausführung miteinzubeziehen. Es wird nicht nur der tatsächliche Wasserverbrauch, sondern auch der in Zukunft zu erwartende berücksichtigt. Nachträgliche Änderungen verursachen immer hohe Kosten.

	Durchschnitts-verbrauch für	Verbrauch l/Tag pro Person	Anteil zum Verbrauch	
	Trinken und Kochen	3	2 %	Trinkwasser: 44 %
	Geschirr-spülen	9	6 %	
	Körperpflege (ohne Baden)	9	6 %	
	Baden und Duschen	44	30 %	
	Wohnungs-reinigung	8	6 %	Kein Trinkwasser: 56%
	Toiletten-spülung	46	32 %	
	Wäsche-waschen	17	12 %	
	Autowäsche	3	2 %	
	Garten-sprengen	6	4%	
	Summe	**145**	**100 %**	

Abb. 119: Durchschnittliche tägliche Wasserverbrauchswerte einer Person

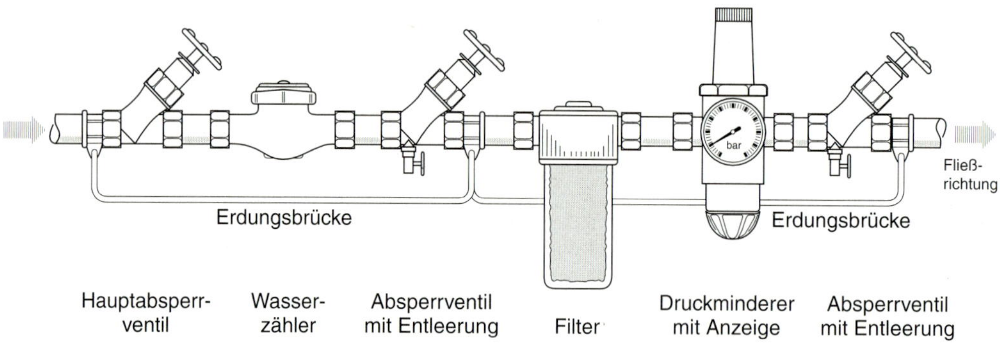

Abb. 120: Optimaler Wasseranschluss im Hausanschlussraum

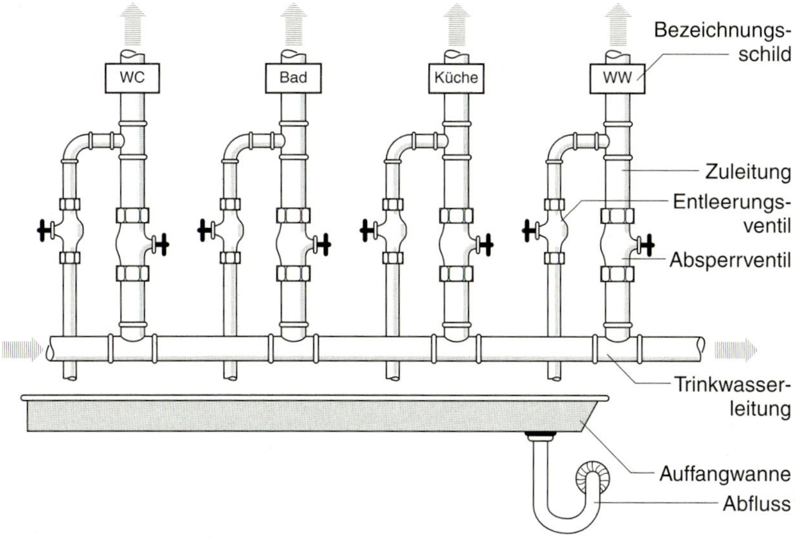

Abb. 121: Verteilerbatterie für Wasser (Beispiel)

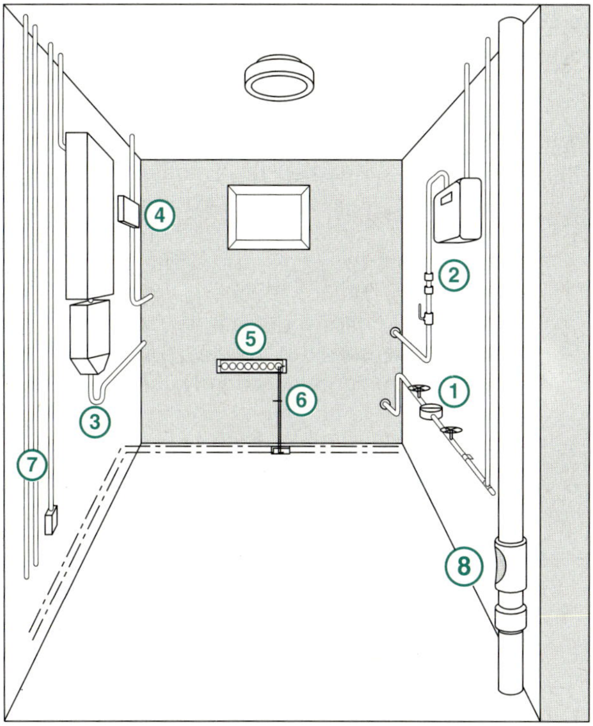

1 Wasserleitung mit Wasserzählanlage

2 Gasleitung mit Hauptabsperreinrichtung und Gaszähleranlage

3 Starkstromkabel mit Hausanschlusskasten und Zähleranlage

4 Telefonleitung und Breitbandkabel

5 Potentialausgleichschiene mit Anschlussfahne des Fundamenterders **(6)** und Anschlüssen für Wasser-, Gas-, Heizungsrohre **(7)**, metallene Abwasserrohre **(8)**, sowie Blitzschutz-, Antennen-Fernmeldeanlagen, Schutzleiter (PE) und Potentialausgleich im Bad.

Abb. 122: Hausanschlussraum

Auch hier gilt, die Planung und Ausführung gehört in die Hände eines qualifizierten Fachmannes. Entscheidende Gesichtspunkte für die Planung und Ausführung sind die *Zugänglichkeit*, die *Reparaturfreundlichkeit*, die *Revisionsmöglichkeit*, die *Erweiterungsfähigkeit*, die *Funktionssicherheit*, die *Materialwahl*, der ermittelte *Verbrauch* und die funktionsgerechte *Auswahl* der Trinkwasserversorgungsanlage.

Anschlüsse

Die Anschlussleitung wird vom zuständigen Wasserversorgungsunternehmen (aus dem Verästelungs- bzw. Ringelnetz) am besten in den *Hausanschlussraum* verlegt. Dabei wird die Anschlussleitung von den Entwässerungsleitungen räumlich getrennt, frostfrei verlegt und darf nicht überbaut werden. Hauptabsperrvorrichtung, Wasserzähler und ein Schmutzfilter werden gleich nach dem Mauerdurchbruch installiert, wenn nötig auch ein Druckminderer.

Die Verlegung der Leitungen im Haus erfolgt geradlinig und parallel zu Decken und Wänden. Dabei werden sowohl die Warm- und die Kaltwasserversorgung als auch mögliche Brauchwassereinspeisung durch Regenwasser getrennt geführt.

Empfehlenswert ist eine Beschränkung der Verbrauchstemperatur auf 55–60 °C, um Kalkablagerungen und Korrosionsschäden in den Leitungen vorzubeugen. Von Vorteil ist eine Verlegung in Installationsschächten, gemauerten Wandschlitzen oder als Vorwandinstallation. Dies erspart zeit- und kostenaufwendige Ausstemm- und Verputzarbeiten und erleichtert die Zugänglichkeit.

Zum Schutz vor Frost und Einfrieren sollten keine Leitungen an oder in Außenwänden verlegt werden. Da dies nicht immer möglich ist, müssen frostgefährdete Leitungen absperrbar und entleerbar sein. Auch bei kalten und unbeheizten Räumen ist eventuell durch entsprechende Maßnahmen, z. B. Einbau von Frostschutzwächtern, Vorsorge zu treffen.

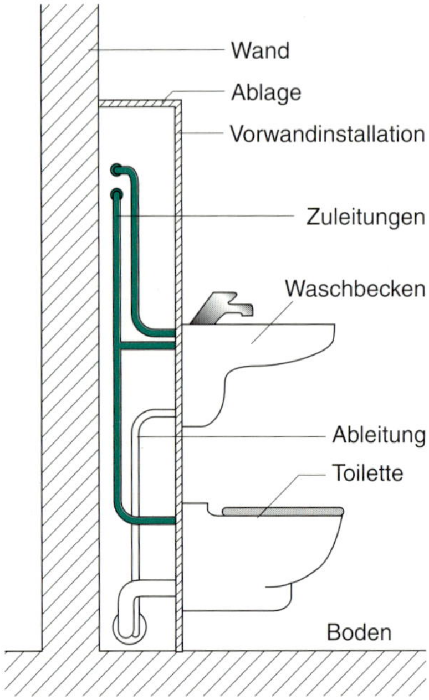

Abb. 123: Vorwandinstallation

Nicht genügend oder unzureichend befestigte, nicht schallgedämmte Wand- oder Deckendurchführungen können bei Betätigung eines Absperrventils (z. B. Wasserhahn) zu einer starken Geräuschentwicklung beitragen.

Um dem Niederschlag von Kondenswasser auf den Leitungen entgegenzuwirken, ist eine wärmedämmende Ummantelung immer empfehlenswert, bei Warmwasserleitungen sogar geboten.

Als Material kommen Kupferrohre, feuerverzinkte Stahlrohre und Kunststoffrohre zum Einsatz.

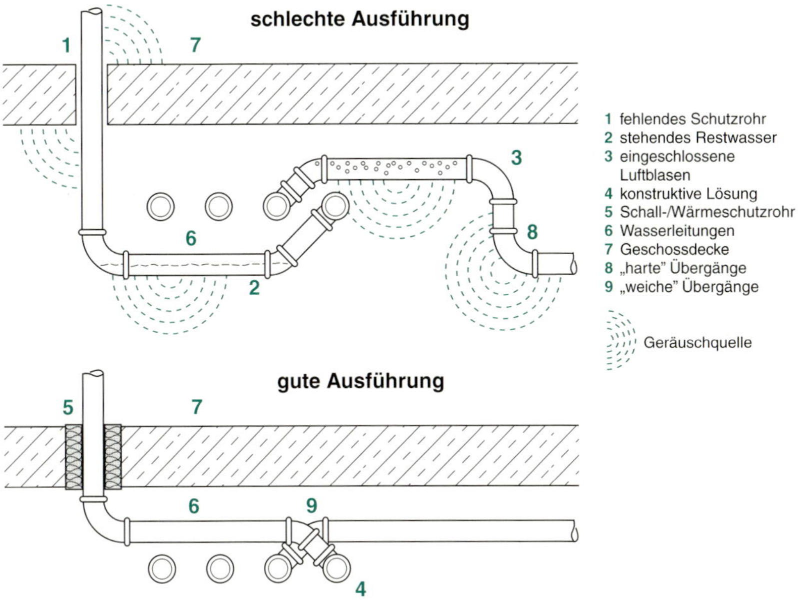

Abb. 124: Mögliche Geräuschquellen, verursacht durch unzureichende Leitungsverlegung

Abwasserentsorgung

Ungereinigtes Abwasser darf auf keinen Fall in Flüsse und Seen gelangen. Die ordnungsgemäße Ableitung der Schmutzwässer eines Hauses erfolgt in der Regel über das kommunale Entwässerungsnetz. Aber auch hier darf nicht jedes Abwasser bedenkenlos entsorgt werden (z. B. feuergefährliche Stoffe, Säuren, Fette, Asche, Müll, Dung).
Da einige ländliche Wohnhäuser keinen Anschluss an das zentrale Entsorgungsnetz besitzen, ist eine *Hauskläranlage* oder eine *Kleinkläranlage* zu überlegen. Die Ausführung sollte so erfolgen, dass ein Anschluss an eine Kanalisation immer problemlos durch Verlängerung der Abflussleitung möglich ist.
Unter der *Entwässerung eines Hauses* versteht man die Ableitung aller anfallenden Schmutz- und Regenwässer. Der Begriff Schmutzwässer bezeichnet die Abwässer aus Küche, Bad und Toiletten.

Abflüsse

Bei den Entwässerungsleitungen wird zwischen *Grund- und Fallleitungen* unterschieden. *Grundleitungen* führen die Abwässer aus dem Haus dem Anschlusskanal oder der Kläranlage zu.
Fallleitungen führen die Abwässer von den Verbrauchsstellen den Grundleitungen zu. Faserzement, Gusseisen, kunststoffbeschichtete Stahlrohre und glasierte Steinzeugrohre kommen zum Einsatz, werden aber größtenteils von den problemlos einzubauenden Kunststoffrohren verdrängt. Allen ist gemeinsam, dass sie glatt, korrosionsbeständig und inkrustationsabweisend sein müssen. Um möglichen Problemen und Verstopfungen vorzubeugen, sind in geeigneten Abständen immer wieder Kontroll- und Reinigungsöffnungen einzubauen.

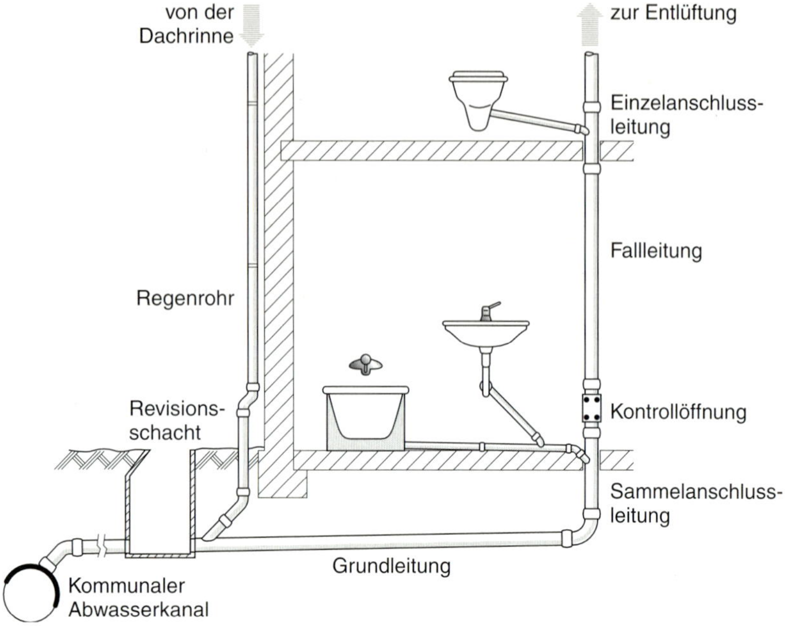

Abb. 125: Entwässerungsleitungen (Abwässer) im Haus

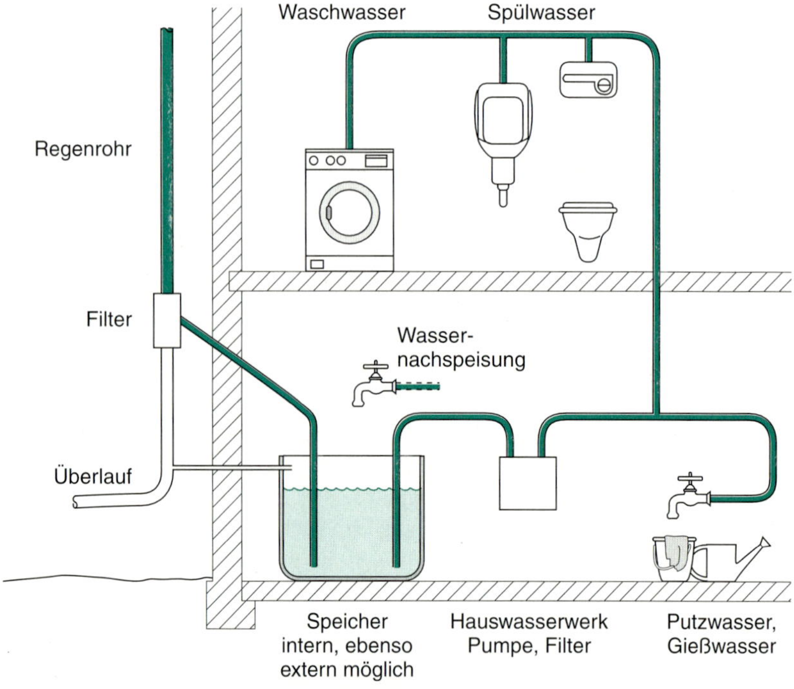

Abb. 126: Regenwassernutzung (schematisch)

Umweltschutz

Eine Sonderstellung nimmt das anfallende Regenwasser, das über die Dachhaut gesammelt wird, ein. Es kann problemlos auf dem eigenen Grundstück versickert werden und muss nicht der Kanalisation zugeführt werden.
Da Toilettenspülungen bis zu 46 Liter Trinkwasser pro Tag und Person verbrauchen, ist zu überlegen, anfallendes Regenwasser in speziellen Behältern zu sammeln und für die Toilettenspülungen zu nutzen. Für Waschmaschinen, Putzwasser und Gartenwasser wird ebenfalls keine Trinkwasserqualität benötigt.

5.2 Strom

Anschluss

Strom wird in der Regel über ein *Erdkabel* bzw. eine *Freileitung* in das Haus geführt.
Das *Erdkabel* wird bei unterkellerten Räumen in einen Hausanschlussraum oder neutralen Kellerraum gelegt. Bei nicht unterkellerten Räumen kann der Anschluss in einer Nische des Hauseingangs, im Treppenhausflur oder in einer verschließbaren Aussenwandnische des Hauses angeordnet werden.

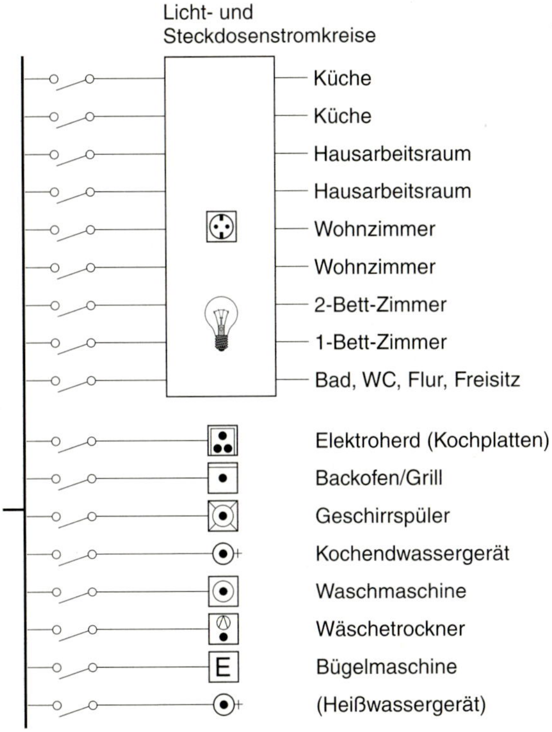

Abb. 127: Anzahl der Stromkreise im Haus, Ausstattungsqualität 3

Vom *Freileitungsnetz* wird das Kabel zum Hausanschlusskasten über das Dach durch einen Dachständer oder eine Wandeinführung ins Haus geleitet.
Die Anschlusssicherung im Hausanschlusskasten ist die Arbeitsgrenze zwischen Versorgungsunternehmen und dem Elektriker. Ab dem Hausanschlusskasten beginnt der zugelassene eingetragene Elektriker seine Installationsarbeit.
Das Leitungsnetz besteht aus der *Hauptleitung,* dem *Zählerplatz,* den *Wohnungszuleitungen,* den *Stromkreisen* und den *Leitungen* zu den einzelnen Verbrauchsstellen.
Eingebaute *Sicherungen* dienen dem Schutz der Leitung bei Überlastung und Kurzschluss.
Der *Zähler* dient zur Messung der verbrauchten Energie.

Ausstattungsqualität

Die Gebrauchstauglichkeit der elektrischen Anlage eines Hauses wird auch durch die Ausstattungsqualität bestimmt. Sie legt fest, in welchem Umfang Elektroinstallationen (Stromkreise, Anschlüsse, Leitungen u. a.) eingebaut werden. Es gibt drei *Ausstattungsqualitäten* (niedrig – 1, mittel – 2, hoch – 3).

Stromkreise

Welche Leitungen zusammengefasst werden, ist Beratungssache und Aufgabe des Elektrikers. Prinzipiell unterscheidet man die *gemischte* und die *getrennte Licht- und Steckdoseninstallation.*
Gemeinsame Stromkreise für Licht und Steckdosen sind billiger und werden häufiger ausgeführt. Bei einem Kurzschluss in einem elektrischen Gerät erlischt auch die Zimmerbeleuchtung, da Licht und Steckdosen nicht getrennt geführt werden.
Anders bei *getrennten Stromkreisen,* die aber mit höheren Kosten und größerem Installationsaufwand verbunden sind.
Für *Großgeräte* (Herd, Spülmaschine, Waschmaschine, Trockner, Heißwasserbehälter u. a.) sind je eigene Stromkreise (Anschlüsse) bereitzustellen, auch wenn sie über eine normale Steckdose angeschlossen werden können.

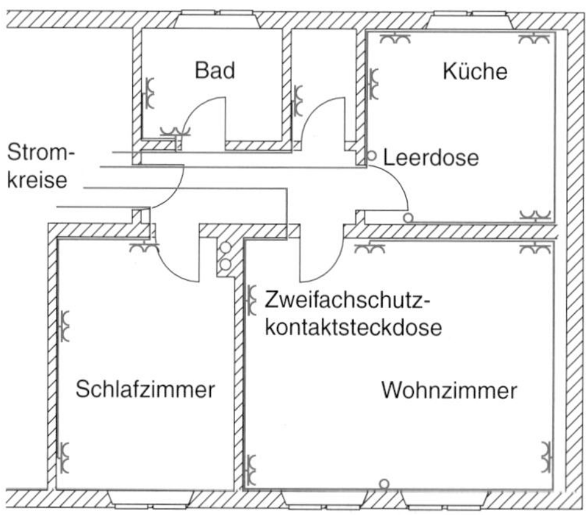

Abb. 128: Steckdosenstromkreise ohne Licht (Installationsplan)

Schalter und Steckdosen

Schalter verbinden oder trennen die Stromquelle vom Verbraucher (Lampe, elektrisches Gerät). Es gibt *Dreh-* und *Wippschalter*. Zu empfehlen sind Wippschalter, die man auch mit den Ellbogen bedienen kann, wenn man einmal die Hände nicht frei hat. In feuchten Räumen wie Waschküchen, Bädern oder Hausarbeitsräumen sollten wasserdichte, gekapselte Schalter verwendet werden.

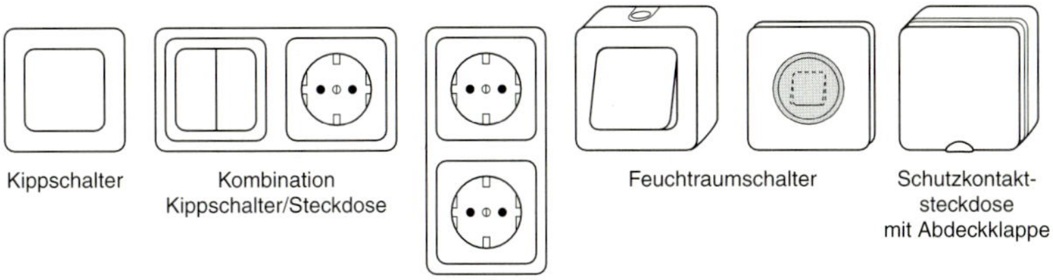

Abb. 129: Schalter und Schutzkontaktsteckdosen

In Kinderzimmern oder in Räumen, in denen sich bevorzugt Kinder aufhalten, sollten stets *Kinderschutz-Steckdosen* eingebaut werden, die es Kindern unmöglich machen, mit spitzen Metallgegenständen an stromführende Teile zu gelangen.

Anschlüsse

In jedem Raum sollten mindestens (auch nach der Größe orientiert) ein Deckenlichtanschluss und unter dem Eingangslichtschalter eine Steckdose sein, die z. B. einen bequemen Staubsaugeranschluss ermöglicht. Es ist sinnvoll, bei Räumen, die mehrere Zugänge besitzen, neben jedem Zugang einen Schalter (Wechselschalter) für das Deckenlicht zu installieren. Ebenso ist es nötig bei der Lage der Steckdosen, die zukünftige Einrichtung mit zu berücksichtigen, um Elektroanschlüsse hinter Schränken und Kästen zu vermeiden.

Licht- und Steckdosenanschlüsse	Steckdose	Glühbirne
Küche	≤ 15	≤ 5
Hausarbeitsraum	≤ 11	≤ 3
Wohnzimmer	≤ 12	≤ 4
Esszimmer	≤ 10	≤ 3
2-Bett-Zimmer	≤ 11	≤ 3
Kinderzimmer	≤ 11	≤ 3
Bad	≤ 5	≤ 4
WC	≤ 2	≤ 2
Diele	≤ 3	≤ 3
Balkon, Terrasse	≤ 3	≤ 2

Abb. 130: Anzahl der Sicht- und Steckdosenanschlüsse, Ausstattungsqualität 3

Gefahren

Strom ist geruchs- und geschmacklos, brennt nicht und man kann ihn nicht sehen. Doch seine Wirkung kann verheerend sein. Darum, Hände weg von leichtfertigen Bastelarbeiten an der elektrischen Hausversorgung. Der Elektriker ist qualifiziert, berät nicht nur, sondern führt auch fachmännisch aus.

Aus Sicherheitsgründen sollte im Verteilerschrank ein so genannter FI-Schutzschalter (Fehlerstromschutzschalter) angebracht werden.

Ein Berührungskontakt mit Strom kann zum Tod führen.

Gesundheit

Jede stromführende Leitung wird von einem *elektromagnetischen Feld* umgeben. Es gibt empfindliche Menschen, die durch diese schwachen Felder beeinträchtigt werden.
Neben dem teuren Abschirmen (Spezialleitungen) der Leitungen gibt es die Möglichkeit, die elektrische Hausanlage oder einzelne Stromkreise, z. B. über die Nachtstunden, vom Netzstrom ganz (Freischaltung) oder teilweise (geringer Steuerstrom) zu trennen.

5.3 Gasversorgung

Gas ist ein Energiestoff ohne eigenen Geruch, weshalb immer zur Sicherheit Geruchsstoffe beigemengt werden. Es verbrennt schadstoffarm unter sehr geringer Rauch-, Ruß- und Verbrennungsrückstandsentwicklung. Flüssiggas, Stadtgas oder Erdgas haben einen hohen Heizwert, also eine hohe Energieausbeute. Gas steht entweder als leitungsgebundene Energie (über eine Anschlussleitung ins Haus) oder als Flüssiggas (wird in Tankwagen angeliefert) zur Verfügung.

Gasanschluss

Die Gasleitung, die in der Erde verlegt wird, liegt bis zum Hauptabsperrventil im Haus im Verantwortungsbereich des Versorgungsunternehmens. Der Anschluss muss beantragt werden. Fachinstallateure stellen die Geräte auf die zur Verfügung stehende Gasart (Erdgas oder Stadtgas) ein und beraten.

Flüssiggas

Da die Gasversorgung über Leitungen auf dem Lande seltener ist, lassen sich für größere Anlagen und Heizungen stationäre Tanks aufstellen. Flüssiggasanlagen dürfen nur von ermächtigten Betriebsfirmen eingebaut werden.
Man sollte sich eine derartige Entscheidung reiflich überlegen. Es entstehen Kosten für den Aufbau der Tankanlage, für die Behältermiete, für die in Intervallen notwendigen Behälterprüfungen, für die vorgeschriebenen Sicherheitsprüfungen und für, durch Verordnungen festgelegte, anfallende Modernisierungsmaßnahmen. In der Regel werden die Kosten von den Betreiberfirmen vollständig auf ihre Kunden abgewälzt.
Will man die Möglichkeit nutzen und einen Gasanschluss installieren, so legt der zuständige Architekt im Einvernehmen mit der gaseinrichtenden Firma Zahl, Art, Größe und Aufstellungsart der Gasgeräte und die dazugehörigen notwendigen Abgaskamine fest.
Für die Genehmigung ist das örtliche Gaswerk zuständig.

5.4 Blitzschutz

Blitzschutzanlagen haben nicht nur die Aufgabe, einen auftretenden Blitz gefahrenlos in den Boden abzuleiten (äußerer Blitzschutz) und dadurch Schäden am Gebäude zu verhindern, sondern auch die Überspannungen, die elektrische Anlagen zerstören können (innerer Blitzschutz), wirksam abfließen zu lassen. Durch die Erdung des Gebäudes und aller metallischen Einbauten werden auftretende und einwirkende Spannungen wirksam in den Boden abgeleitet.
Zu schützen sind überragende oder alleinstehende Gebäude, wie z. B. landwirtschaftliche Gehöfte.

Abb. 131: Blitzschlaggefährdung beim alleinstehenden Haus

Einen sicheren Schutz bietet eine *Blitzschutzanlage,* die nach den entsprechenden DIN und VDE Richtlinien ausgeführt wurde. Sie umfasst den *äußeren* und *inneren Blitzschutz,* die Absicherung von Leitungen und Geräten und den Schutz vor elektrostatischen Entladungen. Die Anlage selbst darf nur von qualifizierten Fachkräften geplant und errichtet werden.

Äußerer Blitzschutz

Der *äußere Teil* einer Blitzschutzanlage besteht aus einer durchgehenden Firstleitung als Auffangvorrichtung, senkrechten Ableitungen in die Erde und einer Erdungsanlage. Je nachdem ob es sich um eine Ableitung, eine Fangeinrichtung oder um die Erdung handelt, müssen bestimmte Abmessungen und Installationsvorschriften eingehalten werden.

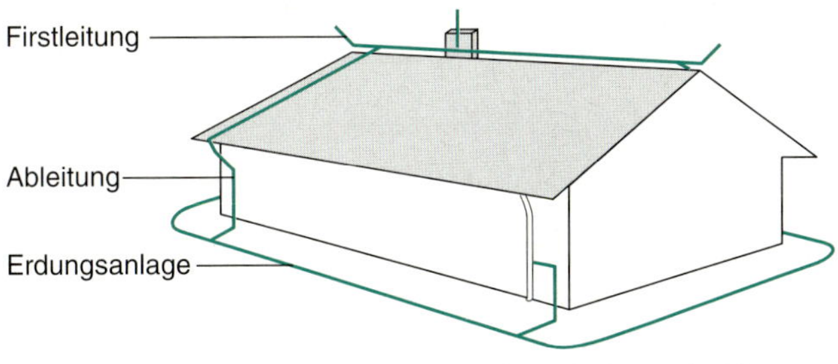

Abb. 132: Blitzschutzvorrichtung am Haus (schematisch)

Innerer Blitzschutz

Unter dem *inneren Blitzschutz* versteht man die lückenlose Verbindung und Erdung aller Metallinstallationen und die Grob- und Feinsicherungen der elektrischen Anlagen im und ums Haus. Alle elektrisch leitfähigen Teile des Gebäudes (Heizungsrohre, Gas- und Wasserleitungen, Aufstallungseinrichtungen, Erdung der Elektroinstallation, Metallwannen, metallene Abwasserrohre) werden über die Potenzialausgleichsschiene an das Erdungsband angeschlossen.

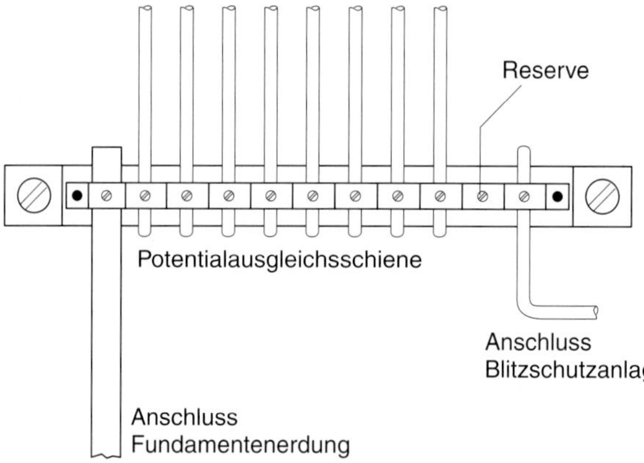

Abb. 133: Beispiel einer Potenzialausgleichsschiene

Da Blitzschlag neben dem Wohngebäude oder in benachbarten Gebäuden eine erhebliche Gefahr darstellt, gibt es noch eine Reihe von Schutzeinrichtungen für elektrische Anlagen, die auftretende *Überspannungen* (auch solche, die über den Hausanschluss auf die Netzleitungen einwirken) wirksam unschädlich machen. Zu nennen sind Ventilableiter im Hausanschlusskasten, Überspannungssicherungen in den einzelnen Stromkreisen und Feinsicherungen im elektrischen Gerät selbst.
Es liegt im Interesse jedes Bauherrn, sich beim zuständigen Landratsamt bzw. einer Versicherungskammer oder dem Elektrohandwerk über die allgemeinen Blitzschutz- und Prüfbestimmungen genau zu informieren.

Heizung und Brauchwasserbereitung

6.1 Allgemeines zur Energiesituation

Der in den letzten Jahrzehnten gewaltig angestiegene Verbrauch fossiler Energieträger muss aus ökologischen Gründen eingedämmt werden. Die Verknappung der Ressourcen und noch weit mehr die Auswirkung auf das Klima zwingen zur Einsparung und zur Nutzung regenerativer Energiesysteme.

Auf dem Weg von der *Primärenergie* (z. B. Rohöl) bis hin zur *Nutzenergie* (z. B. Heizwärme im Raum) entstehen Umwandlungsverluste, die man versucht, möglichst gering zu halten.

Die *Primärenergie* ist in den in der Natur vorkommenden Energieträgern wie z. B. Kohle, Erdöl, Erdgas, Holz oder in direkter Energie aus der Sonneneinstrahlung enthalten. Durch technische Aufbereitung kommt man vom Primärenergieträger zum *Sekundärenergieträger*, also beispielsweise vom Erdöl durch Raffinerieaktivitäten zum Heizöl oder Dieselöl. Der Endverbraucher setzt die Sekundärenergie als Energiequelle ein und gewinnt dadurch die *End- bzw. Nutzenergie*. Das ist z. B. bei der Holzfeuerung die Gewinnung von Raumwärme oder beim Stromverbrauch die Gewinnung von Licht. Die bei der Umwandlung verlorene Energie spiegelt sich im *Wirkungsgrad* der jeweiligen Maßnahme wider.

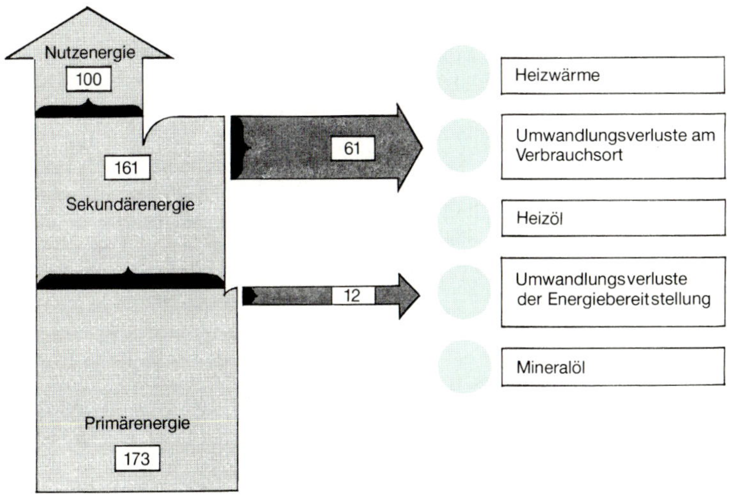

Abb. 134: Energieverluste beim Einsatz von Mineralöl für Heizzwecke über eine ölbefeuerte Warmwasser-Zentralheizung

Energieträger – Angebot und Auswahl

Für die Beheizung eines Wohnhauses und die Brauchwasserbereitstellung dienen verschiedene Energieträger, wobei diese nach Preiswürdigkeit und ökologischer Nebenwirkung zu betrachten sind.
In den letzten Jahren zählten die fossilen Energieträger zu den *konventionellen* Systemen wie:

- ▲ Heizöl EL (extra leicht),
- ▲ Erd-, Stadt-, Flüssiggas,
- ▲ feste Brennstoffe wie Kohle und Holz,
- ▲ Strom, der aus fossilen Energiequellen oder über Kernkraftnutzung gewonnen wurde.

Regenerative (erneuerbare) Energieträger wie z. B.:

- ▲ Sonnenenergie (direkte und indirekte Nutzung)
- ▲ Biomasse wie Holz, Stroh, Verarbeitungsrückstände (gespeicherte Sonnenenergie)
- ▲ Biogas (aus feuchten biologischen Abfällen gewonnen)
- ▲ Solarstrom (aus Solarzellen, Niedrigleistungsbereich).

Feuerungstechnische Kenngrößen und Heizwerte der gebräuchlichsten Brennstoffe
Durchschnittliche Heizwerte der wichtigsten Brennstoffe für den (ländlichen) Haushalt

Brennstoff	Maß-einheit	Heizwert MJ*	kWh	Aschegehalt %
Heizöl EL	l	36,2	10,0	–
Heizöl EL	kg	42,2	11,7	–
Steinkohle	kg	41,8	11,6	2–13
Braunkohle	kg	20,0	5,6	1–15
Torf	kg	14,7	4,1	2–3
Holz	kg	15,0	4,2	0,5
Getreidestroh	kg	14,5	4,0	6,0
Korn + Stroh	kg	14,7	4,1	3,0
Miscanthus	kg	14,6	4,1	3,0
Flüssiggas	kg	46,0	12,8	–
Stadtgas	m^3	15,1	4,2	–
Biogas	m^3	23,4	6,5	–
Strom	kWh	3,6	1,0	–

* Festbrennstoff lufttrocken

Die Heizwerte der Festbrennstoffe sind auf lufttrockenes Material bezogen.

Bei der *Auswahl* der Energieträger sind nachfolgende Gesichtspunkte zu berücksichtigen:

- ▲ Verfügbarkeit, Reichdauer
- ▲ Rentabilität
- ▲ Arbeitsbelastung
- ▲ Umweltbelastung
- ▲ Bauliche Aufwendungen

Verfügbarkeit – Reichdauer

Die Vorräte an *fossilen* Energieträgern sind begrenzt, *Öl* reicht nach neuesten Angaben des Wirtschaftsministeriums in Bonn bis zum Jahr 2040, *Gas* bis zum Jahr 2060, *Kohle* noch einige hundert Jahre. Klimaexperten behaupten jedoch, dass die Reichdauer fossiler Energieträger nicht ausgenutzt werden darf, um größere negative Folgen der Klimaveränderung zu vermeiden.
Bei Erdöl und Gas ist die Bundesrepublik Deutschland von Importen abhängig. Diese stammen teils aus politisch unsicheren Gebieten, so dass die Versorgungssicherheit begrenzt ist. Die Kohlevorräte sind in Deutschland beachtlich, ihre Bergung ist jedoch durch erhöhte Arbeitskosten und Umweltprobleme nur begrenzt möglich. *Holz* und *pflanzliche Beiprodukte* aus der Getreideproduktion sind für den ländlichen Raum ausreichend verfügbar, Restholz weist ein jährliches Potential von 4 bis 6 Mio. t OE (= Öleinheit) auf. Bei Nutzung von 15 bis 45 % des in Deutschland aufwachsenden Getreidestrohs kann man 2 bis 6 Mio. t OE ersetzen. *Sonnenenergie* bietet sich vor allem für die Brauchwassererwärmung an, ist jedoch bei tragbaren Kosten auf die Monate Juni bis September eingeschränkt. Die restlichen Monate bringen nur gelegentlich geringe Energiemengen, es sei denn, es werden sehr teure Hochleistungskollektoren aufgebaut. Die Stromgewinnung aus Solarzellen beschränkt sich vorerst auf Sonderfälle und einen sehr geringen Leistungsbereich.

Rentabilität

Derzeit wird Öl und Gas so billig angeboten, dass Systeme regenerativer Energie in der Wirtschaftlichkeit nicht standhalten können, wenn man die ökologischen Nebeneffekte außer Acht lässt.
Für Holz- und Strohfeuerungsanlagen liegen höhere Kapitalkosten vor als bei der Nutzung von Öl und Gas. Die Anschaffungskosten bewegen sich im Bereich von 150 bis 2000 DM/kW installierte Heizleistung. Sehr teuer sind große Anlagen mit Fernheizsystem für Kleinabnehmer, z. B. Wohnhäuser im Neubaugebiet.

Arbeitsbelastung

Die Verfeuerung von Festbrennstoffen ist dann mit höheren Arbeitskosten verbunden, wenn die *Brennstoffbeschickung* und *Ascheentsorgung* nicht automatisiert werden. Bei der Holz- und Strohfeuerung mit Handbeschickung muss man für einen Haushalt 0,5 bis 1 Stunde Arbeitsaufwand pro Tag einkalkulieren. *Automatisch* beschickte Feststoff-Feuerungsanlagen werden jedoch sehr teuer, sie lohnen nur im höheren Leistungsbereich, etwa ab 50 kW, solange Heizöl noch sehr billig angeboten wird. Bei höheren Heizölpreisen verschiebt sich die Rentabilitätsgrenze von automatisch beschickten Feuerungsanlagen für Festbrennstoffe auf kleinere Leistungseinheiten. Für die *Kostenkalkulation* kann man bei der Wohnhausbeheizung 1800 bis 2000 Volllaststunden unterstellen, das gibt etwa 5500 bis 6000 Teillastbetriebsstunden für die Feuerung. Der *feuerungstechnische Wirkungsgrad* bewegt sich bei modernen Anlagen zur Verfeuerung von Holz, Stroh und Heizöl zwischen 80 und 90 %. Bei Heizöl und Gas ist es einfacher, höhere Wirkungsgrade zu erlangen als bei der weniger schnell regelbaren Verfeuerung von Biomasse.

Umweltbelastung

Anlagen zur Nutzung fossiler Energieträger belasten die Umwelt, vor allem bezüglich der CO_2-Emission und der damit verbundenen *Klimagefährdung.*

Bei den *Biomassefeuerungsanlagen* wurde die Anlagentechnik (Unterbrandofen 150 mg/m^3 Abluft, gesetzlich geregelt) wesentlich verbessert, so dass man heute kaum mehr Probleme mit der Emission von kritischen Substanzen und durch Geruchsbelästigung hat, soweit es sich um moderne Feuerungsanlagen handelt. Bezüglich der CO_2-Emission ist eine Biomassefeuerungsanlage neutral, sie trägt nicht zur CO_2-Mehrung in der Atmosphäre bei, solange Pflanzen nachhaltig produziert werden. Pflanzen holen sich den bei der Verfeuerung emittierten Kohlenstoff zur Bildung ihrer Substanz aus der Atmosphäre zurück, das führt zu einem *nahezu geschlossenen Kohlenstoffkreislauf.* Es darf festgestellt werden, dass die Verfeuerung von Holz und Strohz bei Nutzung moderner Technik die Umwelt weit weniger belastet als die Verwendung fossiler Energieträger.

Bauliche Voraussetzungen

Öl und Flüssiggas erfordern einen kleinen, aber sehr teuren *Lagerraum.* Bei geschichtetem Holz muss man mit dem 6fachen Lagervolumen von Öl rechnen, bei Holzhackgut sogar mit dem 13fachen Volumen. Diese Brennstofflager sind jedoch wesentlich billiger ausführbar und haben im Gegensatz zu Öl kein Grundwassergefährdungspotenzial.

Während Gas- und Ölfeuerungsanlagen im Fall einer Zentralheizung nur wenig Ansprüche an den *Heizraum* stellen, benötigt man für eine Holzfeuerungsanlage deutlich mehr Platz. Sehr groß wird der Platzbedarf dann, wenn die Verfeuerung von Festbrennstoffen automatisiert werden soll. Aus diesem Grund wird die Holzhackgutfeuerung vor allen Dingen im ländlichen Raum oder aber im städtischen Bereich mit zentralen Feuerungsanlagen und einem Wärmeverteilnetz eingebaut. In diesem Fall bedarf es im einzelnen Wohnhaus nur einer kleinen Wärmetauschstation. Die Anforderungen an den *Kamin* sind vor der Einplanung bestimmter Feuerungssysteme mit dem zuständigen Kaminkehrermeister abzustimmen. Bei Scheitholzheizkesseln zur Holzverwertung ist ein entsprechender Pufferwärmespeicher (Wassertank) vorzusehen. Je kW Heizleistung sollten 100 l Speichervolumen eingeplant werden.

6.2 Beheizung des Wohnhauses

Allgemeine Voraussetzungen

Ziel eines Heizsystems ist es, im Wohnhaus ein Raumklima zu schaffen, das zur Behaglichkeit der Bewohner führt und das gesundheitliche Störungen ausschließt. Die dazu wichtigen Faktoren sind:

- ▲ Raumlufttemperatur, Temperatur der Wandflächen
- ▲ Luftbewegung
- ▲ Luftaustauschraten
- ▲ Luftfeuchtigkeit

Angenehme Raumtemperaturen:

▲ Wohn- und Arbeitsräume	18–20 °C
▲ Bad	20–24 °C
▲ Schlafräume	unter 16 °C

Die Senkung der Raumtemperatur um 1 °C führt zu Energieeinsparungen von ca. 6 %. Die Außenwände sind so zu isolieren, dass ihre Innentemperatur nicht mehr als 3 °C unter der Raumtemperatur liegt.

Dimensionierung der Feuerungsanlage

Die installierte Heizleistung richtet sich nach dem *Wärmebedarf* in der kalten Jahreszeit. Es gibt wenig Sinn, die Anlagen auf Extremwerte, die nur wenige Tage im Jahr auftreten, auszulegen. Je nach Klimaregion richtet man sich nach Außentemperaturen zwischen 10 und 20 °C. Gerade bei den weniger gut regelbaren Holzfeuerungsanlagen ist es wichtig, die Leistung möglichst gering zu halten, um die Zeit mit dem weniger umweltfreundlichen Schwachlastbereich zu verringern. Wärmebedarfsberechnungen werden nach DIN 4701 durchgeführt.

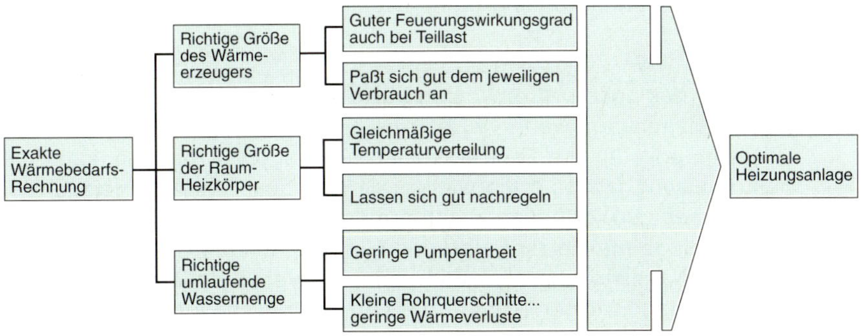

Abb. 135: Einfluss der Wärmebedarfsrechnung auf die Güte einer Heizungsanlage

Bei der *Wärmebedarfsberechnung* ist neben der Klimazone die Lage und Bauweise des Hauses zu beachten. Die größten Verluste entstehen durch Transmissionswärme (Wärmedurchgang) im Decken- und Dachbereich. Auf Dachisolierung ist besonderer Wert zu legen, wenn durch steigende Preise für Energieträger die Energiekosten eingedämmt werden sollen. Je besser die Häuser isoliert werden, desto wichtiger wird die Beachtung der Lüftungswärmeverluste. Abluftwärmetauschsysteme können nach guter Isolierung weitere Energieeinsparmöglichkeiten eröffnen.
Wärmebedarfsberechnungen für einzelne Räume sind empfehlenswert, um die Heizkörper richtig zu dimensionieren. Der durchschnittliche Wärmebedarf liegt bei 40 bis 90 W/m^2 Grundfläche.
Es ist zu beachten, dass der Wärmebedarf für Einzelräume um 25 bis 30 % steigt, wenn angrenzende Räume unbeheizt bleiben.
Zur Bestimmung der maximalen Kesselleistung einschließlich Bedarf für Brauchwasser errechnet sich folgende Empfehlung:
Energiesparhaus: 4 kW/100 m^2
Umbau mit guter Isolierung: 6 kW/100 m^2
Altbau: 9 kW/100 m^2

Beheizung des Wohnhauses mit fossilen Energieträgern

Die Beheizung kann durch *Einzelofenfeuerungen* bewerkstelligt werden, *Zentralheizsysteme* werden jedoch heute bevorzugt. Häufig werden neben den Zentralheizanlagen noch Einzelöfen vorgesehen, für die Holznutzung vor allem Kaminöfen und Kachelöfen. Bei der Einzelofenheizung dient Luft als Wärmeträger, bei Zentralheizsystemen verwendet man von wenigen Ausnahmen abgesehen Wasser, sehr selten Luft. Man spricht dann von Warmwasser- oder Warmluftheizanlagen.

Einzelofenheizung

Bei der Einzelofenheizung kann man die Wärmeerzeugung an den Bereich des Hauptwärmebedarfs anpassen. Einzelfeuerungsanlagen, meist Holzöfen, sind jedoch nicht so gut regelbar wie Heizkörper mit Thermostatventilen. Holzöfen und hier vor allem Kachelöfen und Kaminöfen, haben einen behaglichen Einfluss auf das Raumklima. Bei Gaseinzelöfen ist auf ausreichende Sauerstoffzufuhr zu achten. Eine Dauerheizung mit Elektroöfen ist aus Kostengründen weniger anzuraten.

Elektroheizung

Aufgrund der hohen Stromkosten vermeidet man im Allgemeinen die Elektroheizanlagen, wenn viel Wärme benötigt wird. Im Fall von selten benutzten oder für die Zentralheizung abgelegenen Räumen, kann die Elektroheizung jedoch nach wie vor Sinn geben. Mehrere Heizgerätearten stehen zur Verfügung wie: thermostatisch geregelter Thermoölradiator, Anlage mit Heizspiralen und Gebläse, ebenfalls thermostatisch regelbar, Nachtspeicheröfen und weitere diverse Bauarten. Allen genannten Anlagen ist gemeinsam, dass der spezifische Anschaffungspreis relativ gering ist, er reicht vom einfachen Frostschutzwächter mit 50 DM/kW bis zu wenigen hundert DM pro kW bei anspruchsvolleren Geräten.

Übersicht über die konventionellen Heizsysteme

Einzelofenheizung
- fB — dauerbrandfähig, Allesbrenner
- Öl — mit angebautem Tank; mit zentraler Zuleitung
- Gas — Kaminanschluss oder Außenwandgeräte

(fB, Öl, Gas: gut regelbar)

- ELT — Bauart I – nur Strahlungswärme – kaum regelbar
  - Bauart II – Strahlungs- und Konvektionswärme – schlecht regelbar
  - Bauart III – vorwiegend Konvektionswärme – vollautomatisch regelbar
- Elektrische Flächenheizung

Zentralheizung
Warmwasserheizung – fB, Öl, Gas, ELT, Holz
- Schwerkraftheizung — Vor- und Rücklauf (Hochtemperatur / Niedertemperatur)
- Zweirohr-Pumpenheizung — Vor- und Rücklauf (Hochtemperatur / Niedertemperatur)
- Einrohr-Pumpenheizung – geschlossener Rohrstrang – Hochtemperatur

Heizgeräte
- Heizungsherd
- Herdkessel — mit Backrohr / ohne Backrohr
- Heizkessel
  - Spezialkessel
  - Kombikessel: Umstellbrandkessel, Wechselbrandkessel, Zweikammernkessel

Warmluftheizung – fB, Öl, Gas, ELT
- Warmluftboden
- Warmluftautomat

(Umluftbetrieb / Mischbetrieb / Frischluftbetrieb)

Abb. 136: Übersicht konventioneller Heizsysteme

Zentralheizanlagen

Wegen des erhöhten Wohnkomforts und der geringen Arbeitsbelastung sind Zentralheizsysteme selbst im ländlichen Raum zur Standardlösung geworden. Gegenüber der Warmluftzentralheizung hat sich die Warmwasserheizung in den meisten Anwendungsfällen durchgesetzt.

Warmwasserzentralheizung

Meistens werden hausinterne Heizkessel verwendet, selten, aber zunehmend, gibt es die Möglichkeit, über Fernwärme- bzw. Nahwärmesysteme heißes Heizungswasser zu erhalten.

Heizkessel im Wohnhaus

Wie der Name bereits sagt, dient Wasser als Wärmeträger. Das heiße Wasser wird über Rohrleitungssysteme zu den Heizkörpern in den einzelnen Räumen gebracht. Das abgekühlte Wasser strömt zum Heizgerät (Kessel bzw. Fernheizwärmetauscher) zurück und wird dort wieder erwärmt. Wird dieser Heizkreislauf durch Schwerkraft aufrechterhalten, dann spricht man von Schwerkraftheizung. Im Fall der Holzfeuerung ist diese vom Stromnetz unabhängig. Um einen schnelleren Wasserkreislauf und bessere Regelmöglichkeiten zu erreichen, baut man heute einstufige, mehrstufige, also in der Leistung verstellbare, oder druckgeregelte Umwälzpumpen ein. Bei der Wärmeverteilung unterscheidet man in:

- Zweirohr-Pumpenheizung
- Zweirohr-Schwerkraftheizung
- Einrohr-Pumpenheizung.

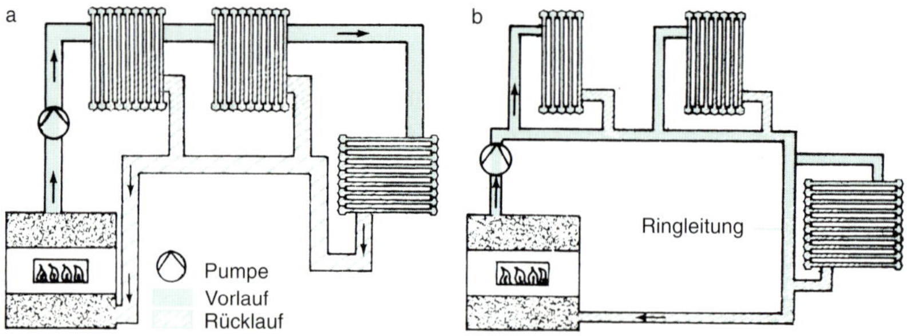

Abb. 137: Pumpenheizung
a) Zweirohrsystem (schematisch)
b) Einrohrsystem (schematisch)

Sowohl die *Schwerkraft-* als auch die *Zweirohr-Pumpenheizung* arbeiten mit Vor- und Rücklauf. Dabei wird bei Hochtemperaturheizsystemen das Heizwasser im Heizgerät je nach Außentemperatur bzw. Kesselthermostateinstellung auf 65 bis 90 °C erhitzt und im so genannten Vorlauf zu den Heizkörpern bzw. zur Fußbodenheizung (unter 35 °C durch eigenen Zirkulationskreis) geleitet. Nach der Wärmeabgabe im Heizkörper fließt das abgekühlte Wasser im Rücklauf wieder zum Heizgerät zurück, meist jedoch zu einem Drei- oder Vierwegemischer mit der Möglichkeit, die Vorlauftemperatur zur Energieeinsparung abzusenken. Beim *Einrohrsystem* wird das erwärmte Wasser mit einer Ringleitung zu den einzelnen Heizkörpern geführt. Da sich das Heizwasser bei jedem Heizkörper je nach Wärmeabnahme mehr oder weniger stark abkühlt, müssen nachfolgende Heizkörper bei gleichem Wärmebedarf entsprechend größer ausgelegt werden. Nach Durchlaufen des letzten Heizkörpers wird das abgekühlte Wasser wieder dem Heizgerät zugeführt. Beim Zweirohr-Heizsystem wird die Temperaturabsenkung nach dem ersten Heizkörper zu Lasten der folgenden Heizkörper vermieden.
Bei Wohnhaus-Neubauten ist der Einbau einer Zweirohr-Pumpenheizung sinnvoll. Um eine Anlage mit festen Brennstoffen bei Stromausfällen weiter betreiben zu können, ist die Kombination oder die ausschließliche Nutzung des Schwerkraftsystems zu empfehlen. Allerdings ist mit höheren Rohrkosten zu rechnen, da die Leitungsquerschnitte wesentlich größer sein müssen.
Beim nachträglichen Einbau einer Warmwasserheizanlage wird wegen geringer Rohrquerschnitte und weniger Umbauarbeiten oft der Einbau einer Einrohr-Pumpenheizung bevorzugt. Dabei können die Rohrleitungen gegebenenfalls unter den Fußbodenleisten geführt werden. Bei mehrgeschossigen Häusern ist dabei für jedes Stockwerk eine eigene Ringleitung erforderlich, bei großer Grundfläche unter Umständen je Stockwerk mehrere Ringleitungen, um eine ausreichende Wärmeversorgung sicherzustellen.

Da sich Wasser beim Erwärmen ausdehnt, werden bei geschlossenen Heizsystemen Ausdehnungsgefäße mit Luftabschluss benötigt, bei offenen Anlagen steht das Ausdehnungsgefäß mit der Atmosphäre in Verbindung (mit dem Nachteil des Sauerstoffeintrags in den Wasserkreis, was zu erhöhter Korrosion in den Rohren und im Kessel führt). Wenn Wasserwärmespeicher vorgesehen werden, was meist bei Holzkesseln der Fall ist, dann müssen die Ausdehnungsgefäße entsprechend größer ausgelegt werden. Empfohlen wird ein Volumen von 5% des Speicher- und Kesselvolumens.

Heizgeräte

Eine große Zahl von Heizgeräten steht für die Wärmeversorgung einer Zentralheizung zur Verfügung. Bauliche Gegebenheiten, der optimale Energieträger, Arbeits- und Wirtschaftlichkeitsüberlegungen sowie die Berücksichtigung des Einflusses auf die Ökologie sind bei der Auswahl ausschlaggebend. Auch die Art der geplanten Brauchwasserbereitung ist zu berücksichtigen. Der Gesamtwärmebedarf spielt ebenfalls eine große Rolle. Für die Wärmebereitstellung eines Zentralheizsystems stehen folgende Geräte zur Wahl:

- ▲ *Heizungsherd* (Kochen, Backen, Braten, Brauchwasserbereitung und Heizen)
- ▲ *Herdkessel* (ähnlich Heizungsherd jedoch ohne Back- und Bratröhre)
- ▲ Heizkessel (Heizen und meist Anschluss für die Brauchwasserbereitung)
- ▲ *Wärmetauscher* für ein Nah-Fernwärmenetz

Die gebräuchlichsten Heizkessel sind Spezialkessel, die auf einen speziellen Brennstoff optimiert wurden. Umstellbrand- und Wechselbrandkessel haben an Bedeutung verloren. Zweikammerkessel sind noch zu finden. Es gibt auch Anlagen mit getrennten Heizsystemen für den Heizkreis und die Brauchwasserbereitung. Bei der zusätzlichen Nutzung von Festbrennstoffen, vor allem Holz, werden meistens zwei getrennte Heizkessel eingesetzt. Es gibt jedoch auch die Möglichkeit, mit Öl- und Gasbrennern die Nachbrennkammer eines Holzheizkessels aufzuheizen. Dies dient entweder dem Frostschutzbetrieb, wenn der Betreiber verreist, oder dem Vorheizen, um den Kessel ohne sichtbaren Rauch mit Holz anheizen zu können, ober aber im Sommerbetrieb der ausschließlichen Brauchwassererzeugung.

Spezialkessel

Diese Geräte weisen einen besonders *hohen Wirkungsgrad* auf. Die Wirkungsgradbegrenzung liegt in der notwendigen Abgastemperatur, um Kaminversottung zu vermeiden und den Zug des Kamins zu erhalten. Mit Hilfe der Brennwerttechnik kann man entsprechend geringere Abgastemperaturen einhalten, bei größeren Anlagen lohnt auch die Rekondensation des Wasserdampfes im Rauchgas, vor allem bei der Nutzung von Gas aufgrund des hohen Wasserstoffgehaltes im Brennstoff. In den letzten Jahren wurden die Heizkessel sehr stark im Volumen reduziert. Unter 50 kW Heizleistung genügt ein Kesselaufstellungsraum, es ist also in den meisten Fällen bei Einfamilienhäusern kein spezieller Heizraum notwendig. Sehr wichtig ist die richtige Abstimmung des Heizkessels mit dem Kamin, der Kontakt zum Kaminkehrermeister sollte bereits bei der Heizungsplanung aufgenommen werden. Heute ist der *Ölspezialkessel* das am meisten benutzte Gerät zur Wärmeerzeugung im Einzelwohnhaus. Die Anlagen sind auf geringen Ölverbrauch konstruiert. Die Brenner wurden in der Feuerungsqualität wesentlich verbessert. Bei jährlichen Messungen wird die Feuerungsqualität regelmäßig vom Kaminkehrermeister überprüft. Es werden heute zunehmend geringere Heizleistungen installiert, nicht nur wegen der besseren Wärmedämmung, sondern auch, weil mit kleineren Kesseln größere Unterbrechungen des Brennbetriebes mit erhöhten Emissionen beim Brennerstart vermieden werden. Zum Teil werden sogar Wärmespeicher bei Ölkesseln zur Verringerung der Kaltstartproblematik eingebaut. Über Holzspezialkessel wird im Kapitel Regenerative Energie Näheres ausgesagt. Auch diese Anlagenarten sind in den letzten Jahren wesentlich verbessert worden, was Regelbarkeit, Emission und Betriebsfreiheiten anbelangt.

Kombikessel

Da jeder Kessel ein Spezialgerät ist, das nur mit einer Brennstoffart optimal arbeitet, sollten heute Umstellbrand- und Wechselbrandkessel vermieden werden. Diese Erkenntnis hat sich in der Praxis durchgesetzt. Bei Verwendung verschiedener Energieträger sind zwei Spezialkessel oder ein Doppelkessel mit zwei getrennten Brennkammern vorzuziehen. Holzkessel mit an die Nachbrennkammer angeflanschten Ölbrennern sind ähnlich zu bewerten.

Neue Heizkessel sind für den Betrieb mit Niedertemperaturwärme mit speziellen Werkstoffen aufgebaut, denen die Kondenzwasserbildung im Brennraum nicht mehr schaden kann. In Verbindung mit einer elektronisch gesteuerten Kesselwassertemperaturregelung erlaubt dieses System eine automatische Kesselwasser-Temperatursenkung bis auf ca. 36 °C. Der Kessel kann also gleitend gefahren werden. Die Rekondensation der Rauchgase ermöglicht eine zusätzliche Nutzung des Brennstoffs, vor allen Dingen bei dem wasserstoffreichen Erdgas. Es wird eine hohe Feuerungsqualität vorausgesetzt, um das Kondensat ins Kanalsystem ableiten zu können. Neuerdings wird sogar bei Holzfeuerungsanlagen die Brennwerttechnik mit Kondensatableitung für Einzelhausfeuerungsanlagen angeboten. Für Großanlagen gibt es diese Technik schon einige Jahrzehnte.

Heizkörper

Für die Übertragung der Wärme in die einzelnen Räume sind *Heizkörper* erforderlich oder aber ein *Fußboden-* oder *Wandheizsystem.* Bei den Heizkörpern wird die Wärme in Form von *Strahlung* (Radiator) oder durch *Luftumwälzung* (Konvektor) an die Raumluft abgegeben. Der *Gliederheizkörper* gibt mehr Wärme durch Konvektion als durch Strahlung ab, obwohl er auch Rippenradiator genannt wird. Da

sich die einzelnen Rippen gegenüber liegen und sich gegenseitig anstrahlen, wird vorwiegend Raumluft erwärmt. Der *Plattenheizkörper* ist ein flacher Radiator, der überwiegend Strahlungswärme abgibt und kaum Staub aufwirbelt. Er hat gegenüber dem Gliederheizkörper vergrößerte Heizflächen und kommt daher auch mit niedrigeren Betriebstemperaturen aus. *Konvektor-Heizkörper* sind lamellenbesetzte Heizrohre mit einer Blechabdeckung. Sie werden als Wand-, Fußboden- und Sockelleistenkollektoren angeboten. Hierbei handelt es sich um Hochleistungskonvektoren, die einen geringeren Raumbedarf aufweisen als vorgenannte Geräte, soweit man gleiche Heizleistung unterstellt.
Aus gesundheitlichen Gründen wird heute dem Strahlungsheizkörper der Vorzug gegeben, da durch Konvektoren der in der Luft befindliche Staub stark aufgewirbelt wird, was zu Nasenschleimhaut- und Rachenreizungen führt. Ähnliche gesundheitliche Nachteile bringt ein Teppichboden in Verbindung mit einem Fußbodenheizsystem mit sich.
Die Aufstellung von konventionellen Warmwasserheizkörpern erfolgte mit heiztechnischer Begründung in Fensternischen. Neue Erkenntnisse lassen jedoch heute die Anbringung in der Nähe von Sitz- und Arbeitsplätzen sinnvoll erscheinen, da die Betreiber dadurch eine höhere Behaglichkeit verspüren und der Energiebedarf im Raum gesenkt werden kann. Heizkörper sollten so angeordnet werden, dass ihre Wärmeabgabe nicht durch Vorhänge und Möbel beeinträchtigt wird.
Für neu gebauten Wohnraum, der vermietet wird, sind Heizkörper in den Fensternischen spätestens seit der Wärmeschutz-Verordnung von 1995 nicht mehr zulässig.

Fußbodenheizung

Bei der Warmwasserfußbodenheizung stellen die in den Boden verlegten, das Heizungswasser führenden Rohre (Kunststoff, Stahlsiederohre u. a.) den Wärmetauscher dar. Sie übergeben die Wärme an den angrenzenden Estrich und dann an den Fußbodenbelag, der vorzugsweise zur besseren Wärmeleistung aus *Stein* bestehen sollte. *Holzböden* und *Teppichböden* sind weit weniger geeignet, werden dennoch mit Fußbodenheizsystemen angeboten. Soweit es sich um einen Steinboden oder Keramikfußboden handelt, kann die Vorlauftemperatur unter 30 °C abgesenkt werden, wodurch energiesparende Niedertemperaturheizsysteme oder aber Wärmespeicher besser genutzt werden können. Fußbodenheizsysteme sind träge, aber, wenn thermostatisch über die Raumtemperatur gesteuert, sehr empfehlenswert. Wand- und Deckenheizungen sind Gegenstand vieler Untersuchungen. Wandheizsysteme haben einen begrenzten Anwendungsbereich. Bei Altbauten haben sie einen positiven Effekt zur Austrocknung von Außenwänden. Die Oberflächentemperatur des Fußbodens sollte aus gesundheitlichen Gründen (Staubentwicklung) möglichst 24 °C nicht überschreiten.

Wartung, Regelung und Betrieb der zentralen Heizanlage

Während bei Öl- und Gasheizkesseln nur ein sehr geringer Wartungsbedarf besteht, ist bei Kesseln für Festbrennstoffe mehr Aufwand not-

wendig. Zwar bemüht man sich auch bei diesen Anlagen, insbesondere bei den Hackgutfeuerungen, um automatische Entaschung und Reinigung der Wärmetauscher. Dennoch sollte man bei konventionellen Heizkesseln für Holz alle drei bis sechs Wochen die *Wärmetauschflächen* reinigen und je nach Anlagenkonstruktion die Asche alle drei Tage bis alle zwei Wochen entnehmen. Die *Rauchgastemperatur* gibt bereits einen Hinweis auf die Verschmutzung der Wärmetauschflächen. Verschmutzte Wärmetauschflächen behindern den Wärmeübergang, damit steigen die Rauchgastemperaturen und der Wärmeverlust über die Rauchgase steigt. Auch deshalb sollte grundsätzlich an jedem Rauchgasrohr hinter dem Kessel ein großes gut sichtbares Zeigerthermometer angebracht sein, das neben der Kontrolle des Wärmetauscherzustandes auch Rückschlüsse auf die eingestellte Heizleistung erlaubt.
Da der Heizwärmebedarf übers Jahr und selbst über den Tag sehr stark schwankt, kommt der *Heizungsregelung* eine besondere Bedeutung zu. Der Leistungsbedarf wird von der Außentemperatur, der Sonneneinstrahlung, der Windstärke, den Niederschlägen und den im Raum befindlichen Heizquellen neben anderen Faktoren stark beeinflusst. Durch eine gut ausgeklügelte Heizungsregelung kann der Heizbetrieb dem tatsächlichen Bedarf exakt angepasst werden. Eine Grundvoraussetzung für eine gute Regelung ist die richtige Einstellung der *Vorlauf- bzw. Kesseltemperatur.* Die *Außentemperaturregelung* hat sich für diesen Zweck durchgesetzt. Diese witterungsgeführte Vorlauftemperaturregelung ermöglicht möglichst geringe Vorlauftemperaturen im Heizsystem und stellt dennoch genügend Wärme bereit. Ein Beispiel für den Zusammenhang der Vorlauftemperatur und der Außentemperatur bringt nachfolgende Tabelle, die jedoch je nach Heizsystem, Hausisolierung und Wärmebedarf auch anders aussehen kann.

Außentemperatur (°C)	− 15	− 10	− 5	+ 0	+ 5	+ 10
Vorlauftemperatur (°C)	90	82	75	65	57	45

Zusätzlich dient die *Nachtabsenkung* (niedere Heizkreistemperaturen während einer individuell einstellbaren Zeitspanne nachts) dem Ziel, Wärmeverluste zu vermeiden. Mittlerweile ist es Vorschrift, *Thermostatventile* einzusetzen, die es ermöglichen, die Einzelräume in ihrer Temperatur dem Bedarf anzupassen.

Warmluftzentralheizung

Die Warmluftzentralheizung hat wegen ihrer *Staub-, Lärm-* und *Geruchsprobleme* einen beschränkten Einsatzbereich in Wohnhäusern in Deutschland. Nur dort, wo mit dem Luftsystem auch eine Kühlung des Hauses gewünscht wird, hat dieses System größere Bedeutung, wie beispielsweise in kontinentalen Klimaten mit sehr hohen Sommertemperaturen. Das Warmluftheizsystem lässt sich auch bestens mit Abluftwärmetauschern und Wärmepumpen als wesentliche Energiequelle verwenden. Um ein befriedigendes Raumklima zu erreichen, ist Mischluftbetrieb anzuraten. Hierbei wird angewärmte Raumluft angesaugt und entsprechend Frischluft beigemischt. Reiner Frischluftbetrieb wäre mit zu viel Wärmeverlusten verbunden. Die Kombination mit Abluftwärmetauschern spart Energieverluste ein und erlaubt höhere Luftraten zur Steigerung der Behaglichkeit des Bewohners, ist aber mit erhöhten Investitionskosten verbunden.

6.3 Konventionelle Brauchwasserbereitung

Allgemeine Voraussetzungen

Mit wachsendem Lebensstandard nimmt auch der *Brauchwasserverbrauch* zu. In vielen Regionen unserer Erde führt die Verknappung hoch qualitativen Wassers zu Verteuerungen und damit zu zwangsläufigen Einschränkungen. Es ist nicht auszuschließen, dass künftig zwei Wasserqualitäten im Haushalt zum Einsatz kommen, nur eine hat Trinkwasserqualität. An Brauchwassererwärmungsanlagen werden bezüglich Leistung, Komfort und Wirtschaftlichkeit besondere Anforderungen gestellt. Sie müssen in Größe und Leistung der Bedarfsmenge und der Bedarfstemperatur angepasst sein.
Im Haushalt wird vorwiegend Wasser mit einer Temperatur zwischen 37 °C und 55 °C benötigt. Um die Geräte so klein wie möglich zu halten, wird das Wasser auf 60 bis 85 °C aufgeheizt, beim Verbrauch mit kaltem Wasser vermischt und so auf die gewünschte Betriebstemperatur gebracht. Hartes Wasser (etwa ab Härtebereich 2) sollte jedoch nicht über 60 °C erhitzt werden, da in diesem Bereich die Härtebildner ausgeschieden werden und die Verkalkung der Geräte zu einem höheren Energieverbrauch führt. Das *Energieeinsparungsgesetz* sieht außerdem eine Begrenzung der Brauchwassertemperatur auf maximal 60 °C bei einer Heizleistung ab 4 kW und einer Leitungslänge von über 5 m vor.
Geht man von einer Temperatur von 85 °C bzw. 60 °C aus, so ergeben sich etwa folgende *Mischwassermengen:*
10 l von 85 °C = 20 l von 50 °C = 30 l von 37 °C
10 l von 60 °C = 13 l von 50 °C = 20 l von 37 °C

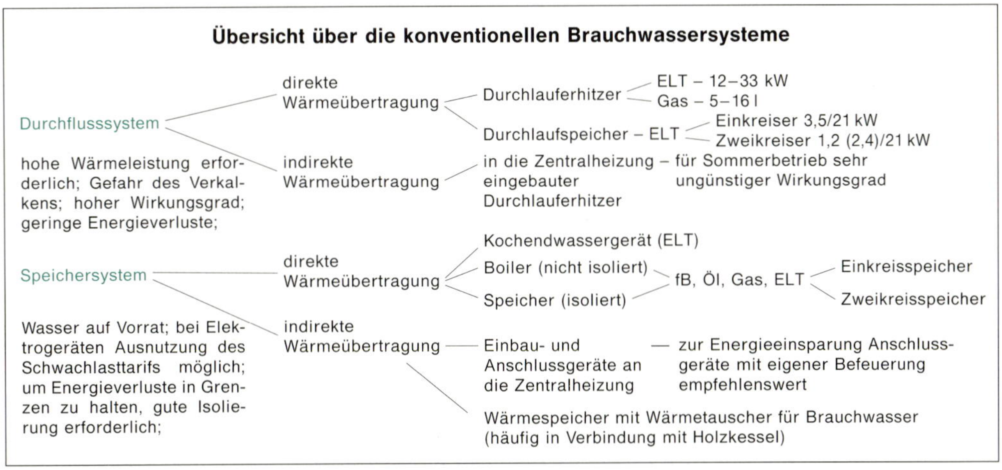

Abb. 138: Übersicht über die konventionellen Brauchwassersysteme

Der *Brauchwasserbedarf* ist abhängig von:

- ▲ Zahl und Art der Haushaltsmitglieder
- ▲ Verbrauchsgewohnheiten
- ▲ Ansprüchen

Bei mittleren Ansprüchen kann von einem durchschnittlichen Tagesbedarf von 40 bis 60 l Brauchwasser von 60 °C pro Person und Tag ausgegangen werden.

Versorgungssysteme

Bei der Brauchwasserbereitung kann die Versorgung der Entnahmestellen mit heißem Wasser *zentral* oder *dezentral* erfolgen. Bei der Zentralversorgung liefert ein Gerät Brauchwasser für alle Entnahmestellen. Auf eine gute Isolierung des Wasserverteilsystems ist besonderer Wert zu legen. Bei der dezentralen Versorgung wird für jede Entnahmestelle ein eigenes Gerät verwendet. Einzelgeräte lassen sich jedem Bedarfsfall anpassen und durch kurze Brauchwasserleitungen ergeben sich niedrige Wärmeverluste. Die Investitionskosten liegen jedoch höher. Eine Kombination von zentraler und dezentraler Versorgung ist die *Gruppenversorgung.* Einander zugeordnete Entnahmestellen werden dabei zentral versorgt, weiter entfernte Zapfstellen oder solche, die nur sehr selten gebraucht werden, sind mit Einzelgeräten ausgestattet.
Brauchwassergeräte, die nur für eine Entnahmestelle geeignet sind, werden als offene oder drucklose Geräte bezeichnet. Geschlossene oder druckfeste Geräte können mehrere Zapfstellen versorgen.
Das Wasser wird entweder im *Durchflusssystem* oder im *Speichersystem* (Boiler, Speicher) erwärmt. Bei beiden Systemen kann die Wassererwärmung direkt oder indirekt erfolgen. Die *direkte Wärmeübertragung* vom Heizelement auf das Brauchwasser ist energiesparender und daher heute vorzuziehen. Bei der *indirekten Erwärmung* wird das Brauchwasser durch das Heizwasser einer Zentralheizung erwärmt. Vor allem im Som-

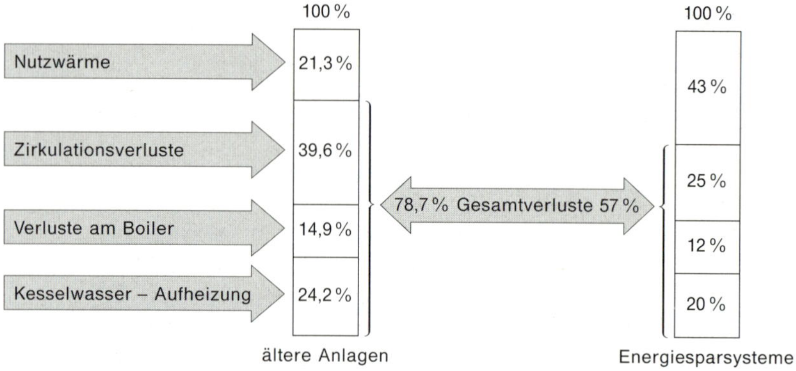

Abb. 139: Nutzenergie und Verluste bei der Brauchwasserbereitung über den Zentralheizkessel

merbetrieb, wenn der Heizkessel nur zur Brauchwassererwärmung in Betrieb genommen wird, ist diese Art der Erwärmung unwirtschaftlich. Bei Verwendung eines Wärmespeichers lässt sich der vom Kessel verursachte Verlust verringern. Auch die Reduzierung der Kesselwassermenge dient der Verlustabsenkung. Anhand nachfolgender Abbildung wird die *Verlustsituation* bei älteren Systemen deutlich. Die Brauchwasserbereitung ist entweder von der Warmwasserzentralheizung zu trennen oder man arbeitet mit Energiesparkessel oder/und Wärmespeichern, die sich über einige Monate voll über Solaranlagen speisen lassen. Mit gezielter bedarfsgeführter Schaltung der *Zirkulationspumpe* können die Verluste halbiert werden.

Durchflusssystem

Elektrische Durchlauferhitzer haben hohe Anschlusswerte und sind durch das Elektrizitätsversorgungsunternehmen genehmigungspflichtig. Eine Besonderheit stellen elektrische Durchlaufspeicher dar. Werden nur kleine Wassermengen entnommen, so arbeitet das Gerät als geschlossener Brauchwasserspeicher mit einer kleinen Leistung von 3,5 kW. Diese kleine Stufe schaltet sich nach Entnahme des Speicherinhalts (je nach Gerätegröße 8–14 l) ein und heizt das Brauchwasser erneut auf. Wenn größere Wassermengen entnommen werden, setzt sich der Durchlauferhitzer mit hohem Anschlusswert in Betrieb (18–33 kW Drehstrom). Durchlaufmenge und -geschwindigkeit hängen ab:

- vom Anschlusswert
- von der gewünschten Temperatur
- von der Kaltwasserzulauftemperatur

Anschlusswert kW	18	21	24	33
l/min	9	10,5	12	16,5

Beim Betrieb von *Gas-Durchlauferhitzern* ist ausreichende Belüftungsmöglichkeit des Aufstellungsortes erforderlich. (Durchlaufgeschwindigkeit 4 bis 13 l/min bei 40 °C, 5 bis 16 l/min bei 37 °C). Anschluss ist auch ohne Kamin möglich bei Außenwandanschluss, z. B. unter dem Fenster.

Speichersystem

Um Energieverluste in Grenzen zu halten, ist auf gut isolierte Brauchwasserspeicher zu achten. Die *Mindestdämmwerte* sind in der DIN 44532 festgelegt.
Einkreisspeicher haben 2 bis 6 kW-Anschluss, Zweikreisspeicher sind mit 2 Heizleistungen, z. B. $^{1}/_{6}$ kW bei 80 l Inhalt ausgestattet.
Bei zentralversorgten Brauchwasseranlagen sind *Zirkulationsleitungen* eingebaut, um an allen Zapfstellen sofort Brauchwasser in gewünschter Temperatur zu erhalten. Diese ständige Bereitstellung verursacht vor allem bei weit vom Gerät entfernten Entnahmestellen erhebliche Energieverluste. Um die Zirkulationspumpe nicht unnötig lange laufen zu lassen, was mit Wärmeverlusten verbunden ist, kann man Zeitschaltuhren

zu Hilfe nehmen oder aber an wichtigen Verbrauchsstellen einen Schalter zur Inbetriebnahme der Zirkulationspumpe vorsehen. Ohne Zirkulationspumpe läuft von einer zentralen Wärmeversorgung zu viel kaltes Wasser ungenutzt ab, bis warmes Wasser kommt. Eine dezentrale Versorgung oder eine derartige Ergänzung hilft Energie zu sparen. Hier sei auch darauf hingewiesen, dass geschickt angeordnete Solarkollektoren mit Wärmespeichern zwar kaum kostensenkend, aber umweltschonend wirken.

6.4 Kosten der Heizung

Für die *Auswahl* einer Heizungsanlage wird die *Kostenfrage* mit der wichtigste Überlegungspunkt sein. Es ist unmöglich, Kostenvergleiche pauschal anzustellen, da in jedem Haushalt die Voraussetzungen anders sind. Derartigen *Vergleichsrechnungen* sollte man sehr kritisch gegenüberstehen. Es soll hier aber der Rechengang aufgezeigt werden, durch den man wenigstens überschlägig für die eigene Heizungsanlage *Kapitalbedarf* und *Gesamtkosten* feststellen kann. Betriebskostenrechnungen können nach VDI 2067 erstellt werden.

Kapitalbedarf

Dieser umfasst ein komplettes Heizgerät, Rohrleitungen, Pumpe, Regeleinrichtungen, Heizkörper, sonstiges Installationsmaterial, evtl. Wärmedämmung, Baumaterial, Brennstofflagerung, Arbeitslöhne des Heizungsbauers, Elektrikers und Maurers, Eigenleistung usw.
Es sollten auf jeden Fall von mehreren Firmen detaillierte Kostenangebote eingeholt und die Leistungen mit den Kosten verglichen werden. Außerdem sollte gefordert werden:

- genaue Angabe über Leistung und Bauart des Heizgerätes,
- eine Zeichnung über Anordnung der Heizkörper und
- die Gewährleistung für das Erreichen der geforderten Raumtemperaturen.

Die Kostenvoranschläge sollten mit dem Architekten oder einer anderen Fachkraft durchgesprochen werden.

Die wichtigsten Kostenarten

I. Kapitalkosten:	1. Abschreibung (je nach Anlagenteil 10–20 Jahre)
	2. Zinsanspruch (3–4 % vom Neuwert)
II. Betriebskosten:	1. Instandhaltung
	2. Energiekosten (siehe Brennstoffvergleichstabelle und nachfolgende Berechnung).

Um eine überschlägige *Energiekostenberechnung* durchführen zu können, muss neben dem *Wärmebedarf* und dem *Heizwert* des Brennstoffs auch der *Wirkungsgrad* der Heizanlage berücksichtigt werden.
Der Anlage-Wirkungsgrad bezeichnet den *Nutzeffekt* des Brennstoffs für die Wärmegewinnung in einer Heizanlage. Er hängt von vielen Faktoren ab (Kessel-Wirkungsgrad, Regelbarkeit der Anlage, Abstrahlungsverluste, Fortleitungsverluste usw.) und schwankt zwischen 75 und 85 %,

bei Elektroheizanlagen kann er bis zu 95 % betragen. Der Anlage-Wirkungsgrad ist jeweils aus der Beschreibung zu entnehmen. Der so genannte Jahreswirkungsgrad wird vor allem durch die erhöhten Verluste der Brauchwasserbereitung außerhalb der Heizsaison gesenkt. Nur kurzzeitiger Wärmebedarf führt zu erhöhten Verlusten durch die nutzlose Kesselabkühlung (Bereitstellungsverluste). Deutliche Einsparungen sind durch längere Kesselabschaltungen möglich.

Als weitere Berechnungsgrundlage müssen die *Vollbenutzungsstunden* ermittelt werden. Sie liegen bei 1500 bis 2000 Stunden pro Jahr. Das entspricht etwa einer siebenmonatigen Heizperiode und einem kurzzeitigen Wärmeverbrauch im Sommer. Der Energiepreis ist entsprechend den örtlichen Verhältnissen einzusetzen.

An folgendem Beispiel wird eine Energiekostenberechnung aufgezeigt, die aber nicht verallgemeinert werden darf.

Berechnungsgrundlagen für das Beispiel:

Wärmebedarf pro Stunde	83 800 kJ (23 kWh)
Wirkungsgrad der Anlage:	
Warmwasser-Zentralheizung mit Öl:	80 %
Heizwert Öl pro Liter:	36 327 kJ (10 kWh)
Vollbenutzungsstunden pro Jahr:	1800
Ölpreis pro Liter:	0,45 DM

Nutzbare Energie pro Brennstoff-Einheit:
Heizwert × Wirkungsgrad
Beispiel: 36 327 kJ × 0,8 = 29 064 kJ pro Liter Öl

Verbrauch Brennstoffeinheiten pro Jahr:
Wärmebedarf: Nutzbare Energie = Brennstoffverbrauch pro Stunde × Vollbenutzungsstunden
Beispiel: 83 800 kJh : 29 064 kJ/l
2,88 l/h × 1 800 h = 5184 l

Brennstoffkosten pro Jahr:
Verbrauch/Jahr × Energiepreis
Beispiel: 5 184 l × 0,45 DM/l = 2 332,80 DM
Beispiel: Berechnung des Brennstoffbedarfs für 100 Liter Brauchwasser mit 55 °C Temperaturanhebung:
55 °C − 12 °C Kaltwasser) = 43 °C (= 43 Kelvin)
Wärmebedarf je zur Anwärmung von 100 l Brauchwasser:
100 × 43 × 1 (spez. Wärme von Wasser in kcal/l kcal/l · Grd K) = 4300 kcal oder 4300 × 4.2 = 18 060 kJ oder 4300 : 860 = 5 kWh

In nachfolgender Tabelle wird der hierfür nötige Brennstoffbedarf errechnet. Über den Brennstoffpreis ergeben sich die Brennstoffkosten je 100 l erhitzten Brauchwassers.

Brennstoff (Preis)	Wirkungsgrad	Heizwert	Nutzbare Energie je Einheit	Brennstoffbedarf	Kosten je 100 l
Spalte 1	**Spalte 2***	**Spalte 3**	**Spalte 4** **Sp. 2 × Sp. 3**	**Spalte 5** **je 100 l Wasser** **18060 : Sp. 4**	**Spalte 6** **Sp. 5 × Preis/ Einheit**
Steinkohle (0,60 DM/kg)	70 % Wi 35 %	31844 kJ/kg	22268 11134	0,89 kg 0,45 kg	0,53 1,06
Heizöl (0,45 DM/kg)	75 % Wi 40 % So	36327 kJ/kg	27245 14530	0,67 kg 1,24 kg	0,31 0,56
Erdgas (0,60 DM/kg)	80 % Wi 45 % So	30273 kJ/m^3	24219 13623	0,81 m^3 1,32 m^3	0,49 0,80
Strom (0,20–0,40) DM/kWh)	98 % Wi + So	3600 kJ/kWh	3528	5,14 kWh	1,03 2,06$^{\times\times}$
Holz 0,16 DM/kg 56 DM/Ster	70 % Wi 50 % So	15500 kJ/kg	10850 5425	1,66 3,32	0,26 0,53

Zeichenerklärung * Wi = Winterbetrieb So = Sommerbetrieb
$^{\times}$ = bei 0,20 DM/kWh Strom $^{\times\times}$ = bei 0,40 DM/kWh Strom

Die Berechnung zeigt, dass selbst im *Sommerbetrieb* die Energiekosten zur Brauchwassererwärmung über Strom höher sind als durch Verwendung des Heizkessels mit Verfeuerung eines Brennstoffes. Berechnet man bei Strom den günstigen Preis von 0,20 DM/kW, liegen die Energiekosten je 100 l Brauchwasseranwärmung bei 1,03 DM. Ein Zweipersonenhaushalt benötigt mindestens 100 l/Tag. Zur Ermittlung der Jahreskosten ist mit 365 Tagen zu multiplizieren. Es ergeben sich wenigstens 376,– DM/ Jahr. Beim Einsatz des Ölkessels liegen die Energiekosten zur Brauchwassererwärmung von 100 l/Tag bei nur 204,– DM, wenn Heizöl 0,45 DM/ kg (0,39 DM/l) kostet. Selbst bei der Hälfte des unterstellten Wirkungsgrades im Sommerbetrieb, wäre Heizöl mit 405,– DM nur unwesentlich teurer als die Brauchwassererwärmung über billigen Strom. Die Ren-tabilität kann sich also bei kleinen Änderungen im Brennstoffpreis oder Wirkungsgrad zwischen den Beheizungsarten kurzfristig verschieben.

Regenerative Energien

und ihr Einsatz bei der Wohnraumbeheizung und Brauchwasserbereitung

7.1 Holz

Durch den hohen Waldanteil Deutschlands (10,5 Mio. ha) spielt Holz vor allem im ländlichen Raum zur Wohnhausbeheizung und Brauchwasserbereitung eine große Rolle. Holz deckt in Bayern ca. 3 % des Primärenergiebedarfs. *Kochherde, Kaminöfen* und *Kamineinsätze* weisen unter den Holzfeuerungsanlagen immer noch die höchsten Verkaufszahlen auf. Heizkessel für Scheitholz und Halmgutfeuerungen haben einen hohen technischen Stand erreicht. Auch Heizeinsätze für Kachelöfen wurden weiterentwickelt. Sie werden sogar mit vollautomatischen Regelsystemen für die Verbrennungsluft angeboten. Bei geringem Leistungsbedarf finden auch Kleinkessel hinter Kachelofenheizeinsätzen einen zunehmenden Absatz.

Anlagenart	Leistungsbereich in kW	Preisspanne in DM
Kaminofen	6–8	2000– 4000
Kachelofenheizeinsatz	6–10	3000– 5000
Kleinkessel für Kachelofen	6–10	4000– 6000
Kaminofen	6–10	1000– 7000
Vorgefertigter Kachelofen	6–8	7000–10000
Kachelgrundofen komplett	6–10	8000–20000
Kochherd (fabrikfertig)	2–4	2000– 5000
Heizungsherd (fabrikgefertigt)	6–25	4500–20000
Heizkessel	10–50	8000–15000
Wärmepufferspeicher	3000–10000 Liter	3000–12000
Hackgutfeuerung mit Vorratsspeicher	15–60	15000–40000

Leistungsbereiche und Preisspannen verschiedener Holzheizsysteme

Bei den *Scheitholzkesseln* haben sich Unterbrandsysteme mit heißer Nachbrennkammer durchgesetzt.
Der Füllschacht sollte ein Volumen von 6 l/kW aufweisen, um bei Volllast 5 Stunden Nachheizintervall zu erreichen. Die heiße Nachbrennkammer sollte ein Volumen von mindestens 1 l/kW aufweisen, besser 1,5 l/kW, um eine gute Feuerungsqualität zu sichern. Um den Teillastbetrieb unter 50 % der Nennlast zu vermeiden, ist ein Wärmepufferspeicher von 100 l/kW einzuplanen.
Bei *Hackgutfeuerung* mit elektrischer Zündung kann man auf den Wärmespeicher verzichten.
Abbildung 140 zeigt einen modernen Unterbrandkessel, der Preis liegt je nach Leistung bei 200 bis 300 DM/kW.

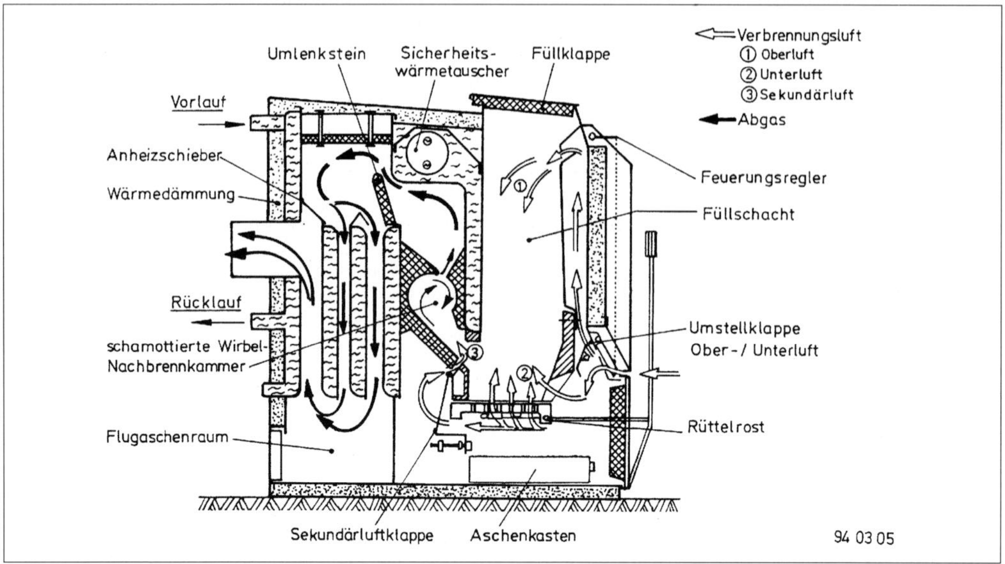

Abb. 140: Scheitholzkessel mit Füllschacht, unterem Abbrand und heißer Nachbrennkammer

Hackgutfeuerungen bieten mehr Heizkomfort, sind aber mit 400 bis 1000 DM/kW erheblich teurer.

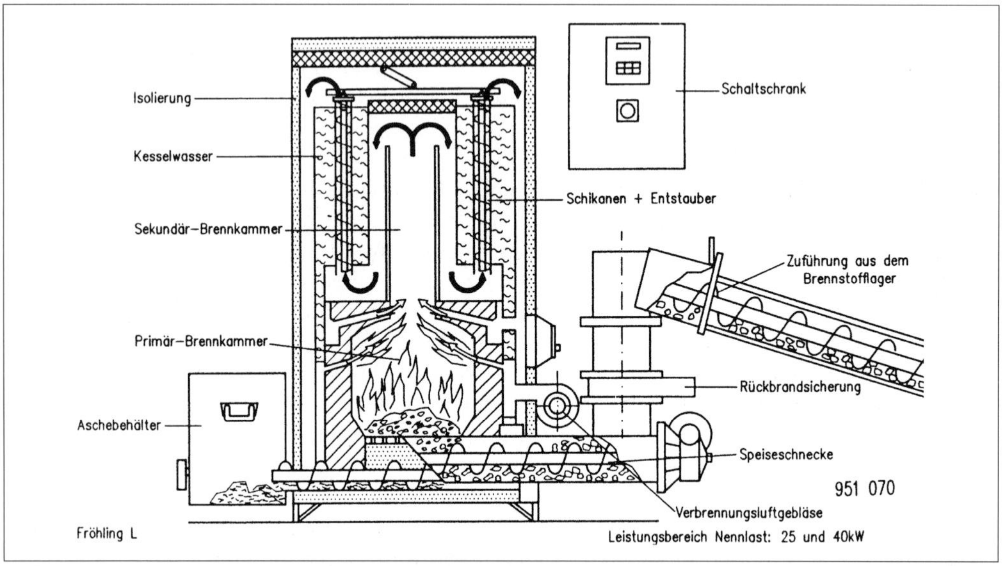

Abb. 141: Heizkessel mit integrierter Hackgutfeuerung

Bei Heizölpreisen unter 0,50 DM/l lohnt die Beschaffung einer Strohfeuerungsanlage nicht. Am günstigsten arbeiten Kessel mit wassergekühltem Aufsatzschacht mit Hochdruckballen. Der Wärmespeicher ist unverzichtbar. Anlagen mit Ballenauflöser kosten über 1000 DM/kW.
Für Stroh und Holz sind Fernwärmesysteme mit zentraler Feuerungsanlage empfehlenswert. Günstig sind Anlagen in Neubaugebieten oder bei Großwärmeverbrauchern. Nähere Information zur Wärme- und Kraftgewinnung aus Holz, Stroh und Energiepflanzen gibt die Fachliteratur der Landtechnik Weihenstephan. Über Projektförderung informiert CARMEN in Rimpar.

7.2 Energie aus Biogas

Feuchte Biomasse wie Gülle, Festmist, Gras, das nicht zur Fütterung benötigt wird, Verarbeitungsrückstände (z. B. aus Schlachtereien) kann in Biogasanlagen zur Erzeugung von brennbarem Gas verarbeitet werden. Der Rückstand dient der Bodendüngung. Biogasanlagen haben auch positive Nebenwirkungen wie Geruchsreduzierung der Gülle, Verbesserung der Pflanzenverträglichkeit, Hygienisierung von Speise- und Futterresten.

Zur Anlagentechnik

Durch einen Gärprozess unter Luftabschluss (anaerob) wird flüssige Biomasse bei Temperaturen zwischen 28 und 55 °C biologisch abgebaut. Es entsteht vorwiegend *Methangas* (der Heizwert liegt bei 23 500 kJ/m^3). Die Gasproduktion liegt bei 1 m^3 aus 40–50 m^3 Rindergülle. Das Gas muss in großvolumigen Behältern, meist billigen Folienspeichern zwischengelagert werden. Die *Explosionsgefahr* gilt es durch Sicherheitsmaßnahmen auszuschließen. Das Gas wird zum Heizen, Kochen, Erwärmen von Brauchwasser und über eine Reinigungsstufe zur Schwefelabscheidung zum Antrieb eines Verbrennungsmotors mit Stromgenerator verwendet. Die Investitionskosten liegen mit 600–1800 DM je Großvieheinheit (500 kg Tiergewicht) relativ hoch. Zur Beheizung und Brauchwasserversorgung eines bäuerlichen Wohnhauses ist Gülle von ca. 60 Rindern nötig. Leider trifft die geringste Gasproduktion im Winter mit dem höchsten Bedarf an Wärme zusammen. Im Winter wird bei kleineren Tierbeständen ein Zusatzheizgerät für das Wohnhaus benötigt. Der Brauchwasserbedarf wird bei Milchviehhaltern über die Abwärme des Milchkühlsystems gedeckt. Die überschüssige Energie aus Biogasanlagen kann in der Sommerzeit zur Trocknung von Agrarprodukten verwendet werden. Im Fall der Stromerzeugung lässt sich Überschussstrom ins Netz einspeisen. Durch das Stromeinspeisegesetz ist ein Ertrag von 0,15 DM/kWh gesichert. Die Vorrichtungen zur Netzeinspeisung wurden in den letzten Jahren erheblich verbilligt, sie kosten heute ca. 1500 DM.

7.3 Direkte Nutzung der Sonnenenergie

Durch Verwendung von *Solarkollektoren* wird die Sonnenenergie zur Wärmegewinnung genutzt. Mittels *Solarzellen* lässt sich Strom erzeugen. In sonnenreichen, warmen Erdteilen wird auch über die Dampferzeugung

mittels konzentrierender Thermoölkollektoren mit Parabolspiegeln Strom und Prozessdampf erzeugt. In Deutschland lohnt allenfalls die Brauchwassererwärmung, soweit nur betriebswirtschaftlich veranlasste Argumente zählen. Die Begründung liegt im sehr geringen Angebot an Solarstrahlung in der Heizperiode. Von November bis März werden 60 % des Jahreswärmebedarfs benötigt. Das Einstrahlungsangebot der Sonne liegt in dieser Zeitspanne nur bei 12 % der Jahreseinstrahlung. Die Langzeitspeicherung von Sonnenenergie lohnt auf dem heute sehr geringen Energiepreisniveau mit 0,45 DM/l OE (= Öleinheit) nicht. Die Sonnenenergie wird zur *Wässererwärmung* mit vielerlei Bauarten von Solarkollektoren eingefangen.
Den größeren Anwendungsbereich finden *Flachkollektoren* mit selektiver Beschichtung und Glasabdeckung. Hochleistungssysteme wie Röhrenkollektoren mit Vakuum sind sehr teuer, erbringen aber auch in der Übergangszeit und an sonnigen Wintertagen nutzbare Leistung. Die *Rentabilität* steht mit dem Energiepreisniveau in engem Zusammenhang. Abbildung 142 zeigt den Aufbau eines Flachkollektors mit Doppelverglasung. In Abbildung 143 werden verschiedene Vorschläge zum Anschluss an Brauchwasser- und Heizsysteme vorgestellt. Vom Kollektor sollte die Wärme direkt in den *Brauchwasserboiler* (soweit vorhanden) und bei Überschusssolarangebot in den *Wärmespeicher* geführt werden. Bei speicherintegrierten Brauchwasserheizsystemen (Durchflusswärmetauscher) wird die Solarwärme direkt zum Speicher geführt.

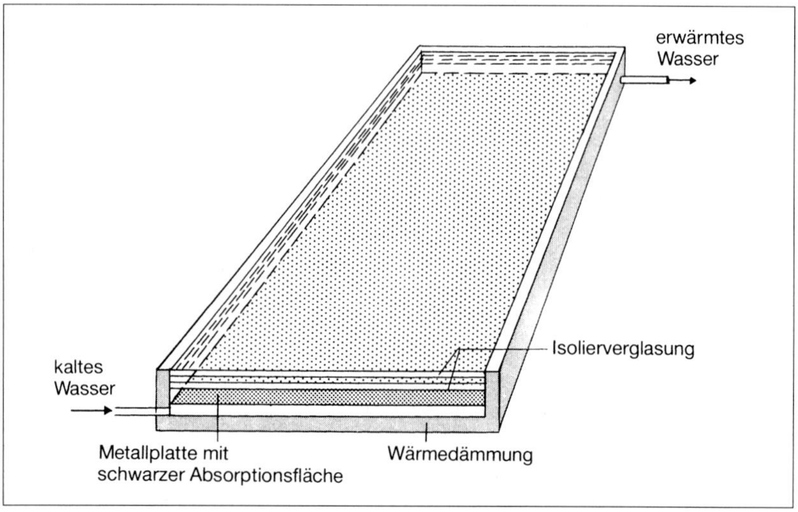

Abb. 142: Schematischer Aufbau eines Flachkollektors mit Doppelverglasung

Dimensionierung: Je nach Kollektorqualität werden im Sommerbetrieb 1–2 m^2 Kollektorfläche mit 80–120 l Speichervolumen je Person benötigt. Soll auch in der Übergangszeit genügend Wärme aus der Solaranlage gewonnen werden, lassen sich die Kollektorfläche und Speichervolumen entsprechend vergrößern, z. B. bis 10 m^2 und 800 l Speicher je Person.

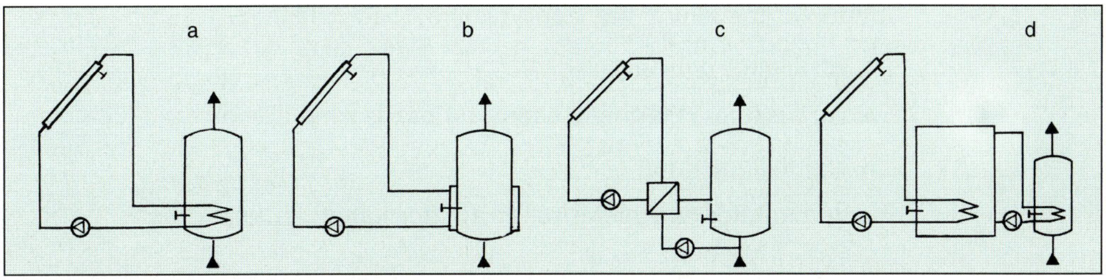

Abb. 143: Brauchwasser mit Kollektoren – Anordnung beispielsweise zur Solarwärmeeinsparung
a Speicher mit Rohrbündel-Wärmetauscher
b Speicher mit Doppelmantel-Wärmetauscher
c Externer Wärmetauscher
d Druckloser Solarwärme-Zwischenspeicher

Die *Systemkosten* steigen nicht linear zur Speicher- und Kollektorvergrößerung. Die spezifischen Preise der Gesamtanlage steigen z. B. bei Verdoppelung der Kollektorfläche nur um 50 bis 70 %. Die Rentabilität von Brauchwasseranlagen mit Speicher beginnt bei Serienanlagen ab 0,60 DM/l OE, werden Eigenleistungen eingebracht, kann die Anlage ab 10 m^2 Kollektorfläche schon bei 0,45 DM/l Öläquivalent rentabel werden.

7.4 Nutzung von Umgebungswärme (indirekte Sonnenenergie)

Die indirekte Nutzung der Sonnenenergie durch *Wärmenutzung* aus Erdreich, Grundwasser und Umgebungsluft hat zunehmende Bedeutung. Mit *Wärmepumpen* lassen sich durch Abkühlung große Wärmemengen entziehen und durch Temperaturanhebung nutzbar machen. Wärmepumpen arbeiten nach dem Prinzip der bekannten Kältemaschinen. Sie werden dann als Wärmepumpen bezeichnet, wenn nicht die erzeugte Kälteleistung, sondern die auf der warmen Seite abgegebene Heizleistung genutzt wird. Unterscheidungsmerkmale sind *Wärmequelle* und *Heizungsart*.

	Wärmequelle	Heizungsart
Wasser/Wasser-WP	Wasser als – Grundwasser – Oberflächenwasser – Brauchwasser – Kühlwasser	Warmwasserheizung bzw. Brauchwasserbereitung
Erdreich/Wasser-WP	Erdreich, im Sommer solar aufgeheizt, Erdspeicher	Warmwasserheizung bzw. Brauchwasserbereitung
Luft/Wasser-WP	Luft als – Umgebungsluft – Fortluft	Warmwasserheizung bzw. Brauchwasserbereitung
Luft/Luft-WP	Luft	Warmluftheizung (selten)

Jede Wärmepumpe hat vier typische Bestandteile:

- ▲ Verdichter mit Antrieb
- ▲ Verflüssiger (Wärmetauscher auf der warmen Seite)
- ▲ Expansionsorgan
- ▲ Verdampfer (Wärmetauscher auf der kalten Seite)

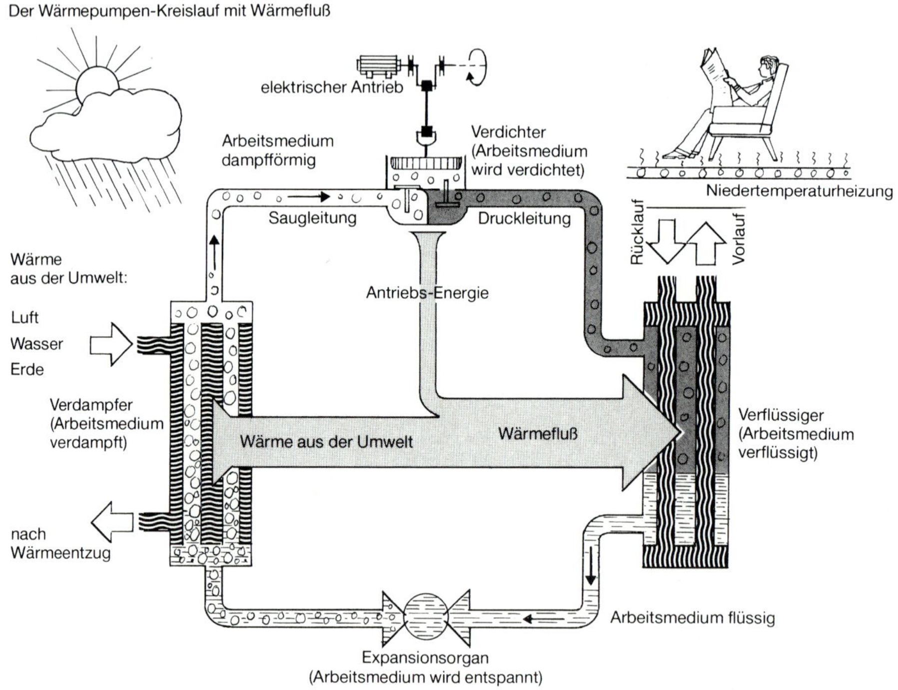

Abb. 144: Der Wärmepumpenkreislauf mit Wärmefluss

Wirkungsweise

Der Verdichter saugt das kalte, gasförmige *Kältemittel* an und verdichtet es unter Druck- und Temperaturerhöhung. Dabei wird Antriebsenergie (Strom oder Kraftstoff) benötigt. Im Verflüssiger wird das gasförmige Kältemittel unter Wärmeabgabe an die Umgebung (Luft- oder Heizwasser) verflüssigt. Das Expansionsorgan entspannt das Kältemittel vom hohen auf ein tiefes Druck- und Temperaturniveau. Im Verdampfer nimmt das kalte, flüssige Kältemittel Wärme aus der Umgebung (Luft, Wasser, Erdreich) auf und verdampft dabei; der Kreislauf beginnt von vorn. Wärmepumpe, die für Wohnhausheizung und Brauchwasserbereitung eingesetzt werden, benötigen Strom oder Kraftstoff als Antriebsenergie. Das Verhältnis von Antriebsenergie zu Nutzenergie nennt man *Leistungsziffer*.

Wird eine WP als alleinige Wärmequelle benutzt, spricht man von einer *monovalenten Betriebsweise*. Dies ist nur bei konstanter Wärmemenge des Wärmeträgers über das ganze Jahr möglich. Grundwasser und Erdreich in einer Tiefe von mindestens 1,50 m erfüllen diese Anforderungen. Wird Umgebungsluft als Wärmeträger eingesetzt, muss an kalten Wintertagen der Wärmebedarf für die Raumheizung durch einen anderen Energieträger (konventionelles Heizsystem) gedeckt werden. Man spricht dann von einer *bivalenten Betriebsweise.*

Erdreich-WP

Sie können überall dort eingesetzt werden, wo eine ausreichend große *Grundstücksfläche* für den notwendigen Wärmeentzug zur Verfügung steht. Die Erdfläche muss etwa die 2,5 bis 3fache Größe der zu beheizenden Wohnfläche aufweisen und die Wärmetauscher (Kunststoffrohre mit einem Kältemittel) müssen in 1,50 bis 1,80 m Tiefe eingebaut werden. Ein kombiniertes Aufheizsystem über eine Solaranlage erhöht die Speicherkapazität.

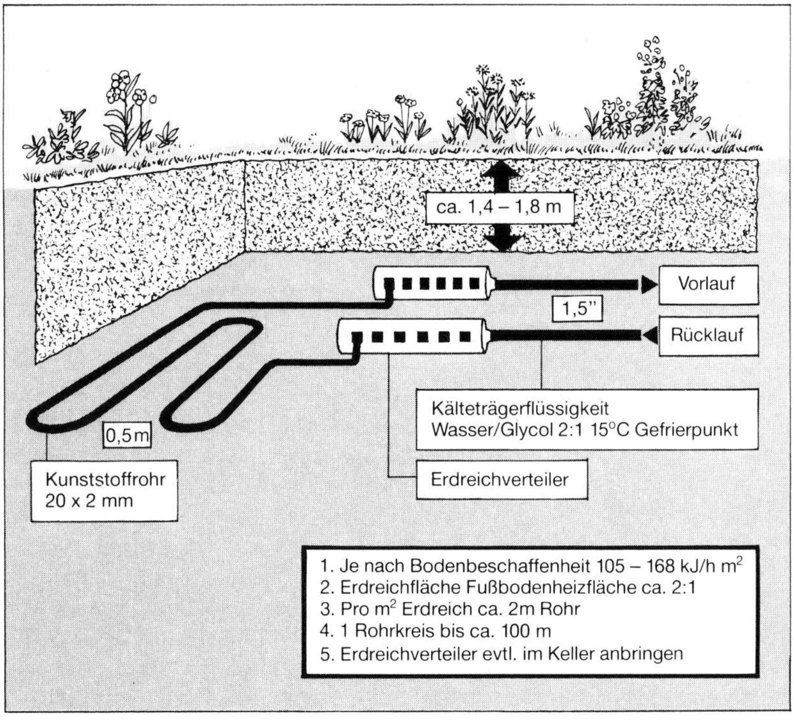

Abb. 145: Wärme aus dem Erdreich

Grundwasser-WP

Die Wärmepumpen arbeiten wegen der nahezu konstanten Wassertemperatur über das ganze Jahr besonders günstig. Wassermenge und -qualität sind jedoch für die Nutzungsmöglichkeit von entscheidender Bedeutung. Zur Entnahme des Grundwassers ist ein *Förderbrunnen*, ca. 5 bis 6 m tiefer als der Grundwasserspiegel erforderlich. Für 1 m^2 beheizter Wohnfläche werden stündlich ca. 25 bis 35 l Wasser benötigt. Über einen *Sickerbrunnen* wird das abgekühlte Wasser wieder zurückgeführt. Die Brunnenanlagen müssen grundsätzlich bei den zuständigen Wasserbehörden angemeldet werden.

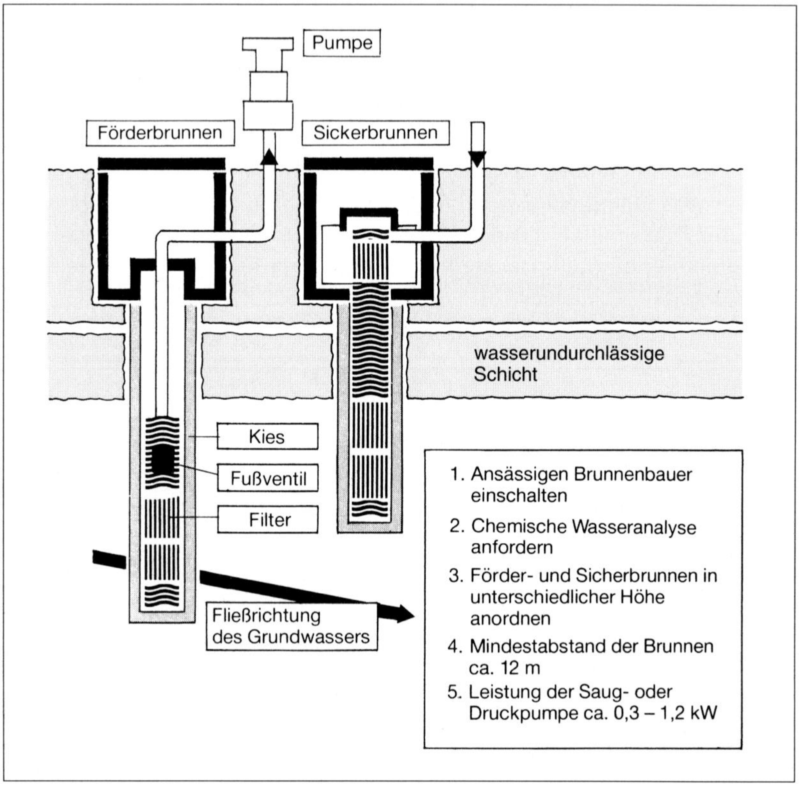

Abb. 146: Wärme aus dem Grundwasser

Umgebungsluft-WP

Diese Pumpen nutzen den Tatbestand, dass Luft nicht nur überall, sondern auch in unbegrenzter Menge verfügbar ist und die Nutzung keinen Einschränkungen unterliegt. Sie arbeiten jedoch wegen unterschiedlichster Temperaturen weniger wirtschaftlich als die vorgenannten.
Eine Wärmepumpe arbeitet umso wirtschaftlicher, je geringer der Temperaturunterschied zwischen dem Energieträger (Erdreich, Wasser, Luft) und der Heizungs- oder Brauchwasseranlage ist. Die maximal erreichbare Heizwasser- (bzw. Brauchwasser-)temperatur beträgt ca. 55 °C. Zur Wärmeverteilung ist deshalb das bei Warmwasserheizungen übliche Hochtemperaturheizsystem mit einer maximalen Vorlauftemperatur von

90 °C nicht geeignet. Raumheizungen mit Wärmepumpen arbeiten aus diesem Grund als *Niedertemperaturheizungen* mit Vor- bzw. Rücklauftemperaturen von 60–70 °C bzw. 40–30 °C. Obwohl alle konventionellen Heizkörper, d. h. Radiatoren und Plattenheizkörper zum Betrieb einer WP-Heizung geeignet sind, bietet sich hier vorwiegend die *Fußbodenheizung* an. Durch Einbindung eines Brauchwasserspeichers in eine WP-Heizung kann auch die Brauchwasserheizung wirtschaftlich betrieben werden. Das Speichervolumen muss jedoch wegen der Temperaturbegrenzung durch die WP etwas größer gewählt werden. In der Regel sollte der Speicher nicht kleiner als 300 l sein.

Eine gesonderte Brauchwasserbereitung lässt sich in Verbindung mit einem ausreichend großen Speicher auch mit einer Klein-Wärmepumpe durchführen. Sie wird im Keller aufgestellt und entzieht der Kellerluft die benötigte Wärme. Die Abkühlung des Aufstellungsraumes kann sich für die Lagerung von Frischvorräten vorteilhaft auswirken. Allerdings wird auch die Luftfeuchtigkeit herabgesetzt.

Wärmepumpen stellen eine brauchbare Ergänzung zur Energieeinsparung dar. Die noch hohen Investitionskosten machen den Betrieb bei den derzeitigen Energiepreisen jedoch noch nicht wirtschaftlich.

7.5 Wärmerückgewinnung

In landwirtschaftlichen Betrieben fällt bei der *Nutztierhaltung* und bei der *Milchkühlung* Wärme an, die weit gehend ungenutzt an die Umgebung abgegeben wird. Mit Hilfe von Wärmepumpen bzw. Wärmetauschern kann diese Wärmekapazität für *Brauchwasserbereitung* und *Heizung* genutzt werden. So liefert 1 l Milch bei der Kühlung von ca. 35 °C auf 4 °C etwa 30–36 Wh (109–130 kJ, 26–31 kcal). Mit Hilfe einer Wärmepumpe kann daraus 0,5–1 l Brauchwasser von 10 °C auf 50 °C erwärmt werden. Der Verflüssiger der Wärmepumpe muss dabei als Wasser-Wärmetauscher gebaut sein und in Verbindung mit dem zu erwärmenden Brauchwasser stehen. Da die Wärme aus der Milch nicht den ganzen Tag über anfällt, muss das warme Wasser gespeichert werden. Das Speichervolumen sollte pro Person etwa 80–120 l, insgesamt jedoch nicht unter 300 l betragen.

Um über die Milchkühlung Brauchwasser für einen 4-Personen-Haushalt zu erhalten (200 l von 50 °C) ist eine tägliche Milchmenge von ca. 375 kg (entspricht etwa der Milchmenge von 30 Milchkühen) erforderlich.

Wird *Stallluft* zur Beheizung eines Wohnhauses eingesetzt, so ist zunächst im Einzelfall festzustellen, wie groß die Überschusswärmeleistung im Stall ist, da ein beachtlicher Teil der Abwärme im Winter zur Deckung des Transmissions- und Lüftungswärmebedarfs für den Stall benötigt wird. Schwierigkeiten verursacht für die bei den Wärmepumpen verwendeten Materialien die aggressive Stallluft (Korrosionsschäden) und der erhöhte Reinigungsaufwand für das Aggregat. Für eine breite Anwendung der Abwärmenutzung aus Stallluft sind noch weitere Forschungs- und Entwicklungsarbeiten und ein höheres Energiepreisniveau nötig.

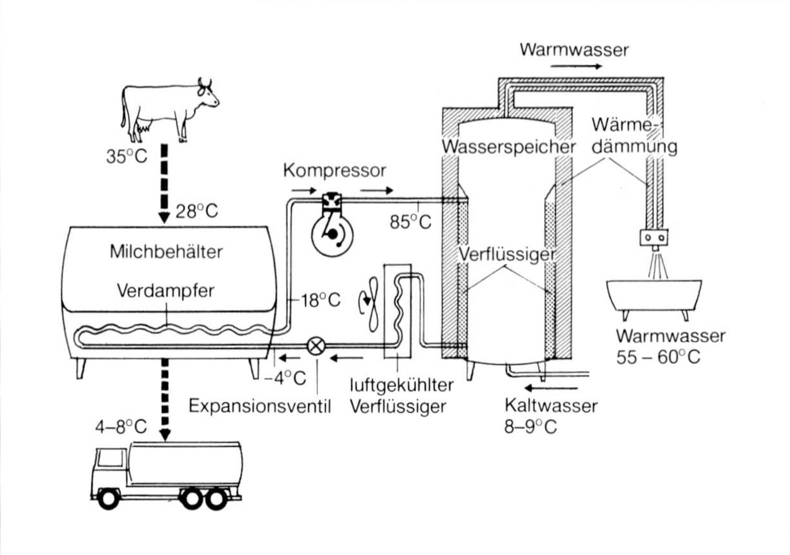

Abb. 147: Milchkühlung mit Wärmerückgewinnung

Wirtschaftsbereich

Raumausstattung und Gestaltung

8.1 Küche

Feuerstelle und Brunnen waren jahrtausendelang Zentren des menschlichen Lebens. Vielfältig technisch verwandelt sind „Feuer und Wasser" auch heute noch Mittelpunkt der Tätigkeit in der Küche.

Grundrissplanung nach Bewohner- und Raumsituation

Zu Beginn der Küchenplanung ist zu überlegen, ob es eine reine „*Arbeitsküche*" oder eine „*Wohnküche*" werden soll. Die Größe der Küche ergibt sich aus den Stellflächen der arbeitswirtschaftlich angeordneten Ausstattung, den Abstands- und Bewegungsflächen, sowie aus der Anzahl der Familienmitglieder und deren Lebensgewohnheiten.
Mit Hilfe von Zeit- und Wegestudien wurde errechnet, dass die „durchschnittliche Hausfrau" in mangelhaft geplanten und unrationell einge-

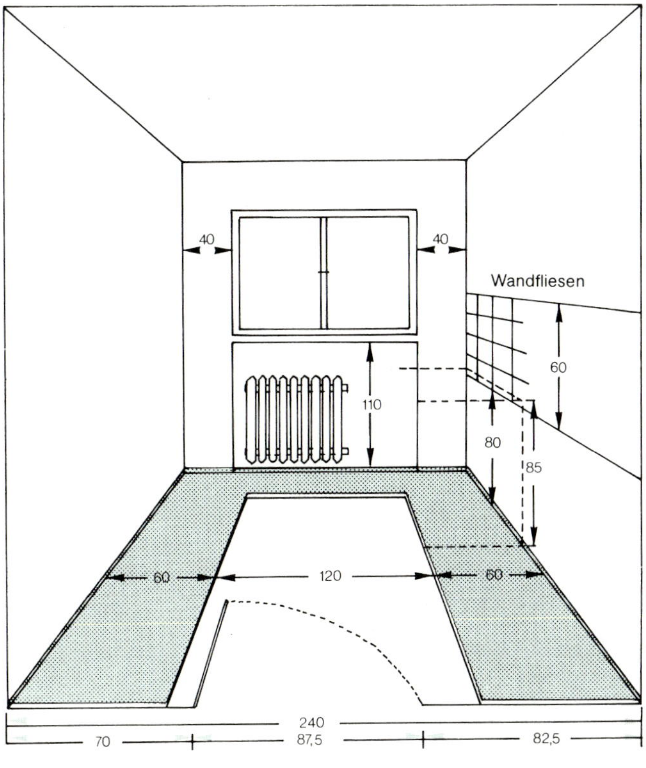

Abb. 148: Mindestmaße für die Planung einer „Zweckküche"

richteten Küchen in 25 Jahren Tätigkeit fünf Jahre zuviel arbeitet und dabei 3000 km zu viel zurücklegt (siehe Band ,,Wirtschaftslehre'', Kapitel Arbeitswirtschaft).

,,Kurze Wege!'' – sollte als Planungsgrundsatz bedeutend sein.

Arbeitserleichterung durch sinnvolle Planung und Anordnung der Kücheneinrichtung

Die Planung der Küche soll den *Funktionen* wie Vorbereiten und Zubereiten von Mahlzeiten, Reinigen und Aufbewahren von Geschirr und der Vorratshaltung gerecht werden.

Daraus ergeben sich *vier Arbeitsplätze*, die zueinander sinnvoll abgestimmt zu benutzen sein sollen.

1. Vorbereiten; 2. Kochen, Backen; 3. Spülen, Reinigen, Entsorgen; 4. Platz für raumaufwendige Arbeiten

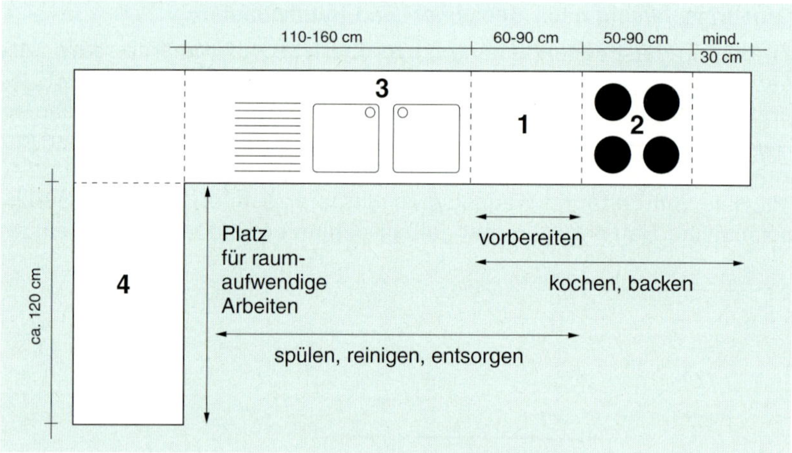

Abb. 149: Grundschema der verschiedenen Arbeitsplätze

Die *Arbeitsfolge von rechts nach links,* die das Schema zeigt, ist bei vielen Küchengrundrissen realisierbar. Bei bestimmten Raumsituationen kann diese Reihenfolge nicht eingehalten werden, sodass der Herd links vom Spülbecken aufgestellt werden muss. Um trotzdem einen reibungslosen Ablauf zu erreichen ist es wichtig, dass die einzelnen Arbeitsplätze in sich – in ihrer Anordnung – stimmen und die anfallenden Arbeiten mit kurzen Wegen und rationell ausgeführten Handgriffen erledigt werden können.

1. Vorbereiten

▲ Zwischen Herd und Spüle sind 60–90 cm als Arbeitsplatz notwendig. Mehr als 90 cm liegen außerhalb des menschlichen Greifbereichs (Herd, Wasser!).

▲ Töpfe, Arbeitsgeschirr, Küchenwerkzeug und Kochzutaten sollen griffbereit zugeordnet sein.

▲ Die Wege zum Kühlschrank und zum ,,Platz für raumaufwendige Arbeiten'' sollen kurz sein.

2. Kochen, Backen

▲ Rechts neben dem Herd ist eine Abstellfläche von mindestens 30 cm erforderlich.

▲ Herd, Kochmulde oder Glaskeramik-Kochfeld benötigen je nach Typ und Fabrikat 50 bis 90 cm.

▲ Ein Anordnen des Herdes gegenüber der Wasserstelle ist unpraktisch. Häufige Drehbewegungen verursachen Gefahrenmomente.

3. Spülen, Reinigen, Entsorgen

▲ Für die Spüle mit Einfach- oder Doppelbecken und Abtropffläche werden 110–160 cm berechnet. Daneben ist ein Abstellplatz notwendig.

▲ Ein Geschirrspüler mit 45–60 cm Breite ist unter der Abtropffläche praktisch.

▲ Der Arbeitsplatz ,,Spülen" soll auf die Rechts- oder Linkshändigkeit der Hausfrau bezogen werden. Beispiel für eine rechtshändig arbeitende Hausfrau: Abtropffläche links neben dem Spülbecken.

▲ Müll sollte dort getrennt werden, wo er anfällt und auf dem kürzesten Weg z. B. in verschiedene Container unter der Spüle entsorgt werden.

4. Platz für raumaufwendige Arbeiten

▲ Für die Vorratshaltung, Backen oder Anrichten ist ein größerer Arbeitsplatz mit ca. 120 cm erforderlich.

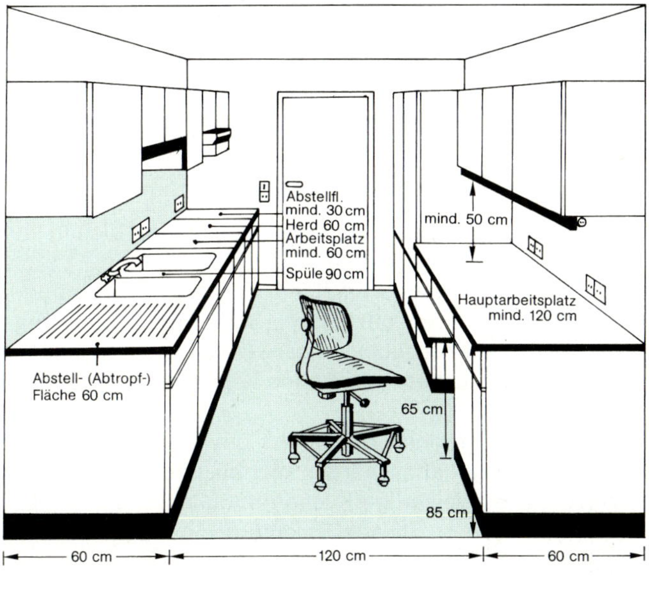

Abb. 150: Schematische Darstellung der Arbeitsplätze in der Küche, Einblick von der Fensterseite

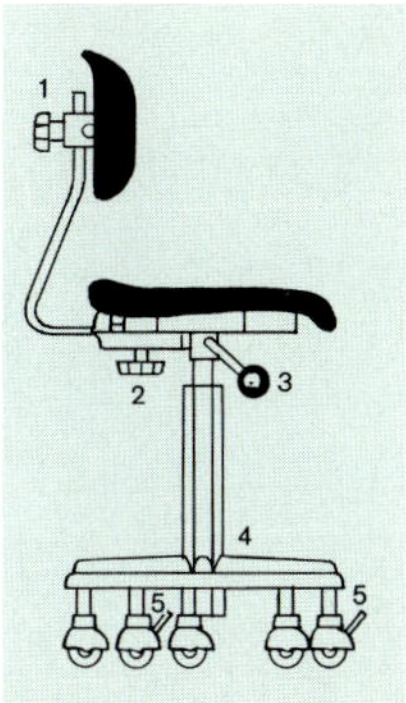

Abb. 151: Ein guter Arbeitsstuhl für den Haushalt
1 *In der Höhe verstellbare Rückenlehne*
2 *Mechanismus zum Umklappen der Rückenlehne*
3 *Hebel zum Einstellen der Sitzhöhe*
4 *Fußring zum Abstützen*
5 *Bremshebel für die Rollen bzw. intervallgebremste Rollen*

▲ Wenn möglich, sollte ein 90 cm breites Ausziehbrett auf der Höhe von 65 cm und ein Arbeitsstuhl geplant werden.

Ein Vier-Personen-Haushalt benötigt für Möbel und erforderliche Elektrogeräte eine Stellfläche von 7 m Länge (ohne Türöffnungen, Heizkörper etc.)
Den vier Arbeitsplätzen jeweils zugeordnet ist das Aufbewahren von Vorräten, Geschirr, Küchengeräten und -werkzeug in angemessenem Schrankraum (Hochschränke, Ober- und Unterschränke). Der Bedarf richtet sich nach der Zahl der Familienmitglieder und deren Haushaltsgewohnheiten und deren Ansprüchen.

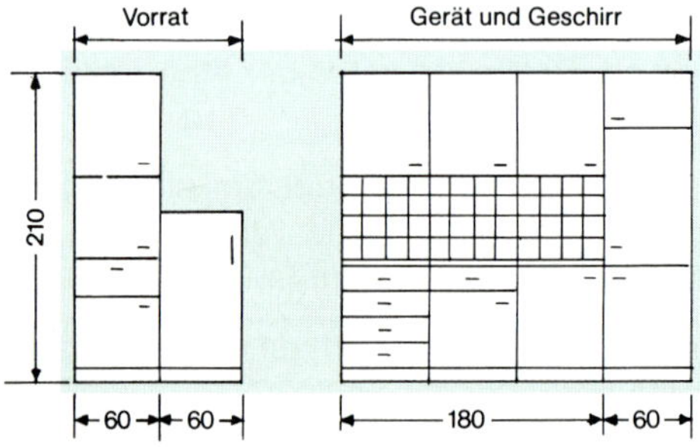

Abb. 152: Schrankraum für Vorrat, Geräte und Geschirr

Außerdem sind bei der Planung zu berücksichtigen:
Für alle notwendigen und hinzukommenden Geräte sind Platz im Griff- und Sichtbereich sowie die entsprechenden Installationen (Wasser, Strom) vorzusehen. (Genaue Übersicht über die Geräte im Haushalt im Band „Haushaltstechnik"). Dunstabzugsgeräte über dem Herd oder der Kochmulde installiert, garantieren nur einwandfreies Funktionieren, wenn der Abzug direkt in die Außenmauer oder in einen Luftschacht geführt wird.

Küchenformen

Die *funktionsgerechte Anordnung* der Kücheneinheiten lässt sich in vier Typen unterscheiden:
1. Die *einzeilige Küche* ist für kleine Familien, Ferienwohnungen oder für das Altenteil geeignet. Vor allem bei Küchenräumen bis 2,20 m Breite bleibt durch die einzeilige Anordnung noch genügend Bewegungsfläche erhalten. Die Ausmaße der Küchenwand sollen begrenzt sein, da sonst die Wege zu lang werden.
2. Die *zweizeilige Küche* ist arbeitswirtschaftlich gesehen eine gute Küchenform, da die Wege kurz gehalten werden können. Kostenaufwendige Eckelemente entfallen. Die zweizeilige Küche ermöglicht eine gute Bedienung von Fenster und Heizung. Diese Küchenform bietet sich an, wenn statt eines Fensters eine Tür zum Garten oder zum Balkon gewünscht wird. Die Kücheneinheiten sind an zwei gegenüberliegenden Wänden zu planen. Zwischen den Zeilen sind 120–130 cm als Bewegungsfläche erforderlich.

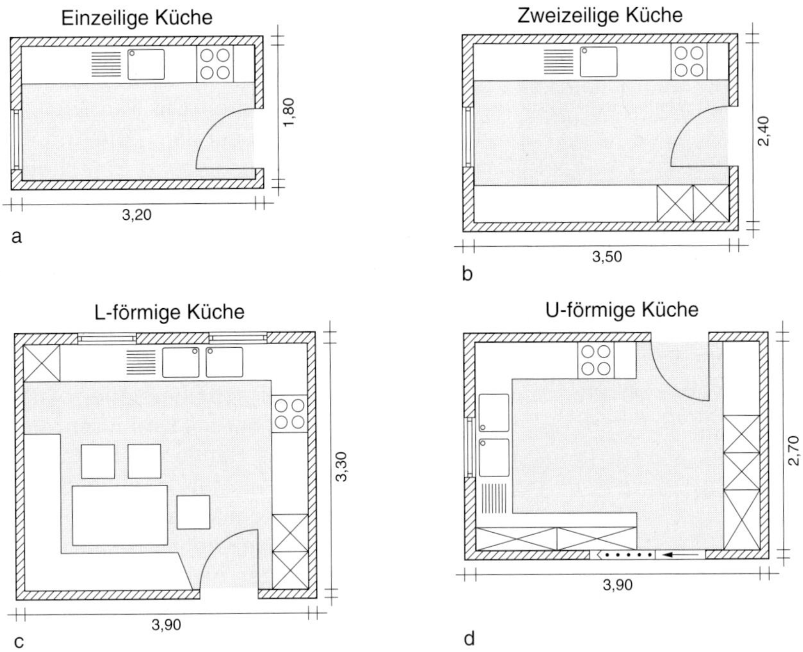

Abb. 153: Küchenformen
a Einzeilige Küche
b Zweizeilige Küche
c L-förmige Küche
d U-förmige Küche

3. Die *L-förmige Küche* ermöglicht eine arbeitsgünstige, nicht unterbrochene, nebeneinanderliegende Zuordnung der vier Arbeitszentren. Ecklösungen mit Drehkarussellen sind kostenintensiv. Eine nach außen aufschlagende Tür ermöglicht unbehinderten Zugang zum Kühlschrank oder Hochschrank. Die L-Küche eignet sich gut, um einen Essplatz einzuplanen. Bei besonders großen Küchen müssen lange Wege in Kauf genommen werden.

4. Die *U-förmige Küche* als Erweiterung der L-Form ist besonders geeignet für große Familien mit umfangreichem Schrankraumbedarf. Koch- und Spülplatz werden an zwei aneinanderstoßenden Wänden angeordnet, wobei der Abstand zwischen Herd und Spüle 90 cm nicht überschreiten soll (Greifbereich). Die Spüle unter dem Fenster erfordert eine Fensterbrüstungshöhe von mindestens 110 cm. Der Heizkörper sollte in diesem Fall zweckmäßigerweise neben dem Fenster unter der Arbeitsplatte (mit Lüftungsschlitzen) angebracht werden. Das Heizkörperventil muss ohne Verrenkungen zu bedienen sein (evtl. Bedienung von oben durch Plattenausschnitt). Anstelle der sehr teueren und nur bedingt praktischen Drehelemente empfiehlt es sich, die Ecken „blind" ausführen zu lassen. Die restliche Schranktiefe ist Stauraum für weniger oft benutzte Haushaltsgegenstände. Beachtenswert ist die Schiebetür zum Essraum, sie ermöglicht die ungehinderte Bedienung des Hochschranks.

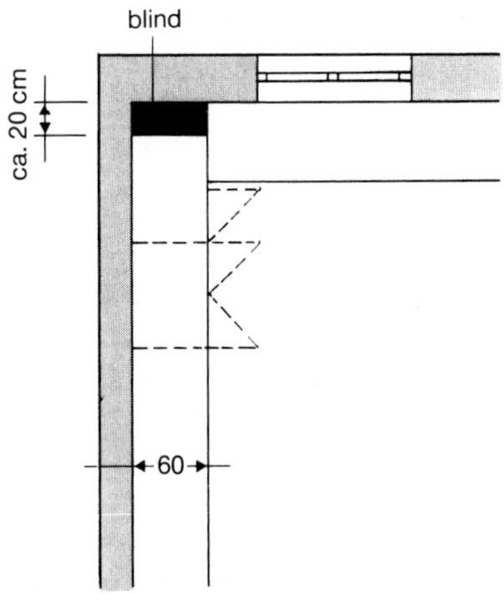

Abb. 154: Die Ecklösung mit „blindem" Teil ist kostengünstiger als ein Dreheck (Karussell)

Abb. 155: Eine ,,etwas andere" Ecklösung

Eine raffinierte aber nicht billige Ecklösung sind Schränke, die beim Öffnen der Tür den gesamten Inhalt ohne ,,In-den-Schrankkriechen" erreichbar machen. Das Karussell erlaubt raschen Zugriff auf die Töpfe und garantiert volle Raumausnutzung. Eine Innenbeleuchtung sorgt für guten Überblick.

Möbel, Einrichtung

Die Auswahl hängt sehr von den individuellen Vorstellungen der Haushaltsmitglieder ab.

Die meisten Küchenmöbelhersteller bieten *Oberschränke* nicht nur mit Drehtüren, sondern auch für freies Hantieren im Kopfbereich mit Rolladen an. Mit leichtlaufenden Rolladen aus robustem Metall werden auch Aufsatzschränke angeboten. Das sind Oberschränke, die auf der Arbeitsplatte aufgesetzt werden. Sie schaffen viel Platz zum Beispiel für Küchenmaschinen. Herausnehmbare Behälter sind für Zubehör gedacht.

Hochschränke bieten viel Stauraum und dienen der Unterbringung von Geräten. Dabei ist auf die ergonimisch optimale Einbauhöhe zu achten, die bewusst auf die Körpergröße der Person ausgerichtet sein soll, die in erster Linie in dieser Küche arbeitet.

Die Lebensmittelübersicht bei Vorratsschränken mit Vollauszügen, sogenannte ,,Apothekerschränke", ist sehr gut. Leichter zu bedienen, aber noch kostenintensiver sind in der Höhe geteilte Auszugsschränke. Neuerdings werden Vollauszüge *in Unterschränken* aus Stahlblech angeboten, die von oben zu 100 % einsehbar und nutzbar sind. Für das Trennen, Sammeln und Entsorgen der Abfälle können mehrteilige Container in einen Unterschrankauszug gebaut werden. Eine gut geplante *Inneneinteilung* der Schränke nutzt den vorhandenen Stauraum mit zusätzlichen Fächern, Drahtkörben, Rosten, Kunststoff-, Holz- oder Glasbehältern, Brotkästen aus Ton und Schütten optimal aus. Drahtbehälter aus Stahl sind pflegeleichter als kunststoffüberzogene Gitter.

Abb. 156: Abgerundete Griffe in Metall oder Kunststoff

Gut ausgebildete, nicht scharfkantige Bügelgriffe sind Griffleisten, Griffmuscheln oder Knöpfen vorzuziehen und nach ,,Handlichkeit" auszuwählen.

Die Küchenmöbelindustrie war in den letzten Jahren besonders bemüht, Küchenmöbel mit ,,wohnlichem Charakter" herzustellen. In Mode sind immer noch die so genannten rustikalen ,,Landhausküchen" in Holz und in verschiedenen Ausführungen mit unzäh-

ligen Kanten, Bögen, Profilen. Die Reinigung und Pflege solcher Küchenmöbel ist arbeitsaufwändig. Viel „langlebiger" – da nicht der Mode unterworfen – und leicht zu pflegen ist eine Kücheneinrichtung mit glatten Schrankflächen. Das können furnierte Flächen, die mit einem massiven Holz- oder Metallanleimer versehen sind, sein. Küchenmöbel aus z. B. einer kunststoff- oder laminatbeschichteten Holzträgerplatte mit glatter oder leicht strukturierter Oberfläche sind in der Regel stoß- und kratzfest und leicht zu pflegen. Jedoch die Nachbildung von Holz – und sei sie noch so gut auf fototechnischem Wege hergestellt – bleibt immer eine Imitation des Naturmaterials. Kunststoff soll kunststoffgerecht verarbeitet werden und nicht Natur nachahmen.
Die *Arbeitsplatte* ist der am stärksten beanspruchte Bereich in der Küche. Sie besteht immer aus einem Trägermaterial mit einer Auflage. Sie soll fett-, wasser- und wärmebeständig, weitgehend schnitt-, schlag- und kratzfest sowie unempfindlich gegen im Haushalt vorkommende Säuren sowie in der Oberfläche glatt oder leicht strukturiert sein. Wichtig ist eine stabile, gut verleimte oder mit dem Plattenmaterial fugenlos verbundene Kantenausbildung. Beim Kauf der Küchenmöbel ist auf stabile Scharniere zu achten, da diese sehr hoher Beanspruchung ausgesetzt sind. Schranktüren und Schubladen sollen leicht zu „handhaben" sein. Oft sind Küchendetails erst auf den zweiten Blick oder durch Nachfragen zu erkennen, was häufig höhere Kosten der Hersteller erklärt. Z. B.:

- ▲ Verwendung von Oberflächenbehandlungen und Plattenmaterial mit der Bezeichnung E 1 (siehe Markt- und Verbraucherkunde)
- ▲ Fachböden mit mindestens 1,6 cm Stärke und 60 cm Breite und Schutz gegen Herausrutschen
- ▲ gut und griffig ausgebildete Kanten an Arbeitsplatten, Korpussen, Türen und Schubladen
- ▲ selbstschließende Metallscharniere mit einem Öffnungswinkel von 95° bzw. 165°,
- ▲ Schubkästen und Auszüge mit Beschlägen von hoher Belastbarkeit
- ▲ auch auf der Unterseite beschichtete Arbeitsplatten und Sockel gegen das Eindringen von Feuchtigkeit
- ▲ gegen Feuchtigkeit versiegelte, stabile und staubdicht eingenutete Korpus-Rückwände
- ▲ höhenverstellbare und mit elastischen Profilen versehene Sockel, die eventuelle Bodenunebenheiten ausgleichen bzw. gegen Feuchtigkeit abdichten
- ▲ Bei der Entscheidung für Kücheneinrichtungen Arbeitswirtschaft vor Optik bewerten

Decke, Wand, Boden

Die Oberfläche der *Decke* und der obere Teil der Wände in der Küche sind der durch Kochdämpfe entstehenden Feuchtigkeit besonders ausgesetzt. Diese Oberflächen (Kalkputz oder Kalkgipsputz) sollen mit einem atmungsfähigen Anstrich versehen werden.

Die *Wand* zwischen Arbeitsplatte und Oberschränken – also ein Streifen von 50–60 cm – und vor allem hinter Spüle und Herd werden besonders beansprucht. Für diese Flächen eignen sich keramische Fliesen (mit glatter Oberfläche), Kunststoffplatten oder Anstriche auf Kunststoff- oder Kautschuk-Latex-Basis.
An den *Fußbodenbelag* der Küche werden vielfältige Anforderungen gestellt. Er soll nicht nur leicht zu pflegen und von langer Lebensdauer sein, sondern auch unempfindlich gegen Einwirkung von Feuchtigkeit, Fett und im Haushalt üblichen Säuren. Er soll angenehm im „Begehen" sein, also eine gewisse Elastizität, Fußwärme und Trittsicherheit aufweisen.
Weder ein zu elastisches federndes noch ein zu hartes Material ist als Küchenbodenbelag geeignet. Beide lassen bei längerem Begehen und Stehen den menschlichen Bewegungsapparat (Knochen, Gelenke, Muskeln) ermüden. Aus diesem Grund sind alle Natur- und Kunststeine als Küchenbodenbelag weniger geeignet. Beläge mit einer leichten Struktur in einer weder zu dunklen noch zu hellen Farbe sind arbeitswirtschaftlich vorteilhaft. Allen Anforderungen gerecht wird Linoleum. Er ist ein idealer Bodenbelag für die Küche. Außerdem sind Kork mit PVC-Beschichtung oder „umweltfreundliche Kunststoffbeläge" (Polyolefine) geeignet (siehe Kap. 4.5 Seite 92).

Farbgebung

Im Hinblick auf die tägliche Stundenzahl die man hier verbringt, sollte die Küche ebenso wie die übrigen Räume „gestaltet" werden. Gut abgestimmt kann durchaus Farbe an den Wänden, Möbeln und im Vorhang

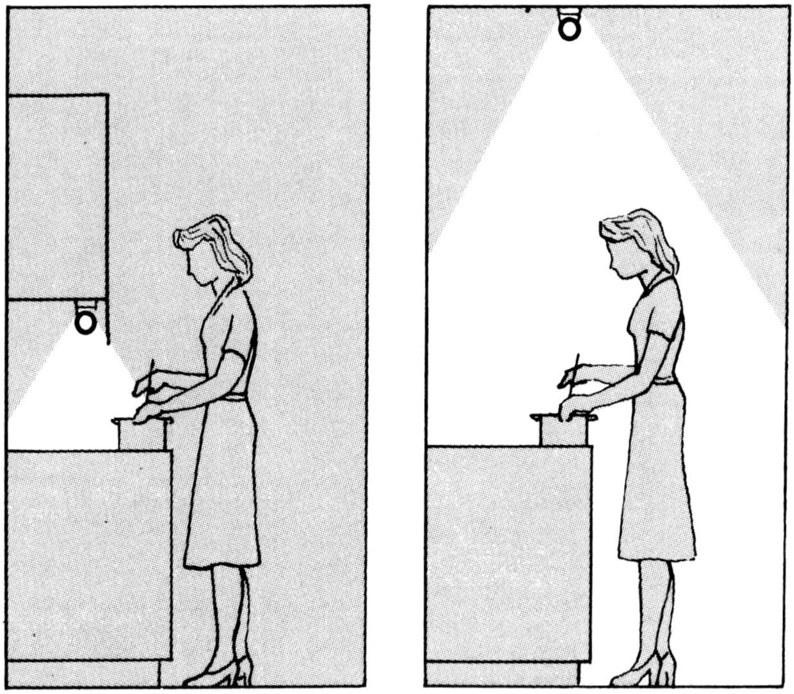

Abb. 157: Schatten- und blendfreie Arbeitsplatzbeleuchtung

auftreten. Wichtig ist, dass der gewählte Farbton, die Farbkombination oder die Holzart wirklich gefällt. Dunkle Küchenmöbel lassen z. B. einen ohnehin knapp bemessenen und mit viel kleinteiligen Utensilien ausgestatteten Küchenraum optisch noch enger erscheinen. Weiße Küchenmöbel sind angenehm neutral und wirken durch den mit dem Tageslicht wechselnden Lichteinfall interessant.
Hellem, auch grauem Kunststoff, Holz und Edelstahl stehen farbige Griffe, Blenden und Küchenzubehör im selben Farbton gut.
Die Arbeitsplatte ist nach dem Fußboden der zweitgrößte horizontale Farbträger. Das erfordert verschiedene Überlegungen. Z. B. macht es sich gut, die Arbeitsplatte gleichtonig oder „auf Kontrast" zum Boden abzustimmen. Es sollte berücksichtigt werden, dass allzu dunkle Arbeitsplatten viel Licht schlucken und die Augen leicht ermüden.

Beleuchtung

Die verschiedenen Arbeitszentren in der Küche müssen so beleuchtet sein, dass die arbeitende Person nicht in ihrem eigenen Schatten arbeitet. Es empfehlen sich blendfrei unter den Oberschränken oder an der Nischenwand angebrachte Beleuchtungskörper, z. B. Leuchtstofflampen mit Warmton oder Halogenstrahler.

8.2 Küche mit Essplatz

Der Trend geht wieder zur *Wohnküche*. Wird ein Essplatz in der Küche gewünscht, ist dies bereits bei der Bauplanung mit rund 4 qm mehr zu berücksichtigen. Zu entscheiden ist, ob es ein zusätzlicher kleiner Ess-

Abb. 158: Essplatz in der Küche

platz werden soll, evtl. als Frühstücksplatz und für Familienmitglieder, die außerhalb der regulären Essenszeiten Mahlzeiten einnehmen, oder ob es der Essplatz für alle werden soll. Vor- und Nachteile der Küche mit Essplatz oder der Wohnküche sind je nach Familiensituation individuell verschieden.
Nachteilen durch Geräuschbelästigung der Geräte, und evtl. störende Kochgerüche stehen viele kommunikative Vorteile gegenüber.
Essplatzformen und Platzbedarf werden im Kapitel 9.3 ausführlich behandelt.

8.3 Hausarbeitsraum, Trockenarbeitsraum, Mehrzweckraum

Der Hausarbeitsraum sollte möglichst in der Nähe der Küche liegen und einen kurzen Weg zum Hauswirtschaftsraum haben. Die Größe von 8–10 qm ist nur eine Richtzahl. Der Hausarbeitsraum (Trockenarbeitsraum) zur Fertigstellung der Wäsche und Unterbringung von Hauspflegematerial kann erweitert als *Mehrzweckraum* geplant werden. Neben der Einrichtung zur *Wäschepflege* könnte ein Platz für *Näh- und Schreibarbeiten* eingerichtet werden. Möglichkeiten zur *Beaufsichtigung von Klein-*

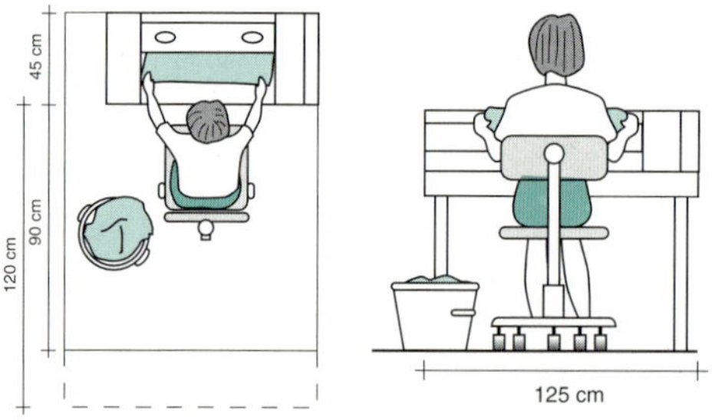

Abb. 159: Platzbedarf beim Maschinenbügeln

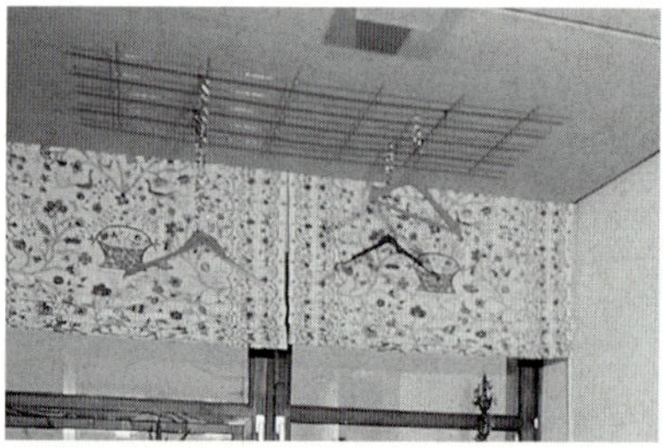

Abb. 160: Platz für gebügelte Wäsche

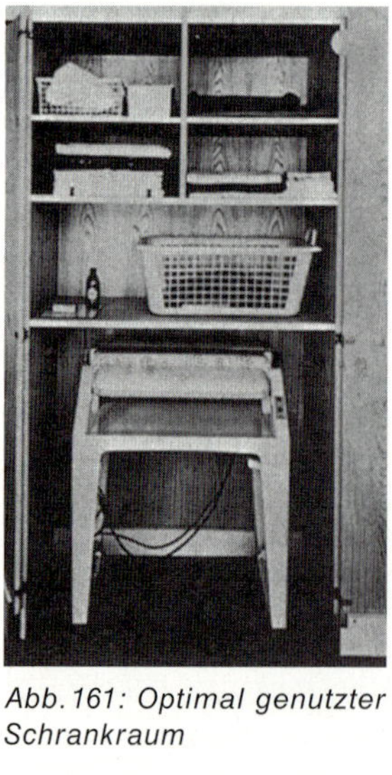

Abb. 161: Optimal genutzter Schrankraum

Abb. 162: Fensterarbeitsplatz

kindern und die Kombination mit einem *Hobbyraum* oder *Gastzimmer* bieten sich an. Die Arbeit im Mehrzweckraum sollte bequem und ungestört auszuführen sein und gelegentlich auch einmal liegenbleiben können.

Für die elektrischen Geräte sind genügend Steckdosen vorzusehen!

Bewegungsabstände müssen bei gegenüberliegenden Einrichtungsteilen 120–130 cm betragen, bei gegenüberliegender Wand 90 cm.

Die *Einrichtung* für den Mehrzweckraum soll praktisch sein. Oberflächen von Schränken und Regalen sollen pflegeleicht, zur besseren Raumausnutzung Schrankmöbel und Regale raumhoch sein. Arbeitsplatten sind günstig unter dem Fenster anzubringen.

Die Staurauminneneinteilung wird nach individuellen Bedürfnissen vorgenommen.

Gestaltung von *Decke, Wand* und *Boden* werden ebenso wie die *Farbgebung* den Kriterien der Küche entsprechend ausgeführt.

Die *Allgemeinbeleuchtung* sollte dem Raum schattenfreies Licht geben. Die einzelnen Arbeitsplätze im Hausarbeitsraum brauchen eine zusätzliche Beleuchtung. Ausreichendes Licht verhindert rasches Ermüden und gibt Sicherheit bei der Arbeit.

Die *Arbeitsplatzbeleuchtung* sollte verstellbar sein.

Für Rechtshänder: Licht von links

8.4 Hauswirtschaftsraum, Nassarbeitsraum

Weder Hausarbeitsraum noch Hauswirtschaftsraum dürfen auf Kosten anderer Räume geplant werden. Der hohe bauliche und technische Aufwand eines Hauswirtschaftsraumes ist gerechtfertigt, wenn er im betreffenden Haushalt entsprechend genutzt wird. Im landwirtschaftlichen Betrieb stellt er zugleich die sogenannte Schmutzschleuse dar. Der Hauswirtschaftsraum (Nassarbeitsraum), der gleichermaßen gute Verbindungen zur Küche, zum meistgenutzten Hauseingang, zum Wäschetrockenplatz, zum Nutzgarten und zum Betrieb haben soll, dient für Arbeiten wie *Sortieren, Aufbewahren, Vorbehandeln, Waschen* und teilweise *Trocknen der Wäsche, Schuh-* und *Kleiderreinigung, Blumenpflege* usw.

Für das Arbeiten im Nassarbeitsraum und das Betreiben der Geräte sind Kalt- und Warmwasseranschluss notwendig. Ein Gully schützt vor „Überschwemmungen". Die Elektroinstallation sollte auf die tatsächliche Einrichtung ausgerichtet sein.

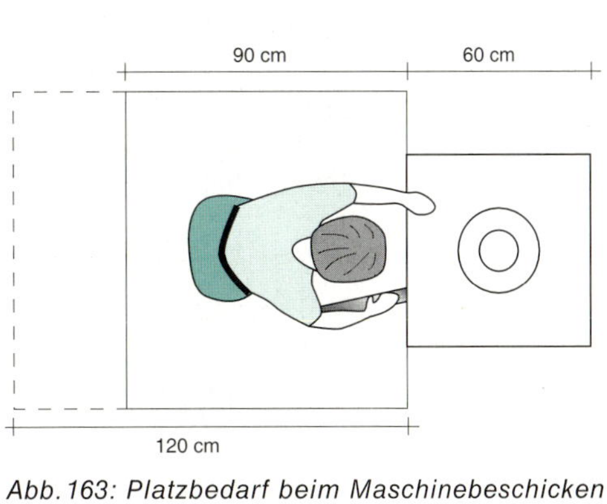

Abb. 163: Platzbedarf beim Maschinebeschicken

Abb. 164: Nasszeile

Bewegungsabstände müssen bei gegenüberliegenden Einrichtungsteilen 120–130 cm betragen, bei gegenüberliegender Wand 90 cm. Geräte, Stauraum und Platzbedarf orientieren sich an den Bedürfnissen der jeweiligen Familie.

Abb. 165: Ein eingebauter Schmutzwäschesammler sorgt für Ordnung und Übersicht

Für Decke, Wand und Boden ist *Nassraumausstattung* notwendig. Das heißt:

- ▲ Wand und Boden sollen vor Feuchtigkeitsschäden geschützt werden.
- ▲ Decke und der evtl. nicht geflieste obere Wandstreifen sollen mit einem feuchtigkeitsaufnehmenden Anstrich versehen werden.

▲ Der untere Teil der Wand bis in Höhe von ca. 1,60 m, vor allem im Spritzbereich über dem Waschbecken und dem Ausguss, soll mit einem wasserundurchlässigen Anstrich oder mit glatten, pflegeleichten Fliesen versehen werden. Auch der Boden muss wasserundurchlässig und rutschsicher sein! Verschweißte Polyolefin- oder Gumminoppenbeläge, Steinzeug oder Klinker erfüllen die Anforderungen an Feuchträume, da sie in ihrer Oberflächenstruktur griffig sind.
Wenn der Hauswirtschaftsraum direkten Anschluss zum Wohnbereich hat, sollte seine *Farbgestaltung* nicht vergessen werden. Helle Farben eignen sich hier besonders gut.
Die *Beleuchtung* sollte auch hier so angelegt sein, dass schattenfreies Arbeiten möglich ist.

Zusammenlegung von Trocken- und Nassarbeitsraum

Aus Platzmangel werden manchmal Hausarbeitsraum und Hauswirtschaftsraum zusammengelegt. Es bedarf besonderer Überlegung, welche Tätigkeiten in einem gemeinsamen Trocken- und Nassarbeitsraum ausgeführt und für welchen Bedarf er eingerichtet werden soll. Beim Zusammenlegen der beiden Funktionen ist es sinnvoll, den Raum in einen Trocken- und Nassbereich einzuteilen. Die Abbildung zeigt eine mögliche Anordnung der Arbeitsplätze, die allerdings meist aufwendiges Hin- und Herräumen der Arbeitsmittel und -geräte bedeutet.

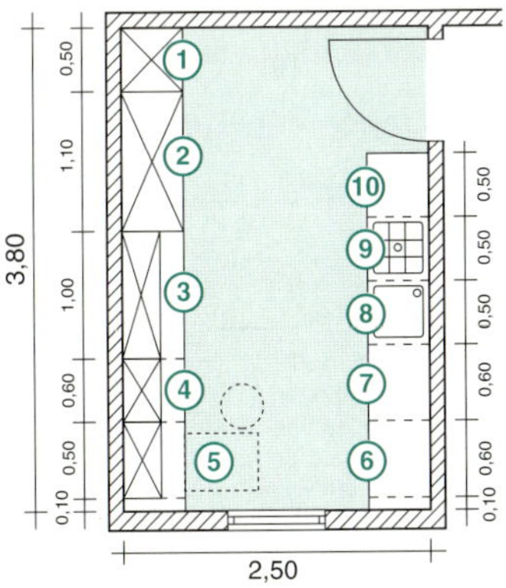

1 Besenschrank
2 Hochschrank mit Bügler
3 Unter- und Oberschränke
4 Nähmaschine
5 Arbeitstisch zum Herausziehen
6 Wäschetrockner
7 Waschmaschine
8 Spülbecken
9 Stufenausguss
10 Schmutzwäsche

Abb. 166: Kombinierter Trocken- und Nassarbeitsraum

8.5 Vorratsräume

Grundrissplanung, Raumsituation, Platzbedarf

Die Küche ist zur Lagerung von Vorräten in größeren Mengen nicht geeignet. Sie ist meistens zu warm und die Luftfeuchtigkeit ist durch die Dampfentwicklung beim Kochen zeitweise zu hoch.
Für die gesamte Vorratshaltung eines Haushalts mit 4–6 Personen sind im Idealfall ca. 15–20 m^2 Grundfläche einzuplanen.
Vorräte brauchen je nach Art unterschiedliche Lagerbedingungen. Deshalb sollten verschiedene Vorratsräume geplant werden.
Die *Speise- und Vorratskammer* soll in der Nähe der Küche liegen. Mindestabmessungen sind 1,15 × 2 m. Im städtischen Haushalt genügt diese

Größe. Im ländlichen Haushalt wird mehr Vorratsraum benötigt und in der Regel steht dort ausreichend Kellerraum zur Verfügung. In der Speisekammer werden dann hauptsächlich Vorräte untergebracht, die bald oder immer wieder gebraucht werden.
Die Speisekammer muss durch ein Fenster lüftbar, kühl und trocken sein. Nord- oder Ostlage ermöglichen gutes Raumklima.
Für die weitere Bevorratung sind zwei Kellerräume mit unterschiedlicher Ausstattung für die verschiedenen Arten und unterschiedlichen Lagerbedingungen von Vorräten empfehlenswert. Ein Kellerraum zur Lagerung von *Frischvorräten*, wie Kartoffeln, Obst, Wurzel- und Kohlgemüse, sollte ca. 6–10 m^2 groß sein. Hier können auch *konservierte Vorräte,* wie Obst-, Gemüse- und Fleischkonserven, Marmeladen, Säfte und Wein aufbewahrt werden. Dieser Raum sollte gut lüftbar und dunkel sein, die Temperaturen sollen zwischen + 4°C und + 12°C liegen. Die relative Luftfeuchtigkeit sollte höchstens 80–90 % ausmachen, um Rost- und Schimmelbildung zu verhindern.
Ein weiterer Raum zur Lagerung von *Trockenvorräten,* wie Mehl, Zucker, Nährmittel usw., und *konservierten Vorräten* sollte ca. 4–6 m^2 groß sein, durch ein Fenster belichtet und gut belüftet werden können. Die Temperaturen sollten nicht über + 12°C, bei nur geringer Luftfeuchtigkeit, liegen. In diesem Raum mit unbedeutenden Temperaturschwankungen könnte auch die Gefriertruhe oder -schrank stehen, um gefrorene Lebensmittel langfristig aufzubewahren. **Diese Geräte geben bei der Kälteerzeugung Wärme ab; das sollte bei der Aufstellung berücksichtigt werden.**

Bei der Planung auf Türbreiten und Abmessungen der Geräte achten!

Abb. 167: Beispiele für die Einrichtung von zwei Kellerräumen je 6 m^2

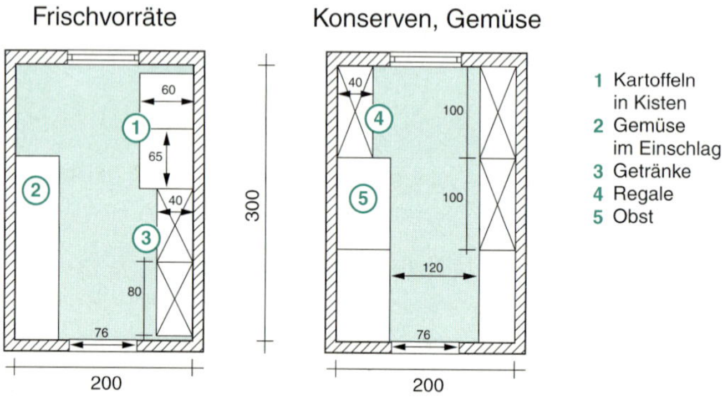

Einrichtung

Vorratsbehälter, wie Kartoffel- oder Obsthorden, Körbe, Drahtkörbe usw., müssen ausreichend vorhanden und praktisch angeordnet sein.
Raumhohe Regale aus Holz oder Metall sind mit entsprechend vielen verstellbaren Fachböden auszustatten. Zum Platzbedarf der Einrichtung muss genügend Bewegungsfläche vorhanden sein, z. B. zwischen zwei Regalzeilen sind 120 cm notwendig.

Türen und Fenster sollten mit Mäuseschutz versehen werden!

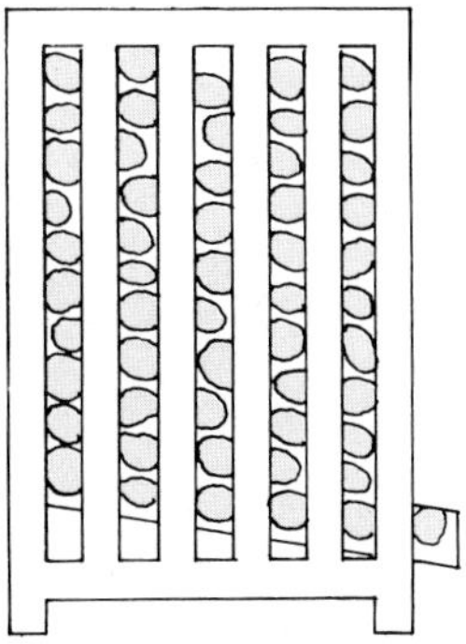

Abb. 168: Kartoffelhorde
Größe: 65 × 60 × 90 cm
ausreichend für
150 kg Kartoffeln

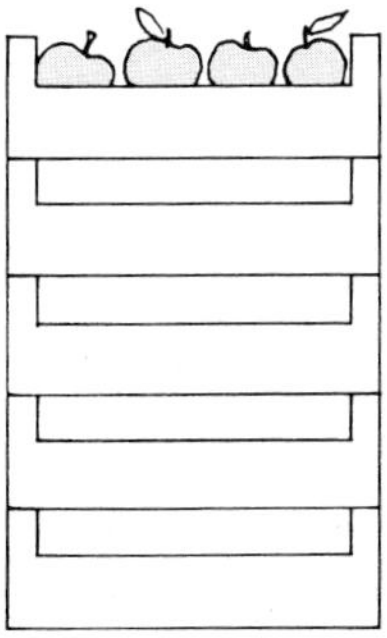

Abb. 169: Obsthorde
Größe: 80 × 50 × 85 cm
ausreichend für 50 kg Obst bei einem Fachabstand von 15 cm
1 Fach fasst 10 kg Obst oder 8 Flaschen à 1 l

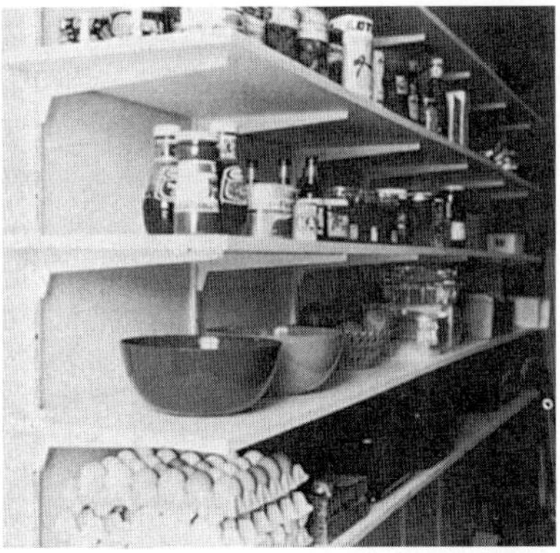

Abb. 170: Kostengünstiges Regal aus Lochschienen, Metallträgern und Fachböden

Decke, Wand, Boden, Beleuchtung

Decke und *Wand* können besonders in den Vorratsräumen für ausgeglichenes Raumklima sorgen, wenn sie atmungsaktiv verputzt sind (siehe S. 78 Innenwandputz).

Da die Vorratsräume (meist) im Kellergeschoss liegen, ist es ratsam, Decken und Wände weiß und mit atmungsaktiver Farbe oder mit Kalk, der zugleich desinfizierde Wirkung hat, zu behandeln. Ein *Bodenbelag,* der leicht zu renigen und günstig in der Anschaffung wäre, wie z. B. ein einfacher Plattenbelag, Linoleum oder nur Zementestrich.

Besonders über den Boden wird dem Vorratsraum die erforderliche Feuchtigkeit zugeführt. Optimales Raumklima garantieren ein 10 cm dikker, gestampfter Lehmboden, der je nach kapillarem Feuchtigkeitsanfall gelegentlich mit Wasser benetzt werden soll oder auch Vollziegelsteine bzw. im Sandbett verlegte Steinplatten.

Keine Heizungsleitungen durch Vorratsräume legen!

Eine gute *Allgemeinbeleuchtung* und ausreichend Steckdosen für benützte Geräte vervollständigen die Ausstattung der Vorratsräume.

Wohn- und Schlafbereich

Raumausstattung und Gestaltung

9.1 Wichtige Überlegungen

▲ **Wer wird sich in den Räumen aufhalten?**

▲ **Welchen Beschäftigungen muss die Einrichtung der Räume gerecht werden?**

Der *Wohnwert* des Hauses wird nicht allein durch die Anzahl der Quadratmeter bestimmt! Wichtig sind Zuordnung und Verbindung zu den anderen Räumen, Raummaße und -proportion, Stellflächen, Türen, Fenster, Tageslichteinfall, Beheizung, Ausblick und Lage.

Planungsbedingte Einrichtungserschwernisse

Durch unüberlegte Hausplanung können Einrichtungserschwernisse ○ entstehen. Die Folge solcher Planungsfehler ist eine eingeschränkte Raumnutzung ●.

Abb. 171: Wohnraumeinrichtung (Grundriss I)
○ Erschwernisse durch Planung
● Eingeschränkte Nutzung

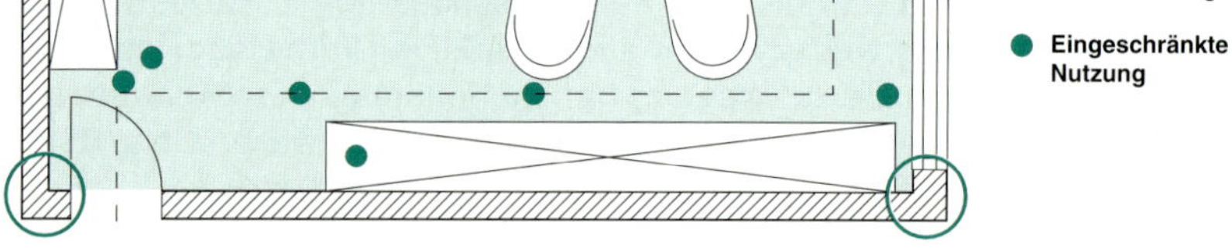

Grundriss I

- ○ Raumproportion.
- ○ Wohnraumtür sitzt ungünstig in der Raumecke.
- ● Regal kann nicht bis in die Raumecke gestellt werden. Verlust von Stauraum!
- ● Regal schränkt die Sicht beim Betreten des Raumes ein, man stößt buchstäblich darauf.

- ○ Balkontür oder Tür in den Garten sitzt ungünstig in der Raumecke.
- ● Wandfläche hinter der Tür ist als Stellfläche nicht zu nutzen.
- ● Die Tür in den Garten ist von der Wohnraumtür weit entfernt.
- ○ Fenster reicht bis in die Raumecke.
- ● Der Schrank greift in die Fensterscheibe und nimmt Tageslicht weg.
- ○ Die Kombination von Fenster und Tür ist formal unbefriedigend.
- ○ Fenster sitzt unvermittelt in der Wand.
- ● Aufstellen einer Sitzgelegenheit vor dem Fenster bedeutet behinderte, unpraktische Fensterbedienung!

Außerdem:

- ● Übermöblierung der einen Raumhälfte.
- ● Der lange Schrank (5,20 m) an die Längswand des Raumes gestellt, betont die ohnehin ungünstige Raumproportion.
- ● Fraglich sind 8,20 m lfm Regal und Schrank als tatsächlicher Bedarf an Stauraum.
- ● ,,Slalomgang'' und ,,Möbelrücken'' auf dem Weg von der Tür zur Tür in den Garten.

Durch geschickte Möblierung kann trotz Planungsmängel der Wohnwert erhalten werden.

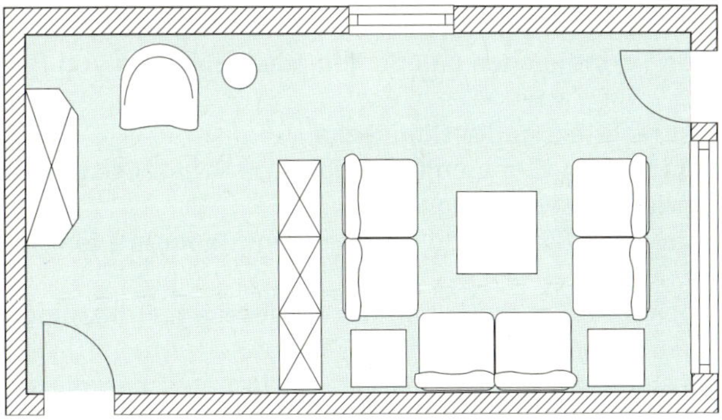

Abb. 172: Einrichtungsbeispiel zu Grundriss I

Einrichtungsbeispiel zu Grundriss I mit besserer Nutzung

Der langgestreckte Raum wird durch ein raumhohes, freistehendes Regal unterteilt. Dieser Raumteiler hat keine Rückwand und nimmt dadurch nicht zuviel Tageslicht weg. Die Sitzgruppe in U-Form ist zwischen Regal und Fenster angeordnet. An der Stirnwand dominiert ein ,,besonderes Stück'' – ein alter Schrank. Er ist nicht in die Ecke gedrängt, man kann auf ihn zugehen, ihn von verschiedenen Positionen aus betrachten.

Ebenfalls in der linken Raumhälfte steht ein Einzelsessel, evtl. ein Ohrenbackensessel mit Stehlampe zum Lesen, Handarbeiten oder Ausruhen.

Überlegte *Planung* ○ beim Hausbau garantiert optimale *Nutzung* ● der Räume.

Abb. 173: Wohnraumeinrichtung (Grundriss II)
○ Überlegte Planung
● Optimale Nutzung

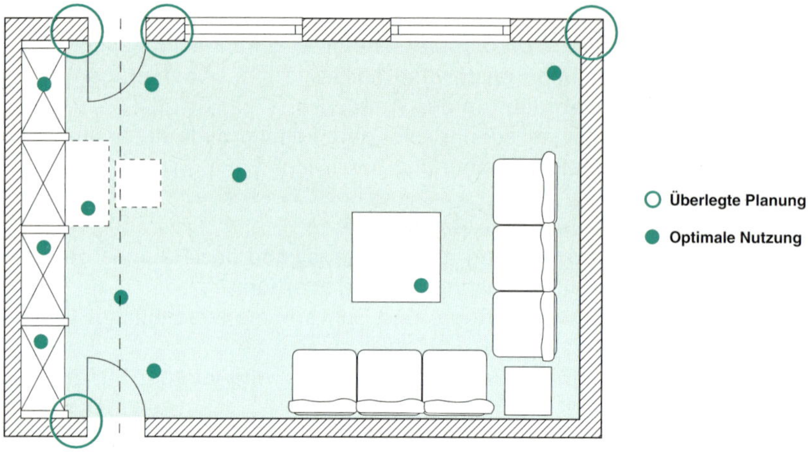

Grundriss II

○ Wohnzimmertür und Balkontür oder Tür in den Garten sitzen nicht in der Raumecke, sondern ca. 60 cm entfernt.
● Diese ,,Stellflächen'' ermöglichen das Stellen oder Einbauen von Regal oder Schrank.
○ Das Fenster reicht nicht bis in die Raumecke.
● Die Stellfläche erlaubt den Einbau eines Regals oder einer Schrankwand bei einer anderen Möblierung.
○ Fenster und Tür in den Garten sind durch einen Mauerstreifen getrennt.
● Ausgeglichene, lockere Raumaufteilung der Möblierung. Großzügige Sitzgruppe.
● Die Schrankwand, eingebaut an der Breitseite des Raumes, beeinflusst günstig die Gesamtwirkung.
● Ein Schreibbplatz – mit Tageslicht beleuchtet – kann aus der Schrankwand geklappt werden.
● Die Fenster sind nicht mit Möbeln verstellt; ein Herantreten und Hinausblicken sowie die unkomplizierte Bedienung des Fensters sind möglich.

Raumgestaltung – Veränderung – Wirkung

Räume können durch *Linien*, *Strukturen* und *Muster*, *Materialien*, *Farbe* und *Licht* gestaltet, verändert oder korrigiert werden.

Linien und Muster
Horizontale und vertikale Linien entstehen durch alle Einrichtungsgegenstände und Muster im Raum. Z. B. lassen waagrechte Linien (Muster von Tapeten, Holzverkleidungen) einen Raum niedriger erscheinen. Verstärkt

wird diese Situation, wenn dazu die Decke noch dunkel gehalten wird. Senkrecht verlaufende Muster, Nut- und Federbretter-Verkleidungen oder mehrere raumhohe Schranktüren etc. schmälern den gleichen Raum für das Auge.

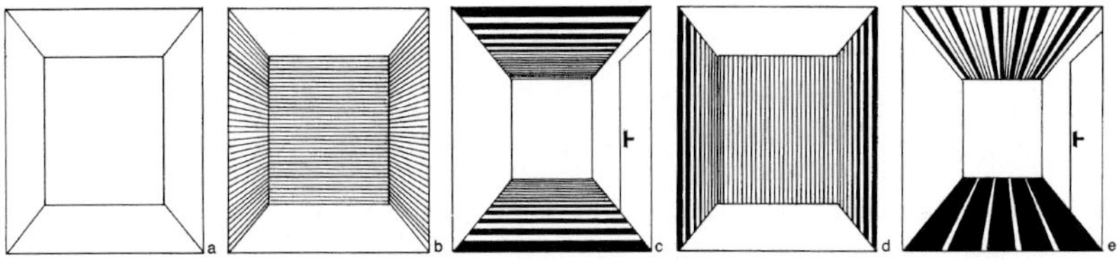

Abb. 174: Optisch wird ein Raum durch horizontale Linien verbreitert, durch vertikale Linien geschmälert

Muster an den Wänden verkleinern den Raum, sie ziehen ihn optisch zusammen. Klein- und großflächige Tapetenmuster lösen die Raumproportionen auf, Bilder kommen schlecht zur Geltung.
Ungemusterte, einfarbig helle bis weiße Wände bieten einen neutralen Hintergrund.
Wenn Muster für einen Raum ausgewählt werden ist es ratsam, sich auf nur *ein Muster* zu beschränken, z. B. für den Vorhang, den Bezugsstoff, den Teppich oder die Tischdecke. Mit besonderem Geschick ist ein ,,Mustermix" möglich, dabei kommt es aber darauf an, entweder den gleichen Farbgrundton zu treffen oder eine Mustergrundform zu wählen. Unüberschaubare, großflächige Muster wirken vor allem in kleinen Räumen erdrückend. Es sollte bedacht werden, dass Muster wie Farben nach der jeweiligen Mode ausgerichtet sind.

Material

Die Wahl und Kombination der Materialien im Raum bestimmen in Verbindung mit den Farben weit gehend die *Raumwirkung.* Die Oberfläche eines Materials, z. B. von Putz, Holz, Stoff, Edelstahl, Chrom, Glas oder Kunststoff, hat einen bestimmten materialtypischen Ausdruck. Zum Beispiel hat eine hochglanzlackierte Oberfläche einen anderen Effekt als eine matte. Wichtig ist zu entscheiden, was gefällt und welche Raumatmosphäre erzeugt werden soll.
Zu berücksichtigen ist, dass Stoffe aus Baumwolle, Leinen, Wolle, Seide in Verbindung mit wohl tuenden Farbtönen eine faszinierende Wirkung haben. Grundsätzlich sollten nur wenige verschiedene Materialien in einem Raum auftreten. Holz und Stoff (in warmen Farben) wirken wärmer als Glas und Chrom.

Farbe

Mit **Farbe** kann ein Raum optisch in den *Proportionen* verändert werden, z. B. lässt eine dunkel gestrichene Zimmerdecke den Raum niedriger erscheinen. Eine helle Zimmerdecke und dazu ein dunkler Fußboden vermitteln einen höheren Raum.

Abb. 175:
Der Raum kann enger oder aber breiter wirken. Der linke Raum wird von roten, also „warmen“ Wänden eingeschlossen, der rechte – gleich große – dagegen von blauen, also „kalten“. So kann man bei gleichem Volumen übergroße Räume kleiner, normalgroße Räume intimer, oder enge Zimmer etwas großzügiger wirken lassen.

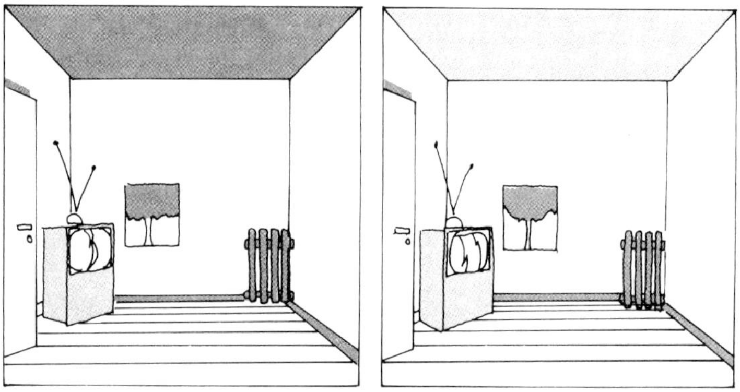

Abb. 176:
Der Raum kann niedriger oder aber höher wirken. Warm/kalt gleich nah/fern: Diese optische Wirkung demonstriert hier, dass man auch die Höhe eines Raumes korrigieren kann. Eine in warmen Farben gestrichene Decke wirkt niedriger als die hellblaue oder hellgrüne. Man kann also die Decke herunterziehen oder aber auch „wegstreichen“ bzw. deutlich höher erscheinen lassen.

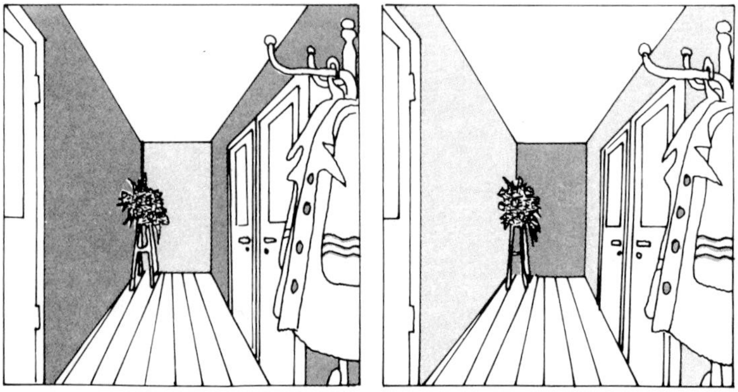

Abb. 177:
Schmale, lange Räume oder ein Flur:
Links: Ein warmer Anstrich an der Stirnwand scheint den Flur zu verkürzen, rechts: ein heller Anstrich mit einer kalten Farbe an den Längswänden rückt diese Flächen scheinbar auseinander.

Die Abb. 175 bis 177 verdeutlichen: Warme Farben verkleinern, kalte Farben vergrößern. (Definition von warmen und kalten Farben in Farblehrbüchern.)
Damit wir uns wohlfühlen, ist es wichtig, dass die Farben in unserem Lebensraum weithin oder im eigenen Raum zum Wohnen behutsam ausgewählt und kombiniert werden.

Die Auswahl einer Farbe hängt wiederum von der Persönlichkeit des Einzelnen ab. Zum persönlichen Umgang mit Farben kommen Überlegungen der Farbplanung im Raum. Es können sonnige, lichtfurchflutete Räume durch vorwiegend Rot- und Orangetöne „überhitzt" werden, dagegen ist es angebracht, in einem Raum mit geringem Lichteinfall sonnige, warme und helle Töne einzusetzen. Ein Raum wirkt harmonisch, wenn alle Farben auf einen Grundton ausgerichtet sind. Dieser wird wesentlich von Wand und Boden geprägt.
Sollten mehr als drei Farbrichtungen im gleichen Raum vorkommen, ist eine sorgfältige Dosierung notwendig. Reine, „ungetrübte" Farben verlangen mit weiß oder schwarz getrübte Töne. Alle Einrichtungsgegenstände und Materialien (Hölzer, Stoffe...) sind als Farbträger, die Strukturen und oft ein Muster haben, in ihrer Wirkung „tonangebend" und auf „Gleichklang" zu bringen. Die spätere Raumwirkung kann am besten erfüllt und wörtlich „begriffen" werden, wenn die vorherrschenden Farbträger in Form von echten Materialmustern zusammengestellt werden. Um zu Vorhandenem das Richtige zu finden, hilft es sehr, eine Schublade oder eine Vorhangbahn mit zum Kauf zu nehmen. Die Wirkung einer Farbe verändert sich mit dem Licht. Deshalb sollte das Zusammenspiel aller ausgesuchten Farben und Materialien vor dem Kauf bei Tageslicht und bei künstlicher Beleuchtung beobachtet werden. Zusätzlich ist die Kenntnis der *Farbeigenschaften* und ihrer *allgemeinen Raumwirkung* unumgänglich.
Blau In Blau vereinigen sich Ferne und Tiefe. *Helles Blau* vermittelt den Eindruck von Frische; es wirkt transparent und weitet den Raum. Eine große *dunkelblaue* Fläche kann zwar zu Ruhe und Entspannung führen, sie macht den Raum jedoch schwer und ernst.
Violett Violett ist eine Farbe, die in der Raumgestaltung nicht häufig verwendet wird. Das noch zu den warmen Farben zählende *Rotviolett* wirkt feierlich, das *Blauviolett* eher geheimnisvoll.
Braun Braun entsteht durch Trübung von Gelb oder Orange mit Schwarz. Je nach Vorherrschen einer Grundfarbe reicht die Braunskala von *Rotbraun* bis *Olivbraun*, von *Beige* bis *Dunkelbraun*. Braun gilt als erdverbundene, beschützende Farbe, die auf Beständigkeit hinweist. Kinder haben noch keine Beziehung zu Braun, um so mehr die im Stress stehenden Menschen unserer Zeit.
Beige Beige ordnet sich in die vorhandene Umgebung ein, will nicht dominieren. Dadurch ergibt sich in der Farbgestaltung die Möglichkeit der Kombination mit vielen Farben.
Schwarz Schwarz schluckt alle Lichtwellen und wirft keinen Farbstrahl zurück – im Gegensatz zur weißen Fläche. Alle hellen Farben leuchten auf schwarzem Untergrund intensiver als auf Weiß. Schwarze Gegenstände erscheinen schwerer als helle. In lichten, weiten Räumen können einzelne schwarze Möbel oder Sessel vor hellen, farbigen Wänden interessante Kontraste bilden.
Grau Grau gehört zu den neutralen Farben wie Schwarz und Weiß. Grau braucht farbige Begleitung, wenn ein Raum behaglich wirken soll. Mit anderen Farben kombiniert, steigert Grau deren Intensität.
Weiß Reines Weiß kann die Augen blenden (z. B. weiße Außen- und Innenwände). Durch seine Helligkeit wirkt Weiß als Fläche größer als

gleich große dunkle Flächen. Es neutralisiert als ,,Farbpause" Härten und Gegensätze von angrenzenden Farben.

Gelb Gelb überstrahlt alle anderen Farben des Farbkreises. Durch seine Helligkeit wirkt es heiter und leicht. Ein Nordzimmer kann dadurch ,,sonniger" werden (stechendes *Schwefelgelb* bildet eine Ausnahme).

Orange Die Leuchtkraft von Gelb und die Wärme von Rot lassen das feurige Orange entstehen, das wie Rot zu den aktiven Farben zählt. Für Orange und Rot gelten, dass sie die Fläche hervortreten lassen. Bei großflächiger Verwendung wirkt der Raum kleiner.

Rot Die Psychologie deutet Rot als Farbe der Energie, der schöpferischen Kraft und der Leidenschaft. Diese Eigenschaften sind bei der Farbgebung natürlich mit zu bedenken. Diese dominierende Farbe sollte nur bei kleineren Gegenständen, als ,,Akzent" im Raum, verwendet werden.

Purpur Purpur entsteht durch einen geringen Blauzusatz zu Rot. Purpur war jahrhundertelang in Europa Prunkfarbe von Kaisern und Königen. Sie wird auch heute eher in festlichen Räumen, weniger in Wohnungen verwendet. Wird dem Rot viel Weiß beigegeben, entsteht *Rosa*, das nicht mehr die Vitalität des Rot besitzt und für viele einen süßlichen Beigeschmack hat. Im Biedermeier war *Altrosa* (mit Zusatz von Silbergrau) sehr beliebt.

Grün Mit Grün, der Farbe zwischen der warmen und der kalten Farbskala, verbinden sich Empfindungswerte, wie Hoffnung, Ruhe, Befriedigung. Doch Grün hat eine breite Palette verschiedenartiger Wirkungen: Das lichte, heitere *Gelbgrün* – mit hohem Gelb- und geringem Blauanteil –, das freundliche *Lindgrün* (mit Weißzusatz) und andererseits das mit Blau und Schwarz vermischte ernste *Tannengrün*. Fügt man diesem Gelb bei, entsteht *Moosgrün,* das mit warmen Farben gut zu kombinieren ist. Schwieriger ist die Kombination mit *Olivgrün.*

Blaugrün Blaugrün wird als sehr kühle Farbe im Wohnbereich selten verwendet. Wer sie besonders schätzt oder sie in einem extrem warmen Raum einsetzen möchte, sollte diese Farbe möglichst nur als Kontrastfarbe, z. B. zu Holztönen, verwenden.

Vorsicht: Ein Raum kann auch zu warm gestaltet werden!

Licht

Es ist Sache der Bauplanung, den Tageslichteinfall optimal auszunutzen. Dabei wirken Lichteinfall und Lichtführung von ,,Schaufensterscheiben" in der Wohnung unbehaglich im Vergleich zu mehreren kleinformatigen Fenstern.

Eine ausgewogene elektrische Beleuchtung hebt die Stimmung und lässt Räume gemütlich, intim oder festlich erscheinen. Mit entsprechender Lichtführung lassen sich bestimmte Bereiche, mit gezielter Beleuchtung sogar kleinere Gegenstände besonders hervorheben. Werden mehrere Lichtquellen im Raum verteilt angebracht, lassen sich immer wieder neue Licht- und damit Raumsituationen herstellen. Räumliche Mängel lassen sich mit Licht ausgleichen. Schlecht verteiltes Licht kann den Raum störend verändern. Es ist ein Unterschied, ob man in einem 30 m^2 großen Raum eine Deckenleuchte mit 400 W bestückt oder ob man verschiedene Leuchten mit insgesamt 400 W ausrüstet.

Fensterdekoration

Abb. 178: Es ist nicht notwendig, eine schöne Aussicht durch Stores zu verhängen.

Das Wort „Fensterdekoration" ist mit dem Erscheinen der Einscheibenfenster gebräuchlich geworden. Fensterflächen „müssen" überdimensioniert geplant werden, wachsen dann wieder zu, von oben und von den Seiten mit Schabracken, Spitzen und Stores und von unten mit Grünpflanzen „... denn man kann ja hereinschauen!". Bei kleinformatigen Fenstern dagegen ist der Einblick des Nachbarn kaum möglich.
Ein gut proportioniertes Fenster, dazu passend Rahmen, Fensterbrett, Laibung und Ausblick in die Landschaft kann u. U. die gesamte Fensterdekoration entbehren. Oft ist es nur eine Frage der Gewöhnung. Auf der anderen Seite können überlegt ausgesuchte Vorhänge, die zum Zuziehen und nicht nur als Schals genäht werden, den Raum attraktiver machen. Stoffe aus – idealerweise – pflegeleichten Naturfasern wirken lebendiger und wärmer als Synthetics. Die Wahl der *Vorhänge* sowie der am besten zurückhaltend geformten *Vorhangstangen* sollte nicht Selbstzweck sein, sondern sich harmonisch in das Gesamtkonzept der Einrichtung einfügen. Bodenlange Vorhänge, nicht nur bei Fenstertüren, geben dem Raum eine Gliederung, die entsprechend der Farbe oder des Musters mehr oder weniger angenehm ausfallen kann. Helle Vorhänge wirken gerade zu weißen Wänden harmonisch, da Fenster nur eine Unterbrechung der Wandflächen sind. Interessant wirkt der Faltenwurf des Stoffes durch Licht und Schatten im Raum.
Vorhänge filtern das Licht, sind zugleich Sonnenschutz und mildern einen weniger schönen Ausblick. Vor allem Stores erfüllen diesen Zweck. Transparentgewebe gibt es in verschiedenen Stufen der Durchsichtigkeit. Je nach Muster oder Webart eignen sie sich als Vorhang und – wenn notwendig – als Store zugleich. Dennoch sind die Vorteile, in Räumen mit storelosen Fenstern zu leben, beachtenswert. Weder wird das Tageslicht geschmälert, noch der Raum verkleinert und die Landschaft oder der Garten werden in den Raum mit einbezogen.
Die Vorhanggestaltung und -wirkung bei verschiedenen Fenstersituationen zeigen die Beispiele auf Seite 154.

Raumausschmückung

Gebrauchsgegenstände wie Tischdecken, Geschirr, Gläser und Uhren geben einem Raum den letzten Schliff. *Bilder* unterstützen die Raumstimmung oder setzen bewusst einen Kontrast zur Einrichtung. Es müssen nicht immer altbekannte Reproduktionen von Kunstwerken sein, fröhliche, farbstarke und gerahmte Kindermalereien bereiten nicht nur den Jüngsten der Familie Freude.
Große Bilder benötigen nicht nur große Wände, um voll zur Wirkung zu gelangen, sondern auch einen entsprechenden Betrachtungsabstand und freie Wandflächen daneben.

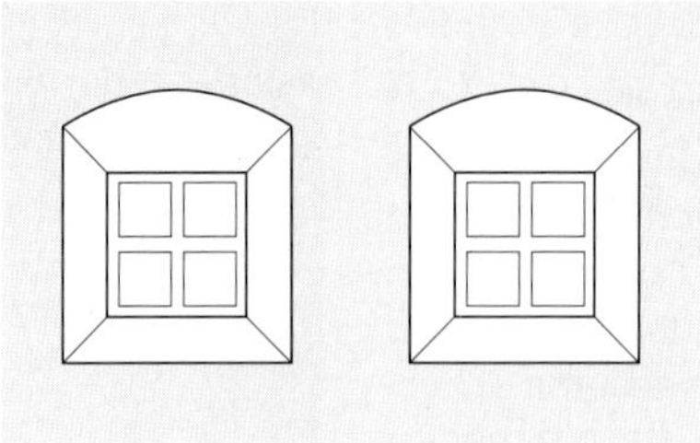

a

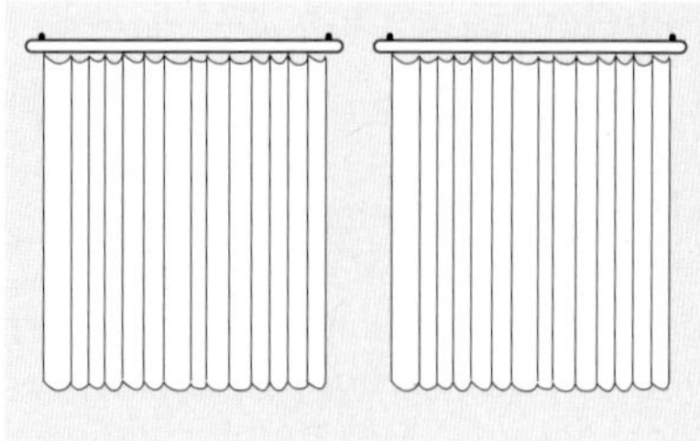

b

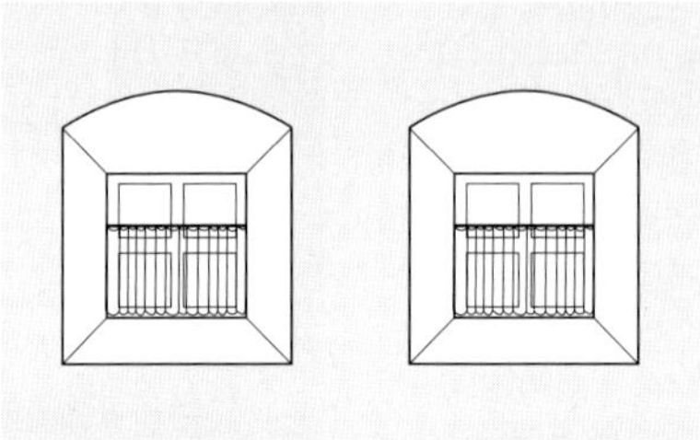

c

d

Abb. 179: Vorhanggestaltung und -wirkung (Beispiel I)
a Bestand: Unterteilte Fenster, tiefe Mauerlaibung, Segmentbogen
b Schlechte Lösung: Fensterformate sind verhängt
c Scheibengardinen
d Schlichte Stange im Segmentbogen, geteilter Vorhang (evtl. in Kombination mit c)

a

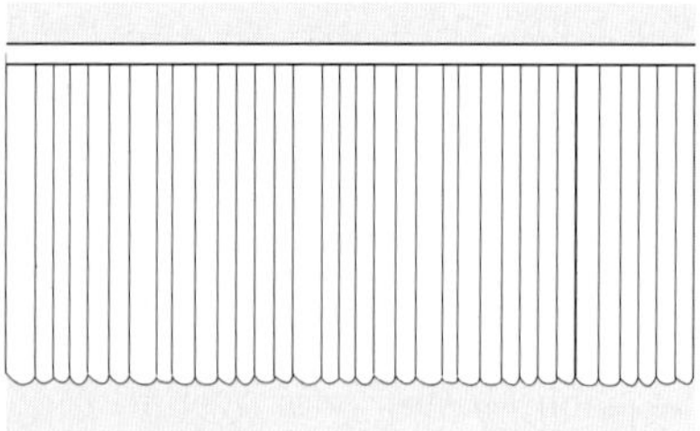

b

c

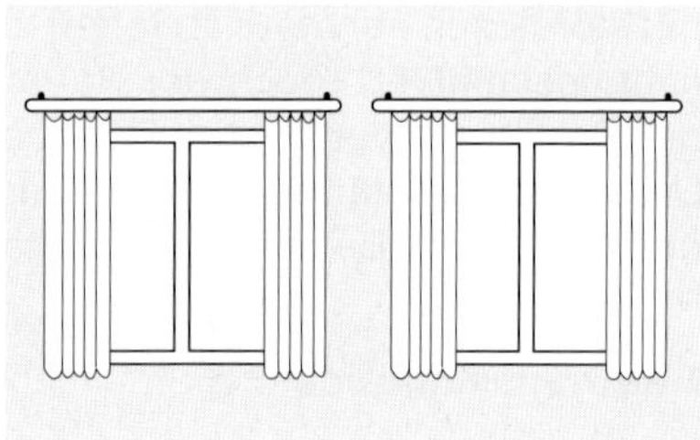

d

Abb. 180:
Vorhanggestaltung und -wirkung (Beispiel II)
a Bestand: Unterteilte, kleinformatige Fenster
b Schlechte Lösung: Stoffmasse verhüllt Fenster und Wandflächen, Querteilung wirkt schwer
c Scheibengardinen, evtl. Fensterstock in einer im Raum vorhandenen Farbe streichen
d Geteilter Vorhang pro Fenster, Mauerstreifen zwischen den Fenstern bleibt sichtbar (evtl. Kombination mit c).

Mehrere kleinere Bilder gleichmäßig über den Raum verteilt wirken verloren. Besser ist es, sie zu einer Gruppe zusammenzuhängen. Da Bilder zum Anschauen da sind, ist es sinnvoll, sie so anzubringen, dass die Bildmitte etwa in Augenhöhe des Betrachters hängt. In der Nähe des Esstisches oder des Sofas wirken Bilder, die unter der üblichen Augenhöhe hängen, am besten, weil sie dann auch im Sitzen angeschaut werden können.
Wie bei allen Einrichtungsfragen gilt auch für's Dekorieren der Räume: „Weniger ist mehr."

9.2 Wohnraum

Planung nach Bewohner- und Raumsituation, Platzbedarf

Der Wohnraum ist *Mittelpunkt* und *individuellster Bereich* innerhalb einer Wohnung oder eines Hauses. Ideal wäre ein „Familienraum", in dem sich alle Familienangehörigen aufhalten und beschäftigen können. Ideen zur Verwirklichung und die dazu notwendigen Anforderungen an Raumgröße und Platzbedarf sollten bereits bei der Hausplanung bedacht werden.

Einrichtung

Früher wurden Möbelstücke meist bereitwillig von der nächsten Generation übernommen. Heute sind Einrichtungen *Konsumgut*, das häufig nicht einmal die Zeitspanne eines Menschenlebens überdauert.
Beim Möbelkauf sind Lebensstil, Beruf, Größe der Familie, Alter, Lebensgewohnheiten sowie Liebhabereien zu berücksichtigen. Der Wunsch nach Repräsentation verführt beim Möbelkauf leicht zu Anschaffungen, die unpraktisch sind und nicht zu ihren Besitzern passen.
Heinrich Zille hat am Anfang dieses Jahrhunderts gesagt:
„Der Mensch kann mit einer Wohnung totgeschlagen werden wie mit einer Axt..."
Die Einrichtung sollte zweckmäßig sein und den tatsächlichen *Wohnbedürfnissen* entsprechen.
Zwei Überlegungen vor dem Möbelkauf:

- Was wird zuerst gebraucht?
- Was kann nach und nach angeschafft werden?

Räume müssen „wachsen"!
Dieser Gedanke kann sich nur erfüllen, wenn die Räume nicht von Anfang an total eingebaut bzw. mit Mobiliar vollgestellt sind.
Antiquitäten sind mit modernen Möbeln gut kombinierbar, vorausgesetzt, mit Farben und Muster aller anderen Einrichtungsgegenstände wird zurückhaltend umgegangen. Jedoch nicht jeder alte Schrank ist eine Antiquität und ist es wert, aufgestellt zu werden. Es gibt moderne Möbel, deren handwerkliche oder formale Qualität zu wünschen übrig lässt. *Die Kunst liegt darin, das zu erkennen.*
Formschön ist ein Möbel hauptsächlich durch klare Linienführung, gute Maßverhältnisse und werkstoffgerechte Verarbeitung. Auch kleine scheinbar nebensächliche Details, Profile, Beschläge und Oberflächen-

behandlung sind für das gefällige Aussehen eines Möbels bedeutsam und verlangen geschickte Abstimmung. Absolut gültige Regeln dafür gibt es nicht. Das Gestalten ansprechender Möbel ist eine Sache des handwerklichen Könnens, der Erfahrung und des künstlerischen Gespürs eines Handwerkers oder eines Designers. Die Verwendung einheimischer Hölzer dürfte inzwischen für Schreiner und Möbelhersteller Selbstverständlichkeit geworden sein.
Unter den vielen verschiedenen *Sitzgelegenheiten* der Möbelhäuser eine Auswahl zu treffen, ist in dem Bewusstsein, dass ,,gut sitzen das halbe Wohnen'' ist, oft schwer. Ein *Sessel* benötigt etwa zwischen 70 und 95 cm Platz zum Aufstellen, sowohl in der Breite als auch in der Tiefe. Wichtig ist ein Bewegungsraum von ca. 50 cm davor. Die Sitzhöhen variieren zwischen 30 und 45 cm. Von einem höheren Sitz ist das Aufstehen – nicht nur für ältere Personen – leichter.

Abb. 181: Ein formschönes, bequemes und zeitloses Sofa mit beweglichen Rückenlehnen.

Abb. 182: Anrichte, zweckentsprechend und formschön

Abb. 183: Sitzgruppe mit Sofa, ein gutes Beispiel zeitgemäßen Wohnens

Decke, Wand, Boden, Farbgebung

Vor der Entscheidung, den Wohnraum mit Teppichboden auszulegen, ist die Familien- und Raumsituation zu prüfen: Bei kleinen Kindern oder direktem Zugang zum Garten ist Teppichboden nicht zu empfehlen.
Gute Wollqualitäten sind in der Regel teuer, sie nutzen sich aber bei starker Beanspruchung ebenso wie Synthetikmaterial ab. Teppichböden müssen je nach Beanspruchung in 10–12 Jahren erneuert werden. Weiteres siehe Kap. 4.5 und 9.1.

Beleuchtung

Folgende Ausführungen „beleuchten" das Thema am Beispiel Wohnraum. Sie gelten jedoch auch für andere Räume.
Wesentlich dabei ist nicht nur, *Beleuchtungskörper* auszusuchen, sondern sich mit der *Lichtart* und deren Wirkung für die *Raumgestaltung* auseinanderzusetzen. Während Tageslicht Farben natürlich und in ihrer Wirkung ursprünglich erscheinen lässt, kann Kunstlicht entweder weiches Gelblicht oder hartes Blaulicht sein. Beides beeinflusst die Farben. Eine Glühlampe gibt weiches Gelblicht und unterstreicht die leuchtende Wirkung warmer Farben. Kalte Farben, wie Blau oder Türkis, erscheinen dagegen verunreinigt und fahl. Das Gegenteil zeigt sich beim Licht von Leuchtstoffröhren: Kalte Farben erscheinen so gut wie unverändert, warme Farben wie Rot- und Gelbtöne verlieren ihre Leuchtkraft und erscheinen blass und eher schmutzig.
Unverfälschtes, brillantes Licht geben *Niedervolt-Halogenlampen*. Seit den 70er Jahren werden sie unaufhaltsam auch zur Beleuchtung von Wohnungen eingesetzt und sind in der Lage, auch langweilige Räume mit Licht zu gestalten.
Lebensdauer und Lichtausbeute von Niedervolt-Halogenlampen sind doppelt so hoch wie die herkömmlichen Allgebrauchsglühlampen. Entsprechend gering ist auch der Stromverbrauch. Sowohl bei Halogenleuchten als auch bei Dimmern ist zu bedenken, dass Magnetfelder entstehen, die manche Menschen nicht vertragen.
Trotz der geringen Größe der Lichtquelle können im Raum reizvolle Lichteffekte entstehen, zumal Niedervoltlicht auch dimmbar ist. Lese- und Schreibtischleuchten mit Halogenstrahlern sollten zur Abschirmung gegen UV-Strahlung mit UV-Anteil-absorbierenden Schutzgläsern versehen sein.

Möglichkeiten der Lichtplanung

Beim Betreten eines Raumes ist es sinnvoll, zur Orientierung und Übersicht eine Allgemeinbeleuchtung schalten zu können. Geeignet ist eine *Deckenleuchte,* die in einer flachen Ausführung unaufdringlich wirkt. Voluminöse Deckenleuchten sind oft überflüssig, da einzelne Bereiche, eigens beleuchtet, mehr Atmosphäre haben. Im Bereich der Sitzgruppe oder eines Sessels sind *Tisch-* oder *Stehleuchten* gemütlicher. Wenn Licht durch gefilterte, weich durchscheinende Materialien wie Papier oder Stoff dringt, verleiht es dem Raum Behaglichkeit. Auch Halogenlicht, das durch einen perforierten Metallschirm strömt, gibt stimmungsvolles Licht.

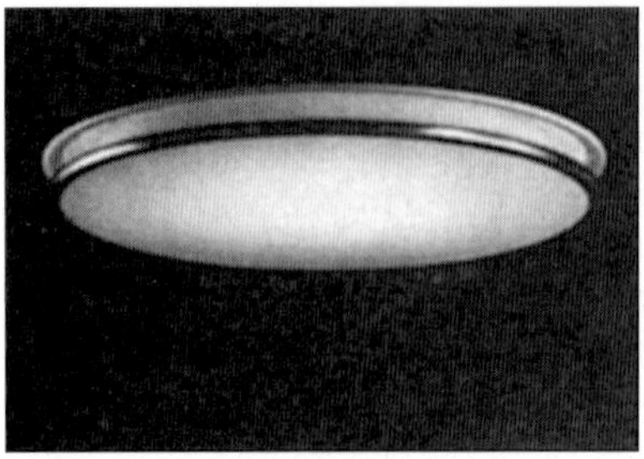

Abb. 184: Deckenleuchte

Abb. 185: Tischleuchte

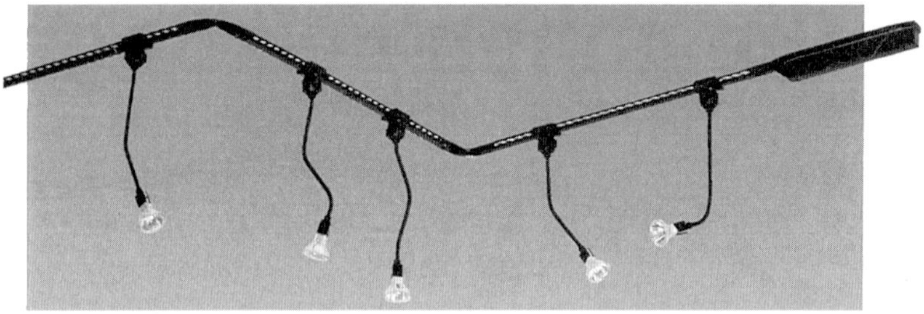

Abb. 186: Die kleinen Halogenlampen sind einzeln verstellbar und können in jede gewünschte Position gebracht werden.

Praktisch sind Leuchtenmodelle, deren Schirm zum Lesen und Handarbeiten herausschwenkbar ist und deren Licht exakt der jeweiligen Sehaufgabe angepasst werden kann. Optimal sind Stehleuchten, wenn sie auch noch in der Höhe zu verstellen sind und ihre Helligkeit stufenlos veränderbar ist. Nicht zu empfehlen ist eine Pendelleuchte über dem meist niedrigen Tisch der Sitzgruppe, weil sie, um zur Geltung zu kommen, knapp über der Tischfläche hängen müsste und dann aber beim Aufstehen aus dem Sessel ein Anstoßen unvermeidbar wäre.

Abb. 187: Gezieltes Licht für Handarbeiten

Im Regal oder Schrankteil können kleinere *Stehleuchten* oder *Anklemmstrahler* Platz finden, die die Fläche aufhellen und eine bessere Bedienung z. B. von Musikgeräten ermöglichen. Ist ein Schreibplatz im Regal auszuklappen, verlangt das eine bewegliche, blendfreie Leuchte.

Abb. 188: Wandstrahler

Strahler sind meist in zwei Gelenken dreh- und schwenkbar. Je nach Art der Lampe strahlen sie punktförmig oder breit. Mit Wand-, Decken- oder Anklemmstrahlern können gezielt bestimmte Bereiche im Raum hervorgehoben oder geheimnisvoll „verwischt“ werden. Strahler ermöglichen die Lichtstimmung und dadurch die Raumwirkung auf einfache Art zu variieren und sind immer eine ideale Ergänzung der Raumbeleuchtung.

Bei der *indirekten Beleuchtung* wird eine Leuchtstofflampe an die Wand oder an die Decke montiert. Die Blende, mit der die Röhre verdeckt wird, ist je nach gewünschtem Lichteffekt anzubringen, z. B. zum Aufhellen der Decke, als Vorhang, als Wand- oder Regalbeleuchtung.

Stromschienen können mit nur *einem* Deckenauslass beliebig lang, auch im Winkel montiert werden und führen in ihrer gesamten Länge Strom. In die Schiene werden mit Adapter geeignete Strahler eingesetzt.

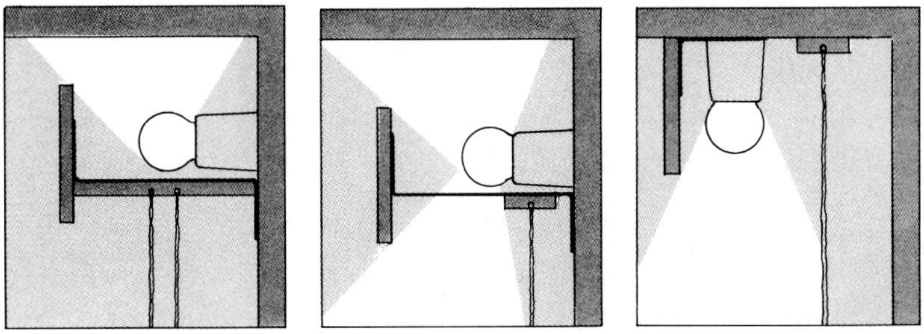

a b c

Abb. 189: Verblendung mit
a indirekter Beleuchtung
b indir. und direkter Beleuchtung
c direkter Beleuchtung

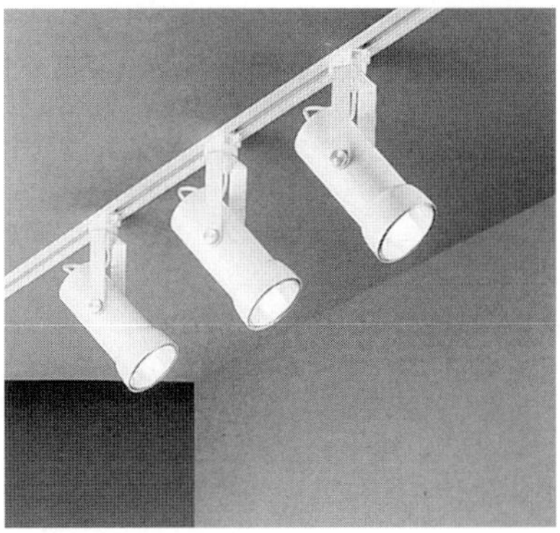

Abb. 190: Strahler mit Adapter zum Anschluss an die Stromschiene

Der besondere Vorteil dieser Beleuchtungsart liegt darin, dass z. B. Wanddekorationen, die in Format und Gestalt oft ausgewechselt werden, ohne großen Aufwand die jeweils optimale Lichteinstellung erhalten können.
So genannte *,,Stromsparlampen''* werden in vielen Varianten angeboten. Die immer noch verhältnismäßig teueren Lampen garantieren nur dann eine lange Benutzungsdauer, wenn sie möglichst wenig ein- und ausgeschaltet werden, d. h. oft im ,,Dauerbetrieb'' brennen. In herkömmliche Lampenmodelle können sie häufig integriert werden, jedoch trägt ihre Form und das kalt wirkende Licht nicht gerade zur Beschaulichkeit in einem Raum bei.
Wichtig ist beim Kauf von Leuchten, auf die vorgeschriebenen *Sicherheitszeichen* zu achten (vgl. Abb. 215, Seite 173).

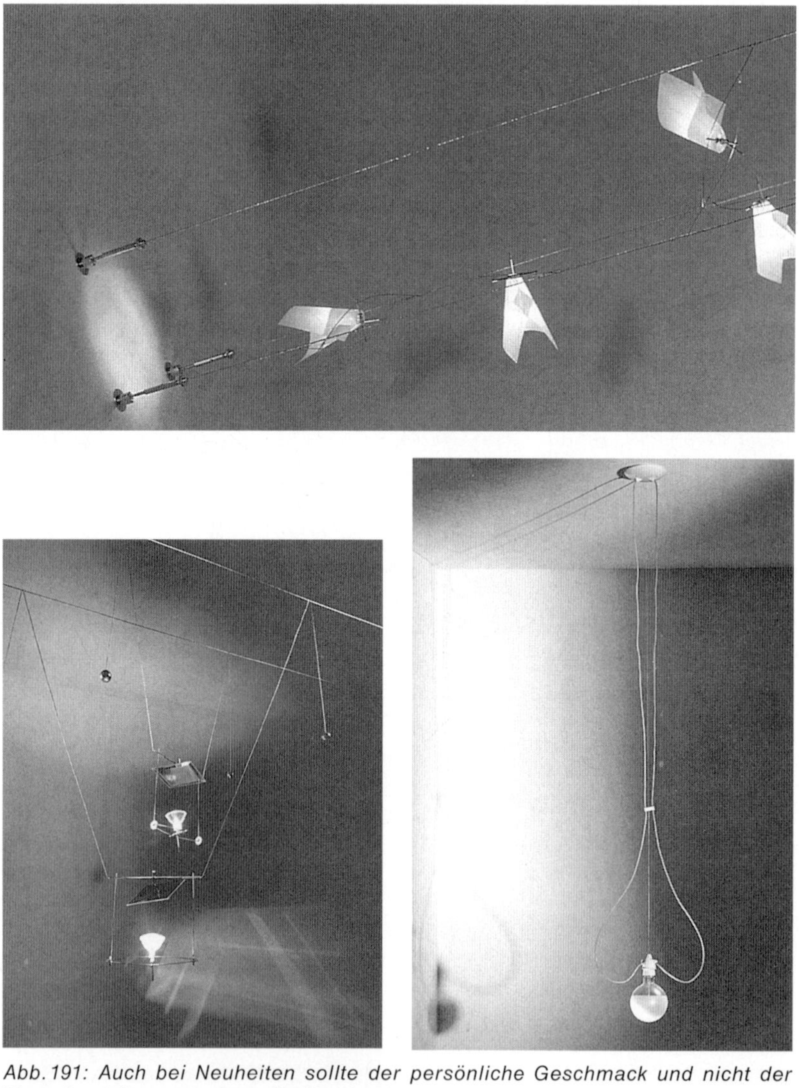

Abb. 191: Auch bei Neuheiten sollte der persönliche Geschmack und nicht der Wunsch, ,,in'' zu sein, entscheidend sein

9.3 Essplatz

Planung nach Bewohner- und Raumsituation, Platzbedarf

Der Essplatz kann entweder in der *Wohnküche,* in der *Diele,* im *Wohnraum* oder in einem *eigenen Raum* eingeplant werden. Im Wohnhaus landwirtschaftlicher Betriebe ist der Essplatz meistens in der so genannten Stube. Wichtig ist, dass der Essplatz von der Küche aus auf kurzem Weg erreichbar ist.

Die Form des Essplatzes (eckiger oder runder Tisch, nur mit Stühlen oder kombiniert mit einer Eck- oder U-förmigen Bank) ist von Anfang an bei der Planung zu berücksichtigen. Seine Größe wird bestimmt durch die Zahl der Familienmitglieder und möglicher Gäste. Am Tisch braucht jede Person mindestens 55 cm der Tischlänge Platz. Gängige *Mindesttischgrößen* für *4 Personen* sind: 120 × 80 cm bzw. 90–100 cm ∅, für *6 Personen*: 140–160 × 90 cm bzw. 120–130 cm ∅, für *8 bis 10 Personen*: 180 × 90 cm oder 200 × 100 cm ∅. Für durchschnittlich große Personen sind Tischhöhen von 70 cm oder 72 cm ideal. Ein Stuhl ohne Armlehnen hat eine Fläche von 50 × 50 cm, Stühle mit Armlehnen – je nach Modell – messen 55 bis 70 cm in der Breite. Zu den *Stellflächen* der Stühle gehören die *Bewegungsflächen.* Bei einer Wand oder einem Schrank hinter den Stühlen ist es ratsam, zusätzlich mindestens 30 cm Abstand zu lassen. Schranktüren und Schubladen sollten sich ungehindert öffnen lassen.

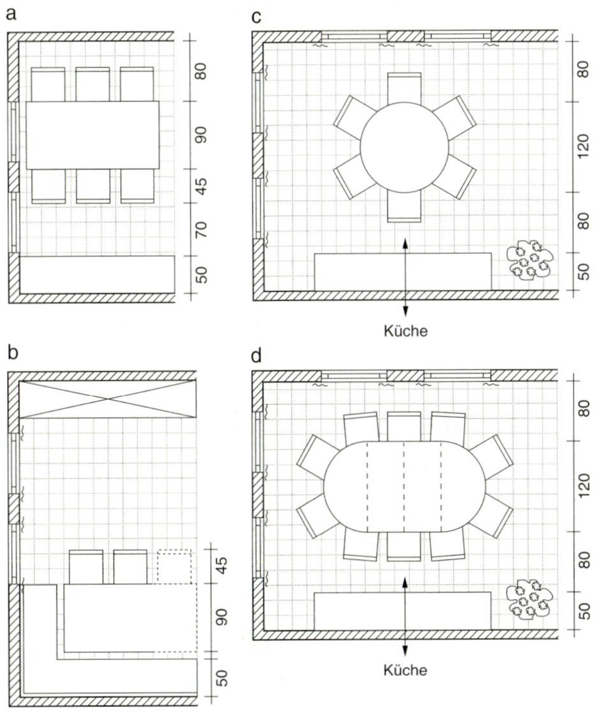

Abb. 193: Größe des Essplatzes
a Rechteckiger Esstisch mit 6 Stühlen
b Rechteckiger Esstisch mit Eckbank und Stühlen
c Runder Esstisch mit 6 Stühlen
d Runder Esstisch ausgezogen mit 10 Stühlen

Ein runder Tisch wirkt am besten, wenn er nicht in eine Raumecke gedrängt, sondern „frei" im Raum oder großzügig in einem eigenen Bereich stehen kann. Ein stirnseitig an die Wand gestellter Tisch oder ein Tisch mit Eckbank sind im Allgemeinen platzsparend.

Einrichtung

Tische, Stühle und *Eckbänke* werden in großer Zahl angeboten. Der u. U. unerfüllbare Wunsch nach Antiquitäten verleitet den Verbraucher leider oft zum Kauf von Stilimitationen oder verschnörkelten Rustikal-Möbeln, die Einrichtungen aus vergangenen Epochen nachahmen. Möbel aus unserer Zeit „sprechen eine eigene Sprache", sie sollten funktionell, formal und handwerklich gut gestaltet sein.

Tische, deren Gestell und Platte massiv gearbeitet ist, garantieren zwar eine lange und unkomplizierte Benutzungsdauer, jedoch kann die Holzplatte bei unsachgemäßer Herstellung oder materialwidrigem Umgang reißen, z. B., wenn ein Heizkörper in der Nähe ist. Die Kanten von holzfurnierten oder mit Linoleum belegten Tischplatten sind strapazierfähig, wenn sie mit einem umlaufenden massiven Anleimer versehen sind. Möglichst weit außen angebrachte Tischfüße gestatten Beinfreiheit beim Sitzen. Vorteilhaft ist, wenn sich die Stühle unter die Tischplatte schieben lassen. Viele Tische werden mit Klappen oder Verlängerungsplatten, die griffbereit unter der Tischplatte verstaut liegen, angeboten. Zweckmäßig zum Aufbewahren von Besteck oder Zubehör ist eine Schublade unter der Tischplatte.

An *Stühle* werden viele Ansprüche gestellt:

1. Die Sitzhöhe eines Stuhles für einen Esstisch beträgt ca. 45 cm. Das heißt, das Verhältnis zwischen Sitzhöhe und Tischhöhe stimmt, wenn im Sitzen der waagrecht abgewinkelte Unterarm bequem auf die Tischplatte gelegt werden kann.
2. Die Rückenlehne sollte nicht zu steil angebracht, sondern leicht nach hinten geneigt sein, den Rücken gut abstützen und nicht drücken.
3. Meistens wird eine leichte Mulde in der Sitzfläche als angenehm empfunden.
4. Die vordere Stuhlsitzkante darf nicht drücken.
5. Konstruktiv bedingte Quersprossen sind nur dann sinnvoll, wenn sie seitlich angebracht sind.

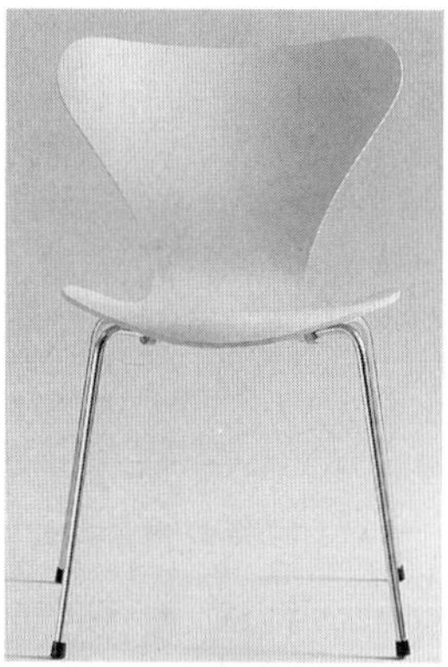

Abb. 194: Esstischstuhl

6. Armlehnen sollten beim Essen nicht stören.
7. Die Freude an Stoffbezügen auf Stühlen und Bänken hält nur dann lange an, wenn sie mühelos abzunehmen und zu reinigen sind.

Zum Aufbewahren von Geschirr, Gläsern, Besteck, Tischwäsche, Spielen usw. ist in der Nähe des Esstisches ein *Schrank,* ein *Regal* oder eine *Anrichte* sinnvoll.

Decke, Wand, Boden

Decke, Wand und Boden des Essplatzes sind als Teil der Gesamtgestaltung des Hauses zu sehen.

Ausgeglichenes Raumklima wird mit atmungsaktivem Putz oder/und einer Holzverschallung an der Decke oder Wand hergestellt. Zu beachten ist, dass Holzverkleidungen zwar oft dem Raum eine gewisse „Gemütlichkeit" geben, ihn aber auch optisch kleiner werden lassen.

Für den *Bodenbelag* eignen sich Naturstein, keramische Platten, Dielen, Parkett, Hirnholzparkett und Kork (siehe Kap. 4.5 Fußboden).

Anstelle eines Teppichbodens unter dem Esstisch bewähren sich Baumwoll-, Wolle- oder Fleckerlteppiche, die mit geringem Aufwand ersetzt werden können.

Auch strapazierbare Teppiche aus Naturmaterial wie Kokos oder Sisal eignen sich bestens, um dem Sitzen am Essplatz Behaglichkeit zu verleihen.

Farbgebung

Der Essplatz ist nicht nur ein Platz zum Essen, sondern auch zum Spielen, Handarbeiten und Reden. Deshalb ist es besonders wichtig, mit Farben am Essplatz Atmosphäre zu schaffen (siehe Farbgebung 9.1). Farbpsychologen sind der Ansicht, dass Farben am Essplatz den Appetit anregen sollen. Am besten sind hierfür Rosa-, Grün- und Blautöne geeignet sowie helle und frische Farben, weil sie den Gaumen stimulieren. Schwarz und Weiß oder eine Mischung aus beidem fördern den Genuss am Essen nicht.

Beleuchtung

Die Stimmung am Esstisch wird vor allem durch in der Lichtstärke veränderbares Licht herbeigeführt. Das ist mit einem *Dimmer* für die meisten Leuchtentypen möglich. Die Beleuchtung ist so zu planen, dass die gesamte Tischfläche ausgeleuchtet ist. Dazu eignen sich schirmförmige,

Abb. 195: Esstischleuchten (Entwürfe von links: Arne Jacobsen, danart, Ingo Maurer)

nach unten offene *Pendelleuchten.* Modelle mit weißen oder hellen Innenflächen sind günstig, da sie das Licht reflektieren. Die *Lichtfarbe* sollte durch stark farbiges Material der Leuchten nicht verändert werden, um eine Farbveränderung der Speisen zu vermeiden. Die Leuchte sollte blendfrei, knapp über der Augenhöhe der gegenüber sitzenden Person also mit ca. 55 bis 60 cm Abstand zwischen Tischplatte und Unterkante der Leuchte angebracht sein. Pendelleuchten mit Zug ermöglichen individuell gerichtetes Licht.

Schwierig ist das Beleuchten von Tischen, deren Größe veränderbar ist. Nach dem Ausziehen oder Ausklappen der Tischplatte hängt die Leuchte meist nicht mehr über der Tischmitte.

Wenn die Raumeinrichtung es zulässt, kann das Problem durch die Montage einer *Stromschiene* gelöst werden. Hier kann mittels eines Adapters die Pendelleuchte oder mehrere Leuchten aufgenommen und bei Veränderung des Tisches passend verschoben werden.

Eine *Pendelleuchte* kann auch mit wenig Aufwand durch einen zu-

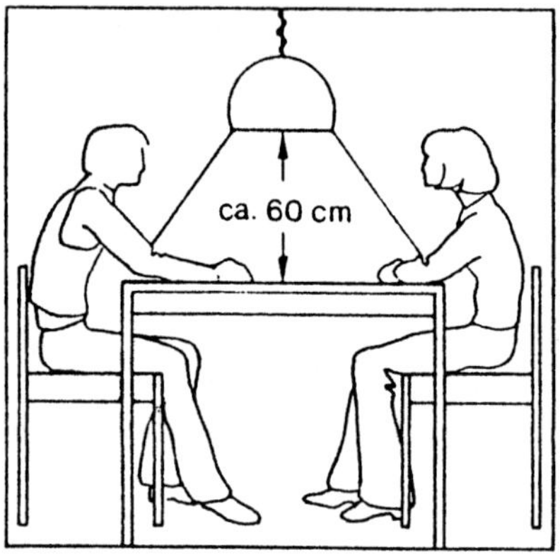

Abb. 196: Beleuchtung des Esstisches

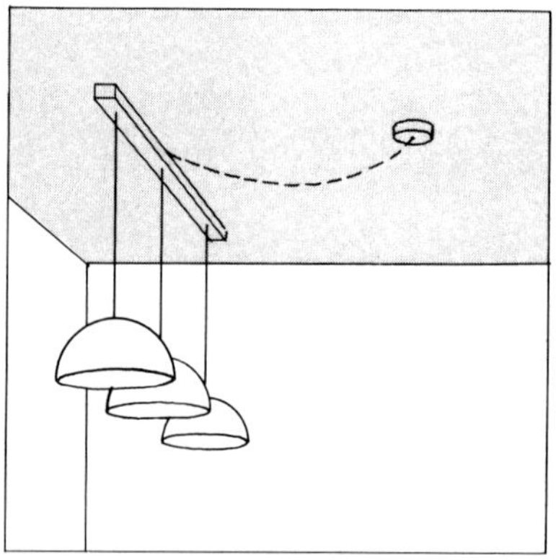

Abb. 198: Esstischbeleuchtung mit einer Stromschiene

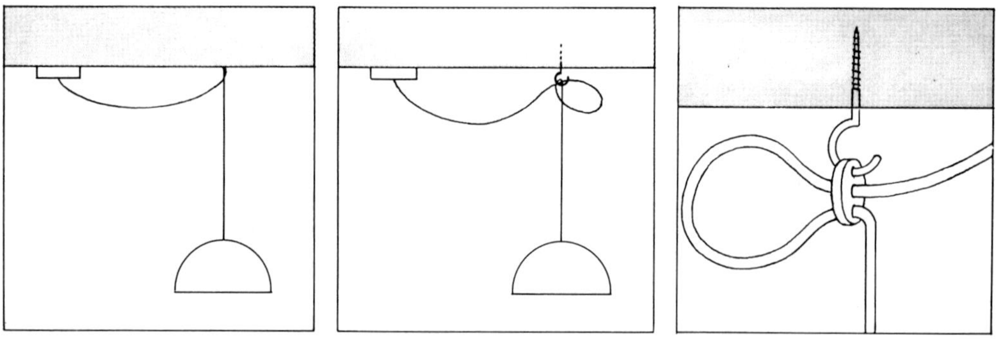

a b c

Abb. 199:
a Verziehen des Kabels, wenn der Deckenauslass nicht passt
b Kabelverkürzer
c Kabelverkürzer (Detail)

sätzlich angebrachten Deckenhaken der neuen Tischsituation angepasst werden. Ausreichend ist die Schlinge, die in das Kabel „gelegt" wird. Sonst können die im Handel erhältlichen „Kabelverkürzer" verwendet werden.

9.4 Elternzimmer

Grundrissplanung

Das Elternzimmer liegt in mehrgeschossigen Häusern am besten meist im oberen Stockwerk. Solange die Kinder klein sind, ist die Nähe ihrer Zimmer vorteilhaft. Sehr genau zu überlegen ist ein Elternschlafzimmer nach Süden, wenn dafür die Kinderzimmer auf die Nordseite wandern. Oft wird für diesen Raum ein kleiner Schreibplatz oder Sekretär gewünscht. Wichtig ist auch herauszufinden, wo im Raum der Platz zum Schlafen und Ruhen sein soll. Die Aufstellung der Betten wird von den *Schlafgewohnheiten* beeinflusst. Es gibt nicht nur „Wand- und Nischen- sondern auch Mitten-im-Raum-Schläfer" und Menschen, die den Blick aus dem Fenster vom Bett aus genießen möchten. Ein gewisses Sicherheitsbedürfnis veranlasst manche Menschen, beim Einschlafen und Aufwachen die Türe im Auge zu behalten. Logisch erscheint die Empfehlung, das Bett weder mit der Kopf- noch mit der Längsseite an eine Außenmauer zu stellen.

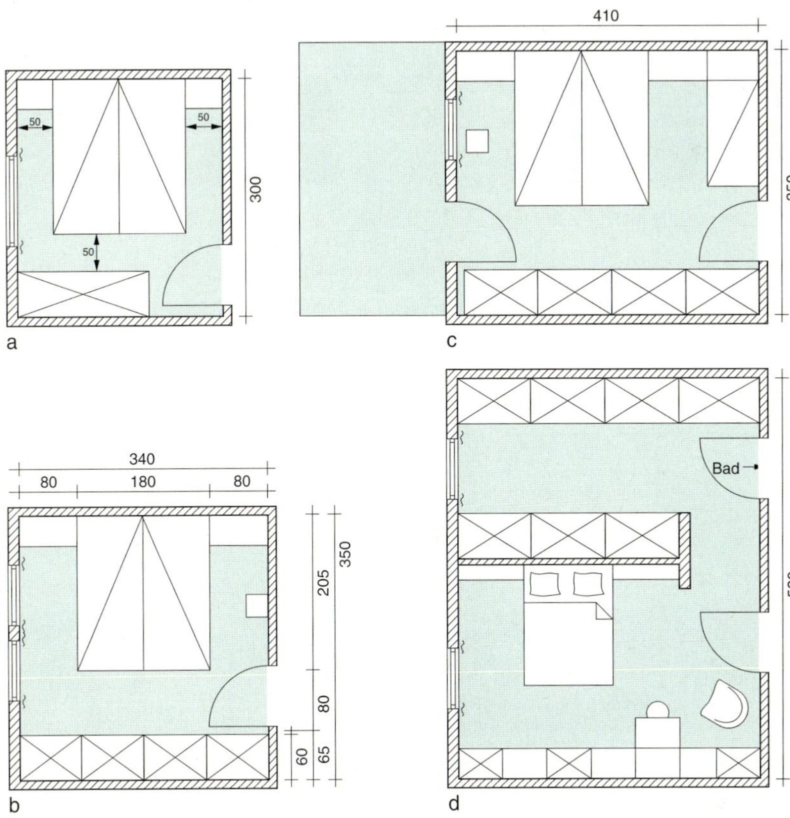

Abb. 200: Grundrissplanung des Schlafzimmers (a–c = Mindestmaße)
a Schlechte Lösung
b Die richtig angeordnete Tür ermöglicht optimale Raumausnutzung
c Größerer Schlafraum, im Bedarfsfall noch Platz für ein Kinderbett
d Elternzimmer mit Ankleideraum

Durch die starre Möblierung gehören Elternzimmer zu den am stärksten festgelegten Räumen einer Wohnung.
Bei der Planung des Elternzimmers werden *Stellflächen* für zwei Betten (ca. 2 × 2 m), zwei Ablagen (je ca. 50 × 50 cm), 1 Kleider- und Wäscheschrank (je nach Bedarf ca. 3–5 × 0,60 m), evtl. eine Kommode (ca. 1,20 × 0,45 m), 1 oder 2 Stühle oder 1 Sessel benötigt. Bewegungsabstand zwischen Bett und Wand oder Bett und Schrank oder zwischen 2 Betten soll mindestens 80 cm betragen, um Reinigungsarbeiten (Staubsaugen) bequem durchführen zu können.

Einrichtung

Das „Ehebett" soll mindestens 20 cm größer als seine Benutzer sein (notfalls mit einer Sonderlänge von 210 bis 240 cm). Es sollte stabil gebaut und zweckmäßigerweise aus zwei Einzelbetten bestehen. So ergibt sich die Möglichkeit einer Umgruppierung des Elternzimmers, z. B. bei Krankheit oder Veränderung der Familiensituation.
Manche Möbelhersteller bieten Betten an, die unter einem praktischen Ablagepodest mittels einer Schiene leicht zusammen- und auseinandergeschoben werden können.

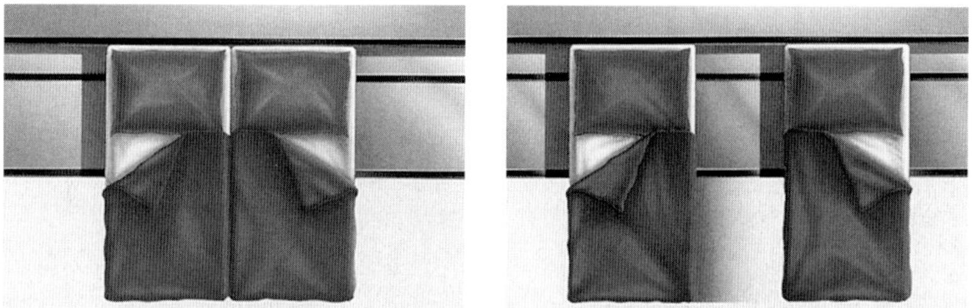

Abb. 201: Mobiles Ehebett

Voraussetzung für einen gesunden und entspannten Schlaf ist die richtige Wahl von Matratze und Lattenrost. „Wie man sich bettet, so liegt man" (siehe Markt- und Verbraucherkunde).

Abb. 202: Zeitloses Gestellbett

Es ist notwendig, dass *Polsterbetten* und bodenbündige Rahmenbetten so konstruiert sind, dass die Matratzen genügend belüftet werden. Bei *Gestellbetten,* die immer leichter wirken, ist das ohnehin der Fall.

Ablagemöglichkeiten für Brille, Bücher, Wecker usw. in Form kleiner Kommoden pro Bettseite oder als durchgehendes Brett hinter dem Kopfteil sind notwendig.
Die Größe des *Kleider- und Wäscheschrankes* ist je nach Bedarf und Familiengröße verschieden. Pro Person werden mindestens 120 bis 150 cm Schrankbreite benötigt. Um genügend *Stauraum* zu erhalten, sind raumhohe Schränke oder Einbauschränke sinnvoll. Sie sollten nicht an Außenwänden stehen, weil die Raumluft die Wandoberfläche hinter den Schränken nicht erwärmen und es leicht zu Feuchteschäden und Schimmelbildung kommen kann. Schränke mit Schiebe- oder sogar „Klapp-Schiebe"-Türen sind in der Anschaffung teuer, aber bei begrenzten Platzverhältnissen günstiger als ausladende Drehtüren. Wichtig ist, dass die Inneneinteilung der Schränke mit vielen verstellbaren, auch ausziehbaren Fächern, Schubladen oder Drahtkörben vorgenommen wird. Bei ausreichend großer Grundfläche kann eine Kommode als zusätzlicher Stauraum für Wäsche gestellt werden.
Über einer Kommode, an einem vom Tageslicht nicht beeinträchtigten Platz oder in einer der Schranktüren k a n n „der große Spiegel" angebracht sein.

Abb. 203: Viel Stauraum hinter Gleittüren

Abb. 204: Formschöner Kleiderschrank

Decke, Wand, Boden

Für die Behandlung von Decke und Wände im Elternzimmer gelten die gleichen Anmerkungen wie in Kapitel 9.1
Im Hinblick auf einfache Reinigung und Pflege des *Bodenbelages* sind Linoleum, Parkett oder Kork (siehe Kapitel 4.5) bestens geeignet.

Farbgebung

„Nachts sind alle Katzen grau". Mit diesem Spruch könnte man sich sämtliche Gedanken zur Farbwahl für den Schlafraum fernhalten. Für das Wohlbefinden in einem Raum ist es wichtig, je nach Charakter und Temperament der Bewohner die geeigneten Farben auszuwählen bzw. zu kombinieren. Einem nordseitig liegenden Raum, der noch dazu tagsüber genutzt wird, stehen helle, sonnige Farbtöne und warm wirkende Hölzer gut. Ein Südzimmer verträgt, wohldosiert, „kühlend" wirkende Blau- und Grüntöne und viel Weiß.

Decke, Wände, Boden, Möbel und Teppiche sind Farbträger, die es gefühlvoll aufeinander abzustimmen heißt. Nicht zu unterschätzen ist die Farbwirkung von einer Fläche von immerhin ca. 4 qm Bettwäsche bzw. einer Tagesdecke. Ebenso nehmen unifarbige oder gemusterte Vorhänge starken Einfluss auf die Raumwirkung. Zu entscheiden ist, ob Vorhänge verdunkeln müssen oder nicht.

Beleuchtung

Alle Leuchten im Schlafraum sollten möglichst sowohl vom Bett als auch von der Tür aus schaltbar und mit einem Helligkeitsregler dimmbar sein. Schalter mit großen *Druckflächen*, die im Dunklen nicht zu verfehlen sind, bewähren sich.

Für die Allgemeinbeleuchtung werden oft einfallslos in der Raummitte Deckenauslässe gesetzt, die meist eine herabhängende Leuchte im Fußbereich des Doppelbettes oder gar zwischen Bett und Schrank zur Folge haben. Die bessere Lösung ist eine indirekte Beleuchtung am Fenster, Strahler an der Raumdecke oder an einer Lichtschiene parallel verlaufend zum Schrank, die zugleich dessen Inneneinteilung gut ausleuchten kann. Zweckmäßig ist eine *Schrankraumbeleuchtung*, die durch Öffnen der Schranktüren ausgelöst wird, die allerdings den Schrank verteuern.

Für das Lesen im Bett ist helles Licht in Form von schwenkbaren *Wand-* oder *Stehleuchten* angeraten, damit der schon Schlafende im anderen Bett nicht gestört wird. Nicht blendende Metallschirme sind vorteilhafter als Schirme aus Glas oder Stoff. Das *Leselicht* kann auch eine indirekte Beleuchtung am Kopfende des Bettes sein, die einzeln zu schalten ist.

Abb. 205: Eine Wandleuchte am Bett, die nicht blendet und deren Lichtstrahl sich auf das Buch lenken lässt

9.5 Kinderzimmer

Wenn man vom Zuhause des Kindes, dem Raum und seiner entwicklungsfördernden Möblierung spricht, so ist damit nicht allein das Kinderzimmer gemeint. Man muss den Begriff weiter fassen und alle Räume, in denen sich das Kind bewegt, spielt oder lernt, in die Überlegungen mit einbeziehen.

Dabei sollen *Sicherheitserwägungen* an oberster Stelle stehen. Oft liegt das Kinderzimmer abseits vom Arbeitsbereich der Eltern, besonders bei zweigeschossigen Häusern. Doch gerade das Kleinkind braucht die Nähe zur Familie. Naturgemäß ändern sich die *Bedürfnisse* in den verschiedenen Altersstufen. Sie reichen vom notwendigen Kontakt des Kleinkindes zu den vertrauten Menschen seiner Umgebung bis zum Sich-zurückziehen-Wollen des Teenagers. Dazu sind großzügig bemessene „eigene" Bereiche für die Kinder notwendig (vgl. Abb. 41, Kap. 2, Seite 36). Es ist wichtig, Planung, Nutzung und Möblierung funktionell richtig aufeinander abzustimmen. Um die Voraussetzung dafür zu schaffen, sollten Planer und Eltern den unterschiedlichen Wohnbedarf eines Kindes genau kennen und berücksichtigen. Zudem sind der Raumzuschnitt und die Lage von Fenstern und Türen von Bedeutung.

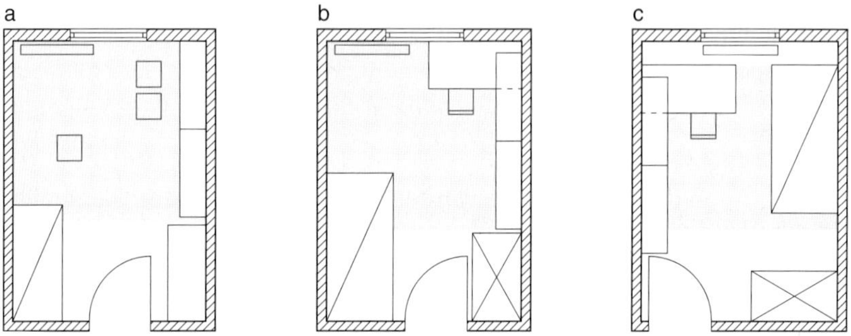

Abb. 206: Möblierungsbeispiele
a Kleinkind
b,c Schulkind
Die Gegenüberstellung zeigt, wie bei gleicher Grundfläche und Möblierung die Bewegungsräume im ungünstigeren Fall (c), wegen der schlechten Tür- und Fensteranordnung stark eingeengt werden.

Die *Raumgröße* sollte für ein Kind nicht unter 7 bis 9 qm, für zwei Kinder mindestens 12 bis 14 qm betragen. Die Grundfläche allein ist jedoch nicht ausschlaggebend. Ebenso wichtig ist ein *Grundriss,* der Möbelstellflächen und Bewegungsflächen im richtigen Verhältnis zueinander bietet. Zu groß ist ein Kinderzimmer selten. Vor allem kleine Kinder brauchen eine großzügig bemessene Spielfläche, die am besten über das Maß von 120 × 180 cm, das die DIN 18011 für ein Kind vorschreibt, hinausgeht. Manchmal sind die baulichen Gegebenheiten so, dass sich für mehrere Kinder eine gemeinsame Spielfläche zusätzlich schaffen lässt, z. B. im geräumigen Flur oder im ausgebauten Keller oder Speicher. Kinderzimmer und Spielräume laden aber nur dann zum Spielen ein, wenn sie möglichst sonnig, gut zu lüften und zu heizen sind.
Der *Platzbedarf* für Möbel und Bewegungsflächen ist jeweils für einen Säugling, für ein Kleinkind, für ein Schulkind oder für einen Jugendlichen unterschiedlich:
Ein *Baby* benötigt vor allem ein evtl. fahrbares Bett oder einen Stubenwagen und Stauraum für Kleidung und Zubehör.
Ein *Kleinkind* braucht ein Bett in der Größe von 140 × 70 cm. Zum Aufbewahren von Spielsachen, für Spielmöbel sowie für eine Mindestspielfläche von 120 × 180 cm ist entsprechender Platz erforderlich. Ein bequemer Stuhl in der Nähe des Säuglings- oder Kleinkinderbettes ist empfehlenswert.

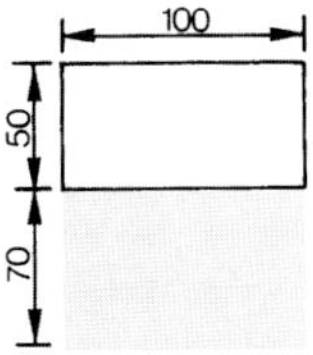

Abb. 207: Platzbedarf zum Schlafen (Stell- und Bewegungsfläche) für ein fahrbares Säuglingsbett

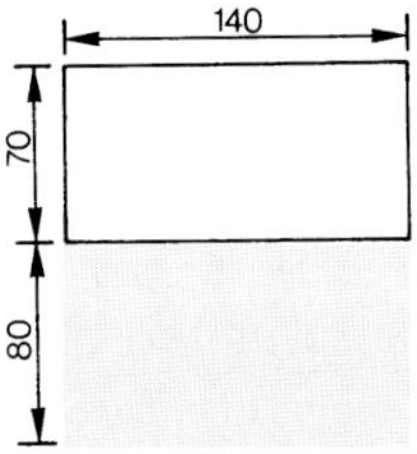

Abb. 208: Platzbedarf zum Schlafen (Stell- und Bewegungsfläche) für ein Kinderbett

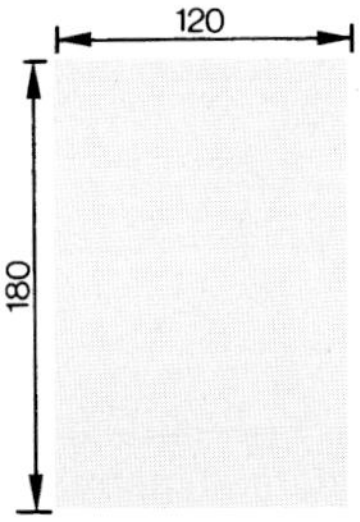

Abb. 209: Notwendige Spielfläche für 1 Kind (für 2 Kinder 240 × 180 cm nach DIN 18011)

Für das *Schulkind* und besonders für *Jugendliche* verändern sich Anspruch und Bedarf an der Einrichtung enorm. Für Bett, Schrank und Stauraum wird wesentlich mehr Platz benötigt.

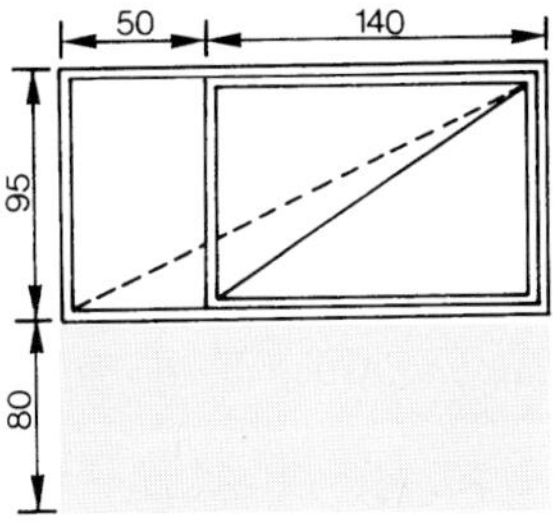

Abb. 210: Platzbedarf zum Schlafen (Stell- und Bewegungsfläche) für ein mitwachsendes Bett

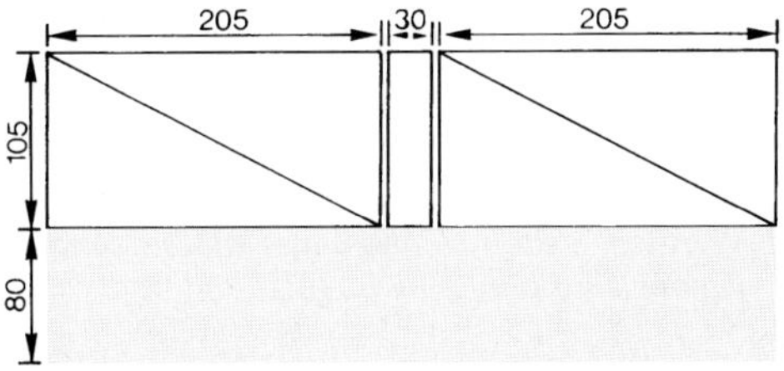

Abb. 211: Platzbedarf zum Schlafen (Stell- und Bewegungsfläche) für 2 Betten mit Trennregal

Wichtig in diesem Lebensabschnitt ist ein funktionsfähiger Platz zum Lernen, Werken, Malen usw. Wenn zwei Kinder einen Raum teilen, ist es sinnvoll, die Möbel so aufzustellen, dass sich die Geschwister nicht ständig im Blickfeld haben und ein gewisses Maß an Privatsphäre gegeben ist.

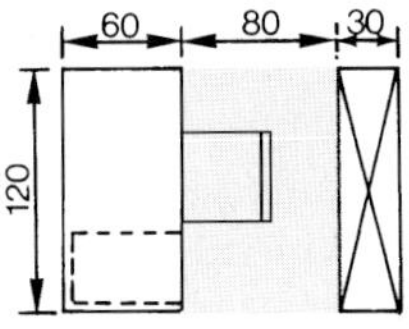

Abb. 212: Abmessungen der Arbeitsfläche für 1 Kind (DIN 18011)

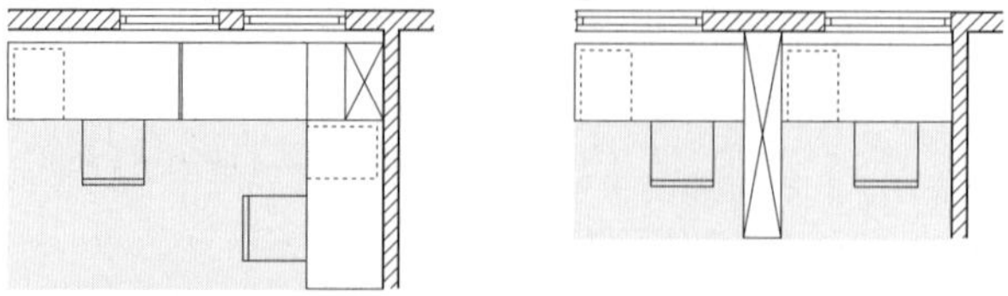

Abb. 213: Erweiterung der Arbeitsplätze für 2 Kinder
a Winkelförmig, getrennt angeordnete Arbeitstische
b Nebeneinander angeordnete Arbeitstische mit Regalteil als optische Abschirmung, Fensterteilung beachten

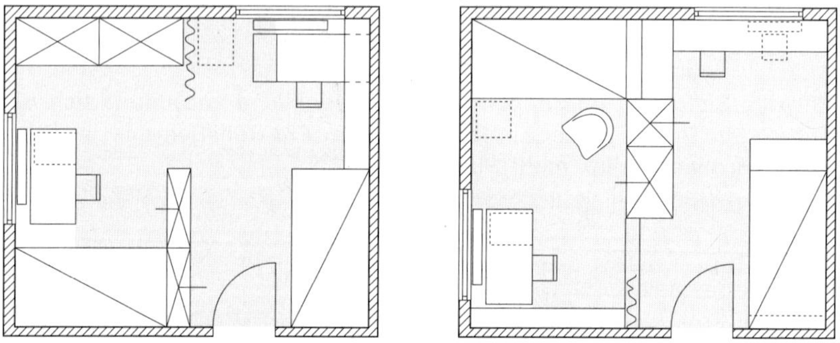

Abb. 214:
a Raumhohe Bücherregale trennen die Schlafbereiche der Kinder. Im Bedarfsfall kann der Vorhang geschlossen werden.
b Von zwei Seiten zu nutzender Kleiderschrank. Schlaf- und Arbeitsbereiche der Kinder sind diagonal versetzt und dadurch abgeschirmt.

Einrichtung

Kinderzimmer sind kein Ablageplatz für ausrangierte Küchenbuffets und unmodern gewordene Nierentische. Trotzdem lässt sich manchmal ein beiseite gestelltes Möbelstück mit Geschick und Liebe für das Kinderzimmer herrichten. Ein alte Kommode etwa, die man streicht, oder ein ehemaliger Kleiderschrank, den man zum Teil für Spielzeug einrichtet und bemalt, kommen dort oft nicht nur zweckentsprechend, sondern auch sehr gut zur Geltung.

Kindgerechte *Möbel* sind der Körpergröße des Kindes angepasst. Ausgeklügelte, veränderbare Programme, so genannte Baukastensysteme, ,,wachsen" mit und begleiten oft noch den jungen Erwachsenen. Deshalb sollte beim Anschaffen von Kinder- und Jugendmöbeln nicht gespart werden. Sie sind am besten aus massivem Hartholz gefertigt, wobei große Möbelflächen furniert sein können bzw. müssen. Bei furnierten Flächen machen sich massive Anleimer zum Schutz der Kanten bezahlt. Beim Kauf der Möbel ist darauf zu achten, dass Ecken und Kanten sorgfältig abgerundet sind. Buche und das helle Birkenholz haben eine feine Maserung und geschlossene Poren, das bedeutet, dass das Holz wenig verschmutzt. Die Oberflächen vieler Kindermöbel sind mit matt schimmerndem Wasserlack behandelt, gewachst oder geölt und dadurch pflegeleicht. Wenn Kindermöbel mit Farbe behandelt oder gebeizt angeboten werden, dürfen Möbelhersteller keine bleihaltigen Farben verwenden. Aufgrund der starken Beanspruchung müssen Kindermöbel nicht nur robust und gut verarbeitet, sondern auch sicher in der Standfestigkeit und in der Handhabung sein. Verschiedene Hersteller von Kinder- und Jugendmöbeln lassen ihre Produkte an offiziellen Prüfstellen testen. Wenn bestimmte Sicherheitskriterien erfüllt sind, gibt es Prüfzeichen.

Abb. 215: Prüfzeichen

Die Einrichtung des Kinderzimmers, die Art und Form der Möbel hängen sehr vom Alter des „Bewohners" ab.
Die ersten und wichtigsten Möbel für einen *Säugling* sind ein *Bett* oder Stubenwagen und eine Kommode mit einer Wickelauflage, die später wieder entfernt werden kann. Manche Wickelkommoden können so konstruiert sein, dass sie später als Schreibtisch zu nutzen sind.

Abb. 216: Ordnungseinrichtung am Wickeltisch

Abb. 217: Aus dem umgebauten Wickeltisch wird ein Schreibtisch

Kleinkinder brauchen ein Bett mit Seitenteilen, durch die sie herausschauen können. Abnehmbare Schlupfstäbe geben dem Kind den Weg frei zum bequemen Aus- und Einsteigen. Praktisch sind Kinderbetten, deren Liegeflächen mühelos höher gestellt werden können und die sich zu einer kleinen Couch oder einer Kinderliege umbauen lassen.

Abb. 218: Hochgestellte Liegefläche für kleinen Säugling

Abb. 219: Runtergesetzte Liegefläche für Kleinkind

Möblierungen mit Stockwerkbetten sind bei Raum- und Spielflächenmangel eine gute Lösung. Aber auch ohne räumliche Einschränkung bietet ein Hochbett mit verschiedenen Details viele Möglichkeiten für größere Kinder.

Etagenbetten sind stärkerer Beanspruchung ausgesetzt als übliche Liegen. Bei der Auswahl ist sehr auf Stabilität, ausreichend Schutz vor dem Herausfallen und eine solide Einstiegsleiter zu achten. Der Abstand zwischen den Liegeflächen sollte so bemessen sein, dass auch ein zwölfjähriges Kind noch im unteren Bett aufrecht sitzen kann. In geräumigen, rollbaren Schubladen unter dem Bett kann das Bettzeug verstaut werden.

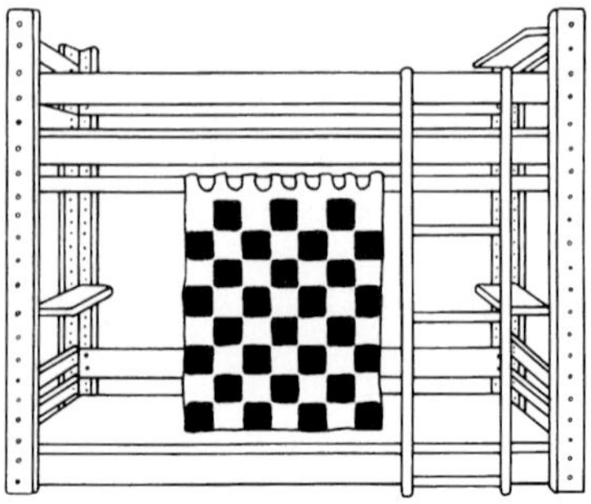

Abb. 220: Hochbett mit Details

Abb. 221: Etagenbett

Schränke, Kommoden und Regale für Kleidung und Spielsachen sind nur in kinderfreundlichen Höhen für die Kleinen benutzbar. Stabile, evtl. massiv verzinkte (auch rollbare) Schubladenkästen ermöglichen, ,,spielend leicht'' Ordnung zu halten und können zwischendurch zum Spielen umfunktioniert werden.

Für Kinder sind auch ihrer Körpergröße angepasste Tische und Stühle notwendig.

Abb. 222: Kommode

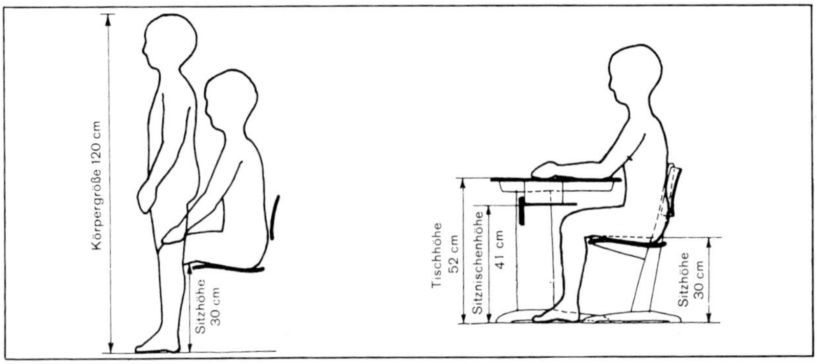

Abb. 223: Die sinnvolle Arbeitstisch- und -stuhlhöhe richtet sich nach der Körpergröße des Kindes

Es gibt anpassungsfähige Stühle für normale Tischhöhen, deren Verstellbarkeit die jeweilige perfekte Sitzposition unabhängig von der Größe des Benutzers zulässt.
Für aufrechte Haltung und um der natürlichen Motorik der Kinder nachgeben zu können, bewähren sich Sitze mit schwingenden Kufen, mit und ohne Rückenlehnen und gepolsterten Kniestützen. Dem „Zappelphilipp" kommt leichtes „Sich-bewegen-können" beim Sitzen sehr entgegen.

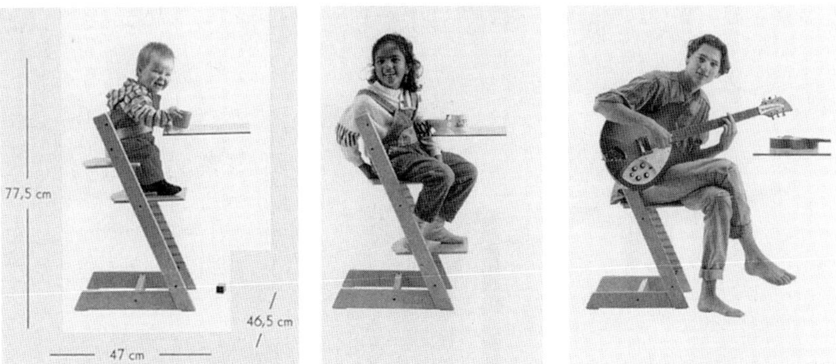

Abb. 225: Stuhl zum Mitwachsen

Abb. 226: Rückenschonender Stuhl

Abb. 227: Rückenschonender Schreibtisch

Spätestens das *Schulkind* soll einen eigenen, ungestörten *Arbeitsplatz* erhalten. Die Fläche des Arbeitstisches soll zwischen 120 bis 150 × 60 bis 80 cm groß sein. Ein ergonomisch konstruierter Tisch lässt sich von 58 cm bis 80 cm in der Höhe verstellen. Die beste Höhe zum Arbeiten ist, wenn das Kind beim Sitzen die Ellenbogen auf die Tischplatte legen kann. Rückenschonend beim Schreiben, Lesen und Malen sind *Arbeitstische*, deren Platten stufenlos neigbar sind.

Komplett wird ein Hausaufgabenplatz, wenn ein Schubladenteil oder gar ein Rollcontainer dazugenommen wird. Für Stifte und allerlei Krimskrams bietet sich z. B. das „Utensilo" an.

Das Zimmer der *Jugendlichen* ist kein „Kinderzimmer" mehr. Das Bett soll möglichst wenig wie ein Bett aussehen, eine Liege, die umgebaut als Sofa zu nutzen ist, ist in diesem Alter gefragt.

Abb. 230: Dieses Kinder- und Jugendbett aus massiver Birke ist handwerklich besonders robust verarbeitet und sauber gestaltet, so dass es auch noch von jungen Erwachsenen gerne angenommen wird

Der möglicherweise zu klein gewordene Schülerarbeitstisch muss in diesem Alter zugunsten einer großen Platte auf zwei Böcken oder eines Schreibtisches weichen. Anstelle von Spielzeugregalen werden Bücher- und Musikgeräteregale und vor allem viel Schrankraum notwendig, da der Bedarf an Kleidung, Sport- und Hobbyzubehör sehr zugenommen hat. Dann ist gegebenenfalls die Neuanschaffung eines etwa 120 cm breiten Schrankes notwendig. Vielleicht wird es ein besonderes Stück, das bei einem späteren Auszug aus dem Elternhaus gern mitgenommen wird.

Abb. 231: Ein besonderes Stück

Decke, Wand, Boden

Bei der Wahl von *Wandfarben* oder Tapeten ist das ,,Selber-Aussuchen-Dürfen'' bei Kindern und Jugendlichen wichtig. Es steigert die Verantwortung für ihren Raum.
Der *Bodenbelag* soll nicht nur pflegeleicht, sondern auch wärmeisolierend sein. Er soll eine möglichst ebene, glatte Fläche bilden, auf die gerade kleine Kinder zum Bauen angewiesen sind. Diese Anforderungen erfüllen Holz, Linoleum und Naturkork (siehe Kap. 4.5).
Festverklebte Teppichböden sind aus hygienischen Gründen für Kinderzimmer weniger geeignet. Baumwoll-, Wolle- oder Fleckerlteppiche sind gut zu reinigen bzw. auch mal gegen einen neuen auszuwechseln. Bei leichten Qualitäten empfiehlt es sich, eine rutschfeste Gittermatte unterzulegen.

Farbgebung

Kinder brauchen Farben von Anfang an. Grün ist eine sehr wichtige Farbe für die Entwicklung des Kindes. ,,Stadtkindern'' fehlt oft das starke Grün der Natur. Ein nicht zu dunkles Grün ist eine der vorrangigsten Farben für das Kinderzimmer, wenn dabei genügend Blau und Gelb von verschiedenen Möbelstücken, Kleidung oder Spielsachen dazu kommt. Rot im Kinderzimmer ist als Komplementärfarbe wichtig, da es zu Grün Ausgleich schafft.
Kinder bevorzugen in den verschiedenen Phasen ihrer Entwicklung bestimmte Farbtöne und Farbkombinationen.
Der plötzliche Hang, oft in der Pubertät, zu starken Kontrastfarben wie Ultramarinblau und Orange oder die überraschende Vorliebe für Pink, Lila oder Schwarz sollten ernst genommen werden. Farben sind Ausdruck des Gefühlslebens und spiegeln eine Stimmung wider. Allerdings kann es eine vorübergehende sein.

Trotzdem ist es notwendig, *Möglichkeiten der individuellen Farbgestaltung* im Kinder- oder Jugendzimmer vorzusehen. Das kann eine Wand oder ein Möbelstück sein, das zum Anstreichen in der Lieblingsfarbe freigegeben ist, oder eine Pinnwand aus einer Weichfasterplatte, die mit farbigem Filz bezogen wird. Zu große starkfarbige Flächen (z. B. alle Wände im Raum) können jedoch erdrückend wirken. Kissen, Vorhänge oder Rollos lassen sich leicht verändern und spielen das ,,Spiel der Farben" mit. Farben im eigenen Raum geben vor allem den größeren Kindern oder den Teenagern wichtige Erfahrungen im Umgang mit Farbe und deren Wirkung.

Beleuchtung

Zum physischen und psychischen Wohlbefinden eines Kindes gehört gutes Licht. Der *Lichtbedarf* wächst mit dem Alter und den zunehmend verschiedenen Tätigkeiten im Kinderzimmer. Eine Deckenleuchte allein genügt zu Erhellung des Raumes nicht. Mehrere Lichtquellen ermöglichen immer wieder neue Licht- und damit auch interessante Raumstimmungen.

Abb. 232: Diese Deckenleuchte verteilt das Licht gut und ist zudem ,,praktisch" gestaltet, da die Glühlampe ,,stoßsicher" geschützt ist. (Entwurf: Albertslund)

a b

Abb. 233: Die Arbeitsleuchte soll so angebracht sein, dass Reflexionen das Arbeiten nicht erschweren.
a richtig
b falsch

Optimale *Sehbedingungen* am Arbeitsplatz fördern Interesse, Begeisterung und Konzentration und beugen vorzeitigem Ermüden vor. Darum wird am Lern- und Werkplatz blendungsfreies, verstellbares Licht einer praktischen ,,langarmigen" Leuchte verlangt. Die *Arbeitsleuchte* soll nach Möglichkeit die gleiche Lichtrichtung wie das Tageslicht haben. Am Bett ist eine blendfreie, schwenkbare oder am Kopfende hinter einer Blende angebrachte Leseleuchte zweckmäßig. Teilen zwei Kinder einen Raum, ist es ratsam, jedem Kind eine Leseleuchte und die dazugehörende Schaltmöglichkeit zu geben.
Bei der Wahl der Lampen ist auf warmweiße Lichtfarbe und bestmögliche Farbwiedergabe zu achten.

9.6 Eingangsbereich, Flur

Der Eingangsbereich dient als Raumverbindung und Verteiler. Bei der Planung wird entschieden, ob der Flur nur als Verkehrsfläche dienen oder in den Wohnbereich einbezogen werden soll. Die Grundfläche ist nicht zu knapp zu bemessen, z. B. aufschlagende Türen und Treppenauf- und -abgänge beschneiden die Nutzfläche!
Der Eingangsbereich soll groß genug sein, um Gäste wirklich empfangen, und um Mäntel und Schuhe bequem aus- und anziehen zu können.

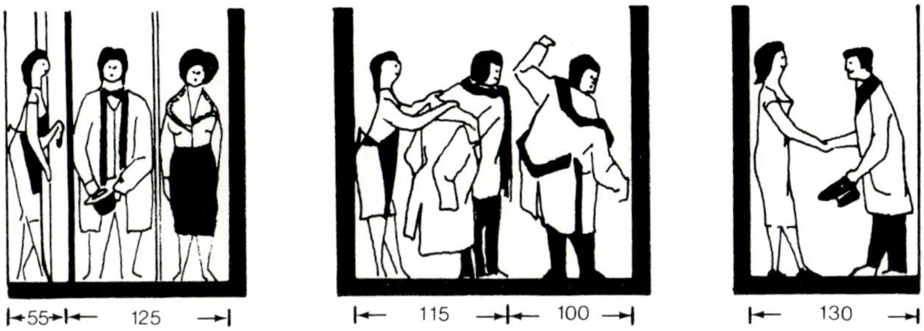

Abb. 234: Raumbedarf im Eingangsbereich

Einrichtung

Der Eingangsbereich ist die Vistenkarte.

Die Kleiderablage, auch für Besucher, kann ein Schrank mit 60 cm Tiefe (evtl. eingebaut in eine Mauernische) oder eine Garderobe sein (auf 1 m 6 Haken). Garderobenhaken sind

Abb. 235: Garderobe für Erwachsene und Kinder

Abb. 236: Formschöne Garderobe

Abb. 237: Schuhschrank

im bequemen Greifraum – ca. 1,60 m vom Boden – zu montieren; Haken auch in „Kinderhöhe" nicht vergessen!
Eine Garderobe ist nur dann praktisch, wenn eine Ablagemöglichkeit für Schirme, Handtaschen, Handschuhe, Mützen, Hüte und Schals vorhanden ist. Kleinteiliges wie Schlüssel und Kleiderbürste sind am besten in einer Schublade aufzubewahren. Ein Spiegel darf in diesem Bereich nicht fehlen. Mit einem raumhohen Spiegel kann ein ungünstig geschnittener oder kleiner Flur vergrößert werden.
Genügend Stauraum für Schuhe ist vorzusehen. Klappschuhschränke mit nur ca. 16 cm Tiefe entweder im Holz der Garderobeneinrichtung oder in Metall, farbig oder weiß wie die Wände und daher relativ unauffällig, bewähren sich sehr. Je nach Größe nehmen sie zwischen 10 und 20 Paar Schuhe auf.
Bei ausreichender Grundfläche kann eine Sitzgelegenheit aufgestellt werden, evtl. in Verbindung mit dem „Telefonplatz".

Decke, Wand, Boden, Farbgebung

Enge und hohe Flure können durch farbliche Gestaltung (s. Kap. 9.1) oder/und eine abgehängte Decke, in die Strahler eingebaut sind, optisch erweitert werden.
Die Wand im Eingangsbereich ist sehr starker Beanspruchung ausgesetzt. Günstig ist ein Anstrich mit atmungsfähiger Mineralfarbe. Entspricht es dem Charakter des Hauses und scheut man die Kosten nicht, dann sind Holzpaneele eine ebenso zweckmäßige wie schöne Lösung.
Der *Fußbodenbelag* im Eingangsbereich ist großem Verschleiß ausgesetzt. Der Flur ist Durchgangszone zu allen andern Räumen und wird zuerst mit den Straßenschuhen betreten. Deshalb muss der Bodenbelag besonders strapazierfähig sein. Hirznholzparkett, bei dem die Jahresringe „betreten" werden, Naturstein, keramische Platten oder Klinker sind hierfür äußerst robuste Materialien (s. Kap. 4.5).
Farben im Flur können einen beschwingten Auftakt zur farblichen Gesamtgestaltung im Haus geben. Einladende, fröhliche Farben sind hier gefragt. Auch dem Reiz, mal „gewagte" Farbkombinationen auszuprobieren, kann nachgegeben werden, da der Aufenthalt im Eingangsbereich nur kurzzeitig ist und die Flächen als Farbträger nicht riesig sind.

Abb. 238: Flurbeleuchtung

Beleuchtung

Licht und *Leuchten* sollen im Eingangsbereich eine einladende Atmosphäre schaffen, damit sich Gäste und Bewohner beim „Nach-Hause-Kommen" gleich wohlfühlen.
Ebenso muss der Eingangsbereich gut ausgeleuchtet sein. Die wenigsten Flure haben Fenster, so dass auch am Tage künstliches Licht notwendig ist. Lange, dunkle Flure verlieren durch quer angeordnete Leuchter oder Strahler ihr finsteres

Abb. 239: Richtig ausgeleuchtete Treppe

Aussehen und werden optisch verbreitert. Für niedrige Flure eignen sich gut flache Einbauleuchten oder Halogenstrahler. In den meisten Fluren wird durch die Garderobe eine Zusatzbeleuchtung am Flurspiegel notwendig. Diese Leuchten sollen rechts und links vom Spiegel, in Augenhöhe, angebracht werden, damit das Gesicht des Beschauenden keine Schatten zeigt.

Für die Wände von Treppenhäusern eignen sich flache, nicht scharfrandige, nach unten strahlende Leuchten.

Treppen sind richtig beleuchtet, wenn das Licht gleichmäßig verteilt an der Wand über den Stufen oder am besten vom oberen Treppenabsatz kommt. So entstehen kurze, weiche Schatten und die Stufen sind gut zu erkennen. Die Helligkeit der waagrechten Flächen muss sich deutlich von den senkrechten unterscheiden.

Stolperschatten entstehen bei Strahlern mit ,,enggebündeltem'' Licht. Die Beleuchtung der Stufen vom unteren Treppenabsatz her ist ebenso gefährlich, denn sie blendet den Hinabsteigenden und erschwert das Erkennen der Trittstufen.

Altenteil

Mit dem Älterwerden ist für viele Menschen eine Veränderung der Wohnsituation verbunden. Je nach ökonomischen und persönlichen Verhältnissen bedeutet das eine mehr oder weniger große räumliche Einschränkung. Ein Umzug ins Altenteil sollte dennoch positiv empfunden werden:

- ▲ Die neue Wohnsituation bietet viele Möglichkeiten eigener Lebensgestaltung.
- ▲ Ungestörtsein und Sich-zurückziehen-Können ist vielleicht erstmals in diesem Lebensabschnitt realisierbar.
- ▲ Die getrennten Wohnbereiche und ein eigener Eingang helfen Konflikte vermeiden und machen dadurch Nähe möglich.

10.1 Grundrissplanung

Lage, Größe, Zuschnitt und Einrichtung des Altenteils hängen von verschiedenen Faktoren ab, z. B. von der familiären bzw. finanziellen Situation, vom Alter und Gesundheitszustand der Altenteiler. Sie beeinflussen wesentlich die Planung und sollten rechtzeitig, genauso wie die Form des künftigen Wohnens, im Familienkreis diskutiert werden.
Das Altenteil kann im Erd- oder Obergeschoss des gemeinsamen Wohnhauses, aber auch in einem Anbau liegen oder als freistehendes Haus geplant werden. Eine Wohnung im Erd- oder Obergeschoss hat Vor- und Nachteile, die jedoch individuell zu werten sind.

Abb. 240: Einflussfaktoren auf die Gestaltung des Altenteils

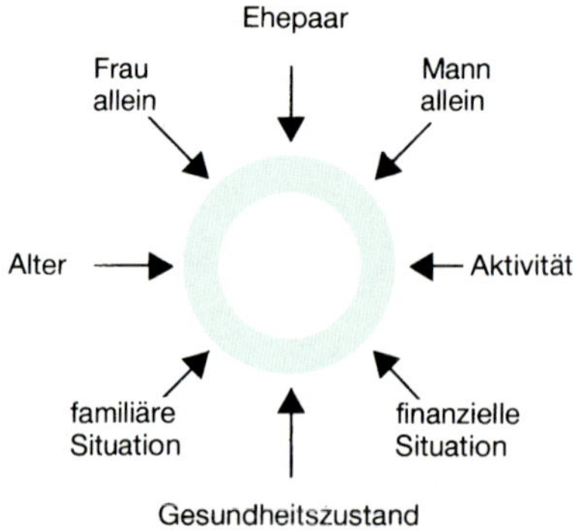

Altenteil im Erdgeschoss oder im Untergeschoss bei Hanglage

Vorteile:

- ▲ kein Treppensteigen,
- ▲ keine Schwierigkeiten beim Transport von Lebensmitteln, Wäsche u. dgl.,
- ▲ aktive Teilnahme am täglichen Geschehen leichter möglich,
- ▲ direkter Zugang zum Garten möglich,
- ▲ Baukostenersparnis durch günstige Raumausnutzung,
- ▲ bei Südlage gute Durchsonnung.

Nachteile:

▲ Größe evtl. eingeschränkt,

▲ Ungestörtheit nicht immer gewährleistet,

▲ „Kellerwohnung" oft unbeliebt.

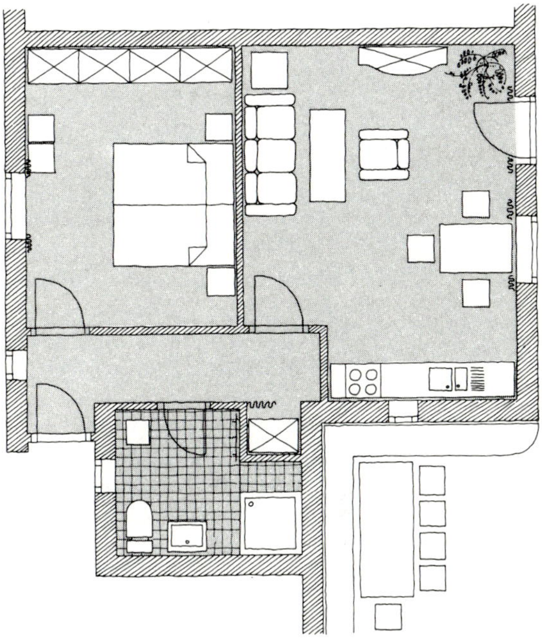

Abb. 241: Altenteil im Erdgeschoss oder im Untergeschoss bei Hanglage

Altenteil im Obergeschoss

Vorteile:

▲ mehr Ruhe,

▲ evtl. schönere Aussicht.

Nachteile:

▲ anstrengendes Treppensteigen,

▲ bei längerer Krankheit Gefahr der Vereinsamung,

▲ bei Pflegebedürftigkeit größerer Arbeitsaufwand.

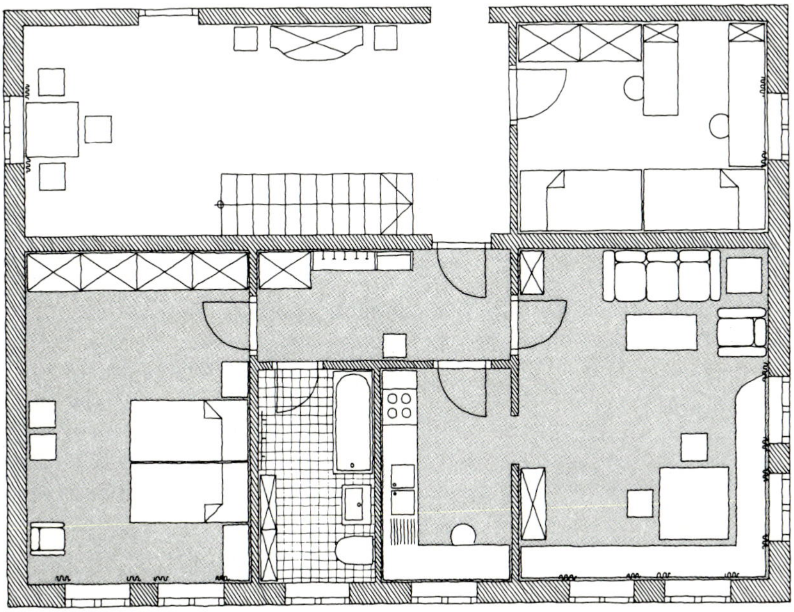

Abb. 242: Altenteil im Obergeschoss

10.2 Einrichtung und Platzbedarf

Ein Raum, der durch Persönliches geprägt ist, trägt sehr zum Wohlbefinden seiner Bewohner bei. Ältere Menschen lehnen oft beim Umzug ins Altenteil eine komplette Neueinrichtung ab. Gewohntes Inventar ist Teil ihrer Lebensgeschichte. Deswegen sollten die Raumzuschnitte ausreichend Stellflächen für im Laufe der Jahre Liebgewordenes zulassen. Jedoch sollte kritisch ausgewählt werden, welche Stücke tatsächlich zum Wohnen und Wohlfühlen „gebraucht" werden.
Raumausstattung, Möbel und Materialien sind so auszuwählen, dass sie von älteren Personen auch bei nachlassenden Kräften leicht gepflegt werden können und ausreichend Sicherheit zur Vermeidung von Unfällen gewähren.

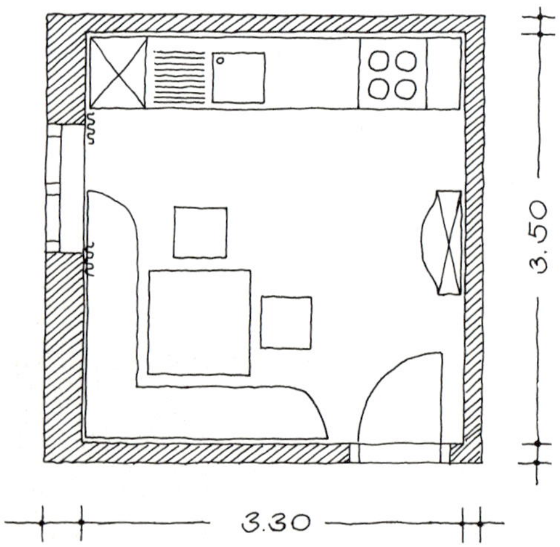

Abb. 243: Einzeilige Küche

Küche, Wohnküche

Bei der Planung der Küche ist zu überlegen, ob eine Wohnküche, eine Arbeitsküche oder eine Küchenzeile im Wohnraum gewünscht wird. Ca. 3 m Stellfläche als einzeilige Küchenform sind meist ausreichend. Die Küche soll auch für den älteren Menschen arbeitswirtschaftlich richtig geplant werden, so dass die Arbeit mit dem geringsten Kräfteaufwand bestmöglich erledigt werden kann (siehe auch Kapitel 8).

- ▲ Damit ältere Personen sicher hantieren können, sollte das oberste Fach nicht wesentlich über der Augenhöhe liegen.

- ▲ Mit dem Staubwischen auf Oberschränken sind Unfallgefahren verbunden. Es bietet sich an, den Raum über dem obersten Fachboden bis zur Decke zu verblenden.

- ▲ Kühlschrank und Backofen sind angenehm zu bedienen, wenn sie hochgestellt werden, d. h. ca. 60 cm vom Boden bis zur Geräteunterkante.

- ▲ Unterschränke sollten mit vollausziehbaren Zügen (Teleskopschienen) gewählt werden, damit beschwerliches Bücken entfällt.

- ▲ Schubladen im unteren Bereich der Küchenzeile sind nicht praktisch, da sie nur durch tiefes Herunterbücken zu benützen sind. Schubladen und Griffe sollten nicht tiefer als 45 cm vom Boden angebracht werden. Abgerundete Bügelgriffe lassen sich optimal handhaben, unpraktisch dagegen sind Griffleisten und Einlassmuscheln.

- ▲ Arbeiten im Sitzen hilft Kräfte sparen. Ausziehbretter oder ein nicht unterbauter Teil der Arbeitsplatte und ein in der Sitzhöhe sowie im Rückenbereich verstellbarer Arbeitsstuhl ermöglichen dies.

Vielfach wird gewünscht, die Küche als Wohnküche zu planen. Der Essplatz sollte nicht überdimensioniert werden, jedoch so groß sein, dass Gäste mit am Tisch sitzen können (siehe auch Kapitel 8.2 und 9.3).

Wohnraum

Der ältere Mensch wird in der Regel aus finanziellen Gründen und wegen geringerem Pflegeaufwand eine kleinere Wohnung bevorzugen. Deshalb kommt dem Wohnraum eine besondere Bedeutung zu. Hier spielt sich das tägliche Leben ab. Lesen, Schreiben, Handarbeiten, Musik hören, Enkelkinder betreuen, Besuch empfangen und evtl. übernachten lassen, verlangen eine Raumeinrichtung, die dies zulässt.
Da ältere Menschen besonders sturzgefährdet sind, muss den Unfallgefahren durch sinnvolle Planung und Möbelauswahl vorgebeugt werden. Wichtig ist, dass auf stabile, nicht kippende Möbel mit evtl. abgerundeten Kanten geachtet wird. Altes Mobiliar lässt sich gut mit neuem, vielleicht praktischerem kombinieren. Zwischen den Möbeln sollte genügend „Raum zum Bewegen" sein. Das erleichtert auch das Saubermachen und – falls notwendig – das Fahren im Rollstuhl.
Mit zunehmendem Alter steigt das Ruhebedürfnis und ein großer Teil des Tages wird im Lehnstuhl zugebracht.

Abb. 244: Körpergerecht geformter Lehnstuhl

Merkmale für die Beschaffenheit eines idealen Ruhesessels

- ▲ Die Polsterung soll fest sein, damit der Körper gut abgestützt wird.
- ▲ Die Sitzhöhe sollte mindestens 46 cm betragen, wobei die Füße immer festen Halt am Boden finden sollen.
- ▲ Die Neigung der Sitzfläche nach hinten und die Schräge der Rückenlehne sollen gering sein, so dass fast aufrechtes Sitzen möglich ist.
- ▲ Besonderen Komfort bieten Sessel, die mechanisch, mit Gasdruckfeder oder mit Elektromotor stufenlos verstellbar sind.
- ▲ Eine ausziehbare Sitzfläche und ein Fußhocker erhöhen die individuelle Bequemlichkeit.
- ▲ Kopfstützen beim „Ohrenbackensessel" sind angenehm.
- ▲ Armlehnen tragen zum geruhsamen Sitzen bei, wenn die Arme bequem anliegen können. Sie sind eine große Hilfe beim Absitzen und Aufstehen und verstärken das Gefühl der Geborgenheit. Die Armlehnen sollten gut zu umfassen und praktischerweise nicht mit Stoff bezogen sein.

Die richtige Umgebung eines Ruhesessels macht erst den Ruheplatz vollkommen. Für gute Beleuchtung ist zu sorgen. Das kann eine Stehleuchte mit schwenkbarem Schirm oder eine Wandleuchte sein, bei der es am Fußboden kein unfallträchtiges Kabel gibt.

Bücher, Zeitschriften, Brille, Radio und Telefon sollten griffbereit in der Nähe des Lehnstuhls sein. Praktisch ist ein Servierwagen oder eine Rollkommode, die zugleich als Beistelltischchen zu verwenden ist.
In günstiger Entfernung zum Sessel oder zur Sitzgruppe und in Augenhöhe sollte der Fernsehapparat aufgestellt werden.

Freisitz

Viele Altenteiler im ländlichen Bereich begnügen sich mit der Sitzbank vor dem Haus zum Ausruhen oder um von dort aus das Leben ihrer Umgebung zu beobachten.
Ein geschützter Freisitz dagegen ist als Wohnraum im Freien aufzufassen, der besonders für den gebrechlichen Menschen die einzige Möglichkeit ist, sich in der frischen Luft aufzuhalten. Er bietet praktische Vorteile, z. B. für das Lüften von Kleidern und das Wäschetrocknen. Die Größe sollte so bemessen sein, dass er für 2–4 Personen Platz bietet und Liegestühle aufgestellt werden können. Die Möbel sollten stabil und wetterfest sein. Breite Türen ins Freie erleichtern den Zugang.
Bei einer Wohnhaus-Neuplanung wäre zu überlegen, von welchem Raum aus der Freisitz betreten werden soll. Unter Umständen wird die Raumzuordnung dadurch entscheidend beeinflusst. Es ist zu überlegen, ob man von der Küche aus den Freisitz zum Kaffeetrinken bzw. Abendessen benutzen will, oder ob Wert darauf gelegt wird, dass vom Schlafraum aus ein Rollstuhl ins Freie geschoben werden kann.
In manchen Fällen lässt sich der Freisitz als Kommunikationszentrum zwischen Jung und Alt, das von beiden Wohnungen aus zugänglich ist, einrichten (siehe Grundriss: ,,Altenteil im Erdgeschoss'' Kap. 10.1).
Bei der Gestaltung sollte ein Sonnen- und Windschutz nicht fehlen. Das kann ein Sonnenschirm, ein Vordach oder die Bepflanzung sein. ,,Optische Sicherheit'' ist für den Freisitz notwendig, damit er wie ein Wohnraum Ungestörtheit und Privatheit vermittelt.

Schlafraum

Der betagte Mensch verbringt viel Zeit im Schlafraum, nicht nur um zu schlafen, oft mehr noch, um sich auszuruhen. Deshalb ist Behaglichkeit auch in diesem Raum wünschenswert.
Für einen Schlafraum im Altenteil sind 15–20 m^2 ausreichend, wobei nach Bedarf und persönlicher Situation genügend Stellflächen für Schrank und Bett(en) vorgesehen werden sollte.

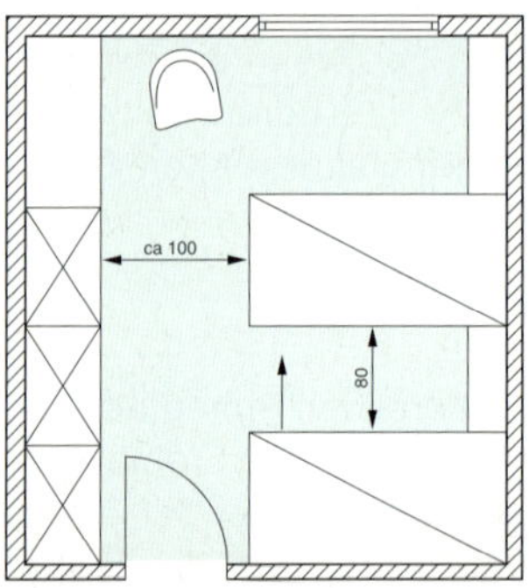

Abb. 245: Bewegliche Einzelbetten sind praktischer als das übliche Ehebett

- ▲ Vor und zwischen den Möbeln sind 80–100 cm Bewegungsabstand einzuhalten.
- ▲ Wegen der Kälteabstrahlung ist es besser, Betten nicht an Außenmauern zu stellen.
- ▲ Die Blickrichtung vom Bett aus zum Fenster oder vom Fenster abgewendet ist individuell zu entscheiden.

▲ Der Möbelhandel bietet gute Seniorenbetten an. Für Pflegefälle braucht man ein Spezialbett (Sanitätsladen) bzw. ein Leihbett einer Sozialstation.

▲ Die Betten sollten nach Möglichkeit einzeln aufgestellt werden können. Im Krankheits- oder Pflegefall ist beidseitige Zugänglichkeit vorteilhaft. Evtl. kann die Anschaffung von Betten auf bremsfähigen Rollen notwendig sein.

▲ Die Höhe der Liegefläche für das Seniorenbett sollte mindestens 45 cm, besser 55 cm betragen. Diese Höhe ermöglicht gleichzeitig bequemes Sitzen, müheloses Sich-Hinlegen und Aufstehen und erleichtert die Pflege im Krankheitsfall.

▲ Ein verstellbarer Lattenrost wird gerne angenommen, da ein älterer Mensch gerne erhöht schläft, aufrecht und sicher im Bett sitzen und die Beine hochlegen möchte. Besonders komfortabel ist die Veränderbarkeit der Liegeposition mit einem eingebauten Niedervolt-Motor und Fernbedienung.

▲ Wichtig ist es, eine Matratze auszuwählen, die den Austausch von warmer und kalter Luft sowie des Kondenswassers gewährleistet.

▲ Das Bettgestell sollte so ausgewählt werden, dass das Bettenmachen mühelos und ungefährdet durchgeführt werden kann. Ein Stollenbett ermöglicht dies, da es ringsum Fußfreiheit gewährt. Sollte ein Polsterbett bevorzugt werden, ist auf einen 15–20 cm zurückgesetzten Sockel zu achten. Wird das Bett tagsüber als Liegefläche benützt, muss das Bettzeug einfach wegzuräumen sein. Unpraktisch sind Bettzeug-Schubladen unterm Bett und „Springauf-Kästen" bei Polsterbetten. Günstig sind Bettzeugkästen, in die das Bettzeug von oben verstaut werden kann. Auch rund um das Bett sollten Dinge, die oft gebraucht werden, Platz finden. Die Rollkommode, die tagsüber zum Ruheplatz gehört, könnte abends oder im Krankheitsfall im Schlafzimmer nützlich sein. Ebenso ist ein Sessel zur Kleiderablage und um sich sitzend an- und ausziehen zu können, in der Nähe der Betten praktisch.

a

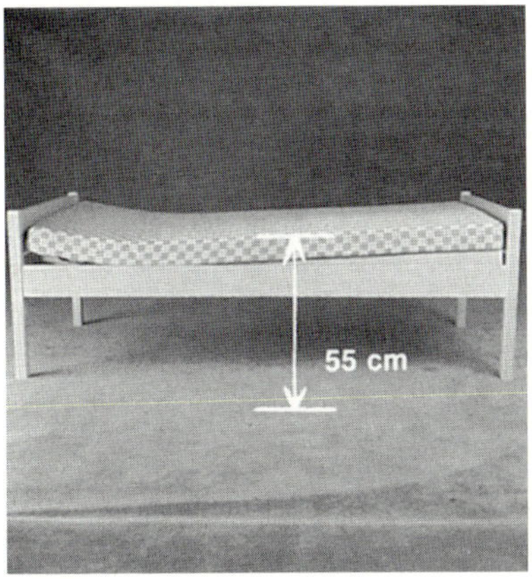

b

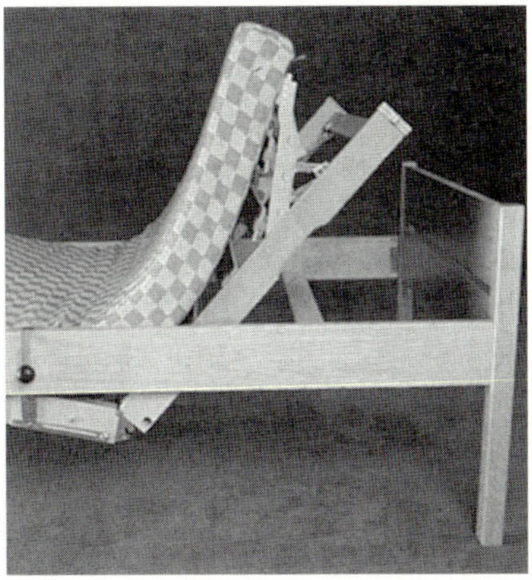

Abb. 246: Seniorenbett (Stollenbett)
a Höhe 55 cm
b Detailfoto: verstellbarer Lattenrost

10.3 Decke, Wand, Boden, Farbgebung

Für Decke und Wand im Altenteil gelten die gleichen Vorschläge wie im allgemeinen Wohnbereich.
Durch Verminderung der Sehtüchtigkeit ist der ältere Mensch besonders sturzgefährdet. Böden ohne Türschwellen verringern die Stolpermöglichkeiten. Es ist notwendig, *Bodenbeläge* auszuwählen, die Sicherheit im Begehen gewähren, d. h. Bodenbeläge, die

- ▲ *rutschsicher,*
- ▲ trittelastisch,
- ▲ fußwarm,
- ▲ unempfindlich in Bezug auf Farbe, Oberfläche und Struktur und
- ▲ leicht zu reinigen und zu pflegen sind.

Diese Eigenschaften haben Beläge wie mit rutschfestem Wachs behandelte Holzdielen, Parkett, Kork und Linoleum.
Auch Teppichböden erfüllen diese Anforderungen. Sie haben den Nachteil, dass sie zwar bei leichter Verschmutzung leicht zu reinigen (staubsaugen), bei stärkerer Verschmutzung (z. B. Flecken durch verschüttete Flüssigkeiten) aber schwer sauber zu halten sind.
Es ist günstig, einen eventuellen Materialunterschied bei verschieden genutzten Räumen auszugleichen und dabei den Farbton an das angrenzende Material anzupassen. Das vergrößert optisch die gesamte Wohnung und wirkt als einheitliche Grundfläche angenehm.
Der Bodenbelag soll z. B. mit alten Möbelstücken und neu zu beschaffenden Einrichtungsgegenständen harmonieren. Das verlangt genaues Abstimmen sämtlicher Materialien, Farben, Muster, Oberflächen und Strukturen im Raum.
Lose liegende Teppiche, Läufer und Bettumrandungen auf glatten Böden sind eine Gefahrenquelle in der Wohnung des älteren Menschen. Rutschhemmende Unterlagen verhindern zwar das Bewegen des Teppichs, bieten aber keine befriedigende Lösung des Problems.
Bei der Farbgebung für Räume gelten für Senioren und Junioren die gleichen Gestaltungsgrundsätze.

10.4 Beleuchtung

Neben den allgemeinen Gesichtspunkten steht hier die *einfache Bedienung* im Vordergrund. Die Schalterhöhe von 1,05–1,10 m vom Boden hat sich als günstig erwiesen. Praktisch sind Flächenschalter, die notfalls auch mit dem Ellbogen bedient werden können. Lichtschalter mit eingebauten Lämpchen werden auch im Dunkeln gefunden.
Es lohnt sich, einige Steckdosen mehr zu installieren und dabei Möglichkeiten, einen Raum anders einzurichten, offen zu halten, als später mit viel „Kabelsalat" Unfallgefahren zu schaffen.

Sanitärbereich

11.1 Grundrissplanung nach Bewohner- und Raumsituation, Platzbedarf

Bei der Grundrissplanung soll der Sanitärbereich dem Elternzimmer und den Kinderzimmern zugeordnet werden. In großen Familien könnten eventuell Eltern und Kinder jeweils ein eigenes Bad zur Verfügung haben.

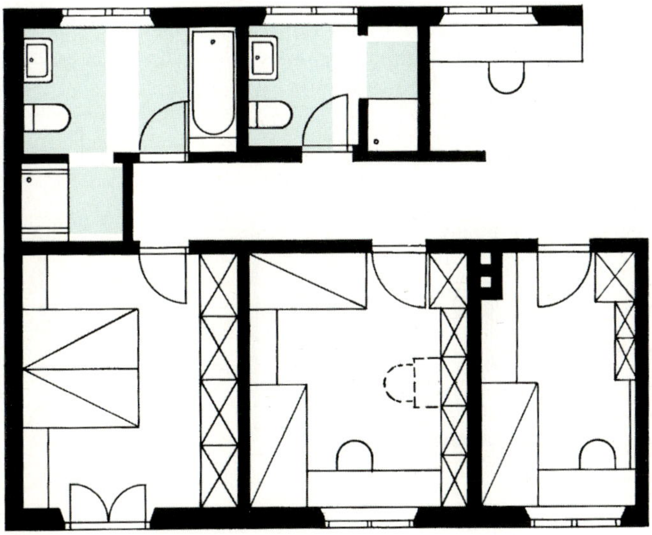

Abb. 247: Grundrissplanung Bad und WC

Eine Trennung von Bad oder Dusche und WC bringt in der Regel Vorteile. Für größere Familien sind mindestens 2 WCs notwendig, wobei eines als Gäste-WC im Eingangsbereich liegen kann. In der DIN 18022 sind die Ausstattungsteile für den Sanitärbereich mit den Mindestabmessungen und deren Stell- und Bewegungsflächen festgelegt. Damit werden bequemes, sicheres Benutzen für Personen *jeden* Alters gewährt und die Reinigungsarbeiten nicht erschwert.
Damit die Bewegungsflächen nicht zu klein werden, sollte man sich an folgende Mindestgrößen halten:

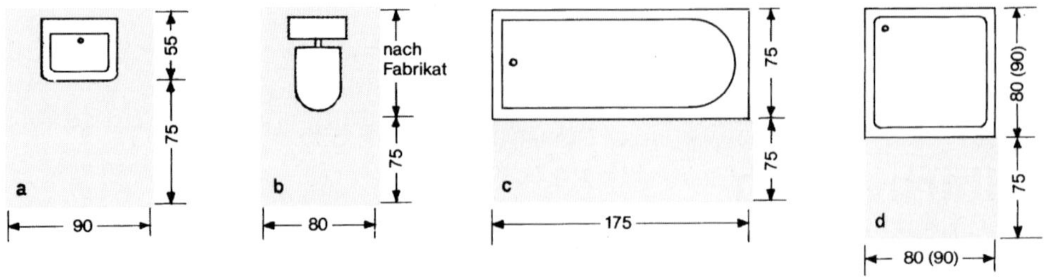

Abb. 248: Mindestabmessungen im Sanitärbereich
a Waschtisch
b Spülklosett, Bidet (Sitzwaschbecken)
c Badewanne (normale Größe)
d Brausewanne

Mindestraumbedarf

Bad	4–6 m²
Dusche mit WC	3–5 m²
WC	1,5–2 m²

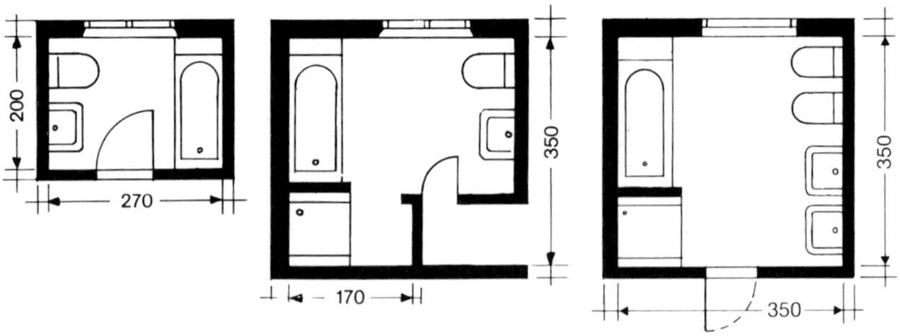

Abb. 249: Grundrissbeispiele Bad mit WC

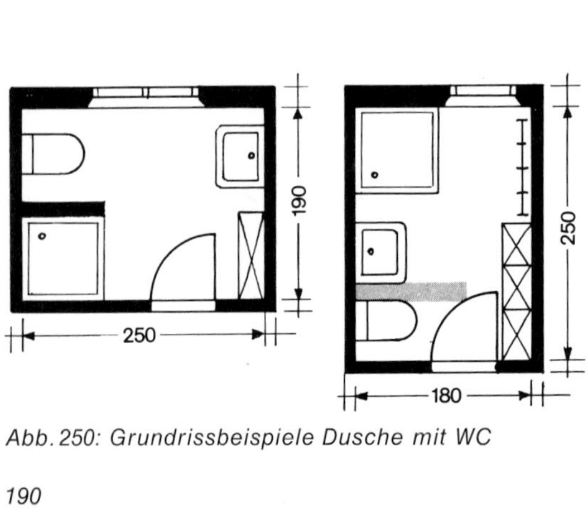

Abb. 250: Grundrissbeispiele Dusche mit WC

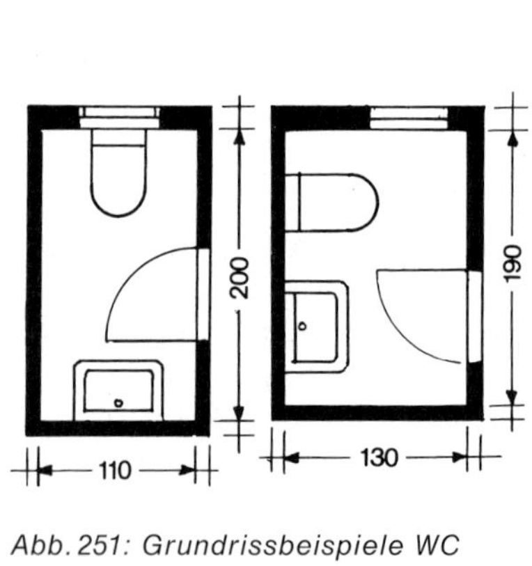

Abb. 251: Grundrissbeispiele WC

Planungsregeln:

- ▲ Waschbecken werden oft benutzt, daher an zugänglicher Stelle in Türnähe anbringen.
- ▲ Beim Baden oder Duschen soll keine Zugluft entstehen, deshalb nie eine Badewanne unter ein Fenster stellen, auch um Unfälle beim Fensterputzen zu vermeiden.
- ▲ WCs stehen günstigerweise unter oder neben einem Fenster.
- ▲ Sanitärräume müssen gut lüftbar sein, damit der Wasserdampf entweichen und Schimmelbildung nicht entstehen kann.
- ▲ Fenster sollen leicht zu bedienen und zu reinigen sein.
- ▲ Türen dürfen keine Einrichtungsteile berühren und auch nicht gegen die Wandfliesen schlagen. Stopper im Fußboden vorsehen. Aus Sicherheitsgründen soll die Badetürverriegelung von außen zu öffnen sein, z. B. mit einer Münze.
- ▲ Halbrunde oder U-förmige Türdrücker können auch mal mit dem Ellbogen betätigt werden. Beide Griff-Formen verhindern weitgehend lästiges Hängenbleiben mit Schürzenträgern, Taschen usw.

a

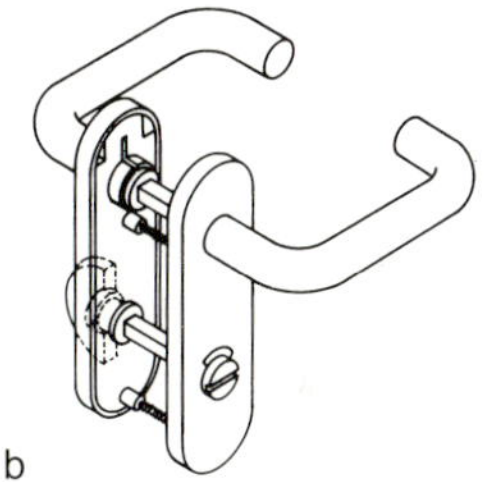
b

Abb. 252:
a Türdrücker, praktisch und sicher
b Tür muss von außen zu öffnen sein, z. B. mit einer Münze

- ▲ Sanitärräume müssen heizbar sein.
- ▲ Steckdosen sollten mit Schutzdeckel bzw. Kindersicherung versehen und von der Badewanne oder Dusche aus nicht erreichbar sein.
- ▲ Grenzen Wände von Schlafräumen an solche, in denen Wasserinstallationen verlaufen, sollen geräuscharme Armaturen verwendet werden.

11.2 Ausstattung

Waschtisch

Die in der Werbung als platzsparend angebotenen Doppelwaschtische bewähren sich im Gebrauch meist nicht. Bei Doppelbenützung ist gegenseitige Behinderung unvermeidbar. Dazu sind sie in der Anschaffung teurer als zwei Einzelwaschtische. Praktisch sind Ablageflächen rechts und links neben dem Beckenrand.
Der Waschtisch sollte so groß sein, dass man mit abgewinkelten Unterarmen bis zu den Ellenbogen eintauchen kann. Im WC kann das Waschbecken kleiner sein, da hier nur die Hände gewaschen werden.

Zweckmäßig ist eine geschwungen verlaufende Beckenform (keine Trapezform), die dadurch leicht zu reinigen ist.
Säurebeständige Waschtische werden aus Porzellan, Steingut oder emailliertem Stahl angeboten. Acrylbecken lassen sich besonders leicht sauberhalten, da dieses Material keine offenen Poren hat. Nach dem Trend der Mode ausgerichtete Farben sind kurzlebig. Farbige Sanitärteile kosten ca. doppelt so viel wie weiße. Auch lässt sich nicht vermeiden, dass Wasserflecken (Kalk) bei farbigen Becken immer sichtbar sind.
Waschbecken sind an der Wand befestigt (Montagehöhe 80–85 cm Oberkante). So genannte „Standfüße" stützen nicht, sie verkleiden lediglich Ablaufrohr und Ventile. Und hinter dieser Verkleidung, die keine feste Verbindung zur Wand hat, entstehen Schmutzecken!

Badewanne, Duschwanne

Ob eine Badewanne oder eine Dusche gewünscht wird, hängt von den Gewohnheiten der Benutzer ab.

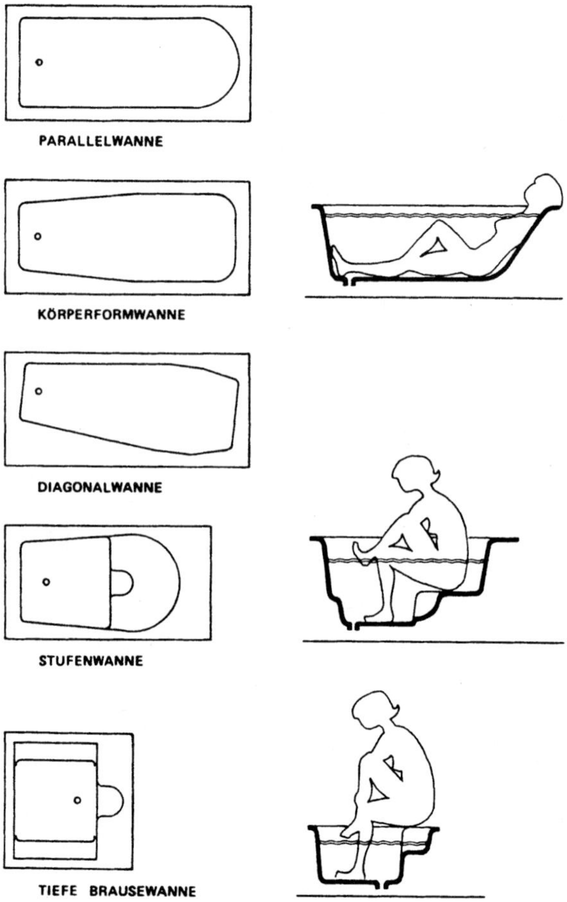

Abb. 253: Die wichtigsten Wannentypen

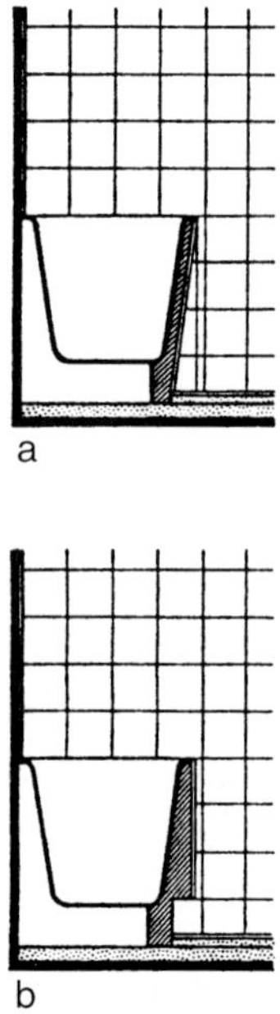

Abb. 254:
Schnitte durch eine Badewanne: Längsseite schräg verlaufend gefliest
a ohne Sockeluntertritt
b mit Sockeluntertritt (8–10 cm)

Badewannen gibt es in verschiedenen Größen und Formen (s. Abb.). Im Wasserverbrauch sparsam sind körpergerecht geformte Badewannen. Dafür ist die Bewegungsfreiheit etwas eingeschränkt. Speziell für Senioren und Kinder wurden kombinierte Bade-Duschwannen entwickelt. Niedrige Höhe, rutschsichere Stopp-Punkte am Boden der Wanne, Griffbrücke, Sitzbank und Fußstütze bieten viel Sicherheit. Bei den ebenso für ältere Personen empfohlenen höheren Stufen- oder Sitzbadewannen (104–150 cm lang, 60–65 cm hoch) kann der Einstieg selbst bei den angebotenen Treppchen problematisch sein. Die kürzeren Wannenmaße können bei nachträglichen Ausbauarbeiten von Vorteil sein, wichtig ist zu wissen, dass diese Wannen höher im Wasserverbrauch sind.
Praktische Ablagen sind breite Wannenränder oder gemauerte, mit Fliesen verkleidete Sockel zwischen Wannenrand und Wand.
Ein Griff in zweckentsprechender Höhe und Richtung, der am besten nach „probesitzen und ausprobieren" montiert wird, sowie eine Gummieinlage am Boden der Wanne vermindern Unfälle im Bad.
Zur leichteren Reinigung der Badewanne ist es ratsam, wenn die Längsseite der Wanne schrägverlaufend gefliest oder/und ein zurückgesetzter Sockeluntertritt, ca. 8–10 cm, ausgebildet wird.
Bade- und Duschwannen sind in verschiedenen Materialien und Farben erhältlich. Emaillierte Stahlwannen leiten die Wasserwärme relativ schnell ab. Dafür sind sie im Preis günstiger als die viel härteren und dickeren Gußeisenwannen. Diese Wannen speichern die Wassertemperatur länger. Die stärker aufgetragene Emailbeschichtung ist widerstandsfähiger gegen Stöße und Kratzer. Stahl- und Gusswannen müssen an die Erdungsleitung angeschlossen werden (Potentialausgleich). Zwischen beiden Wannen, preislich gesehen, liegt die Kunststoffwanne. Wannen aus Acryl sind gering in der Wärmeabgabe, rutschsicher und leicht zu reinigen, da dieses Material keine offenen Poren hat. (Eventuelle Kratzer können selber mit einer Paste auspoliert werden).
Zum *Duschen* und Fußwaschen eignet sich eine tiefe Duschwanne von 28–35 cm Höhe mit einer an der Wand befestigten, klappbaren Sitzgelegenheit (s. Abb. 267).
Bequemen Einstieg bieten jedoch möglichst flach ausgeführte, bei rechtzeitiger Planung in den Boden eingelassene „Duschtassen". Duschen gänzlich ohne Wanne haben viele Vorteile im Benutzen und sind kostengünstig auszuführen. Genügend Ablaufgefälle in diesem Bereich ist notwendig. Die üblichen Falt- oder Duschabtrennungen aus Kunststoff mit starren Eckprofilen sind in der Regel sehr pflegeaufwendig; bei manchen Modellen ist die Reinigung der waagerechten und senkrechten Führungsschienen fast unmöglich.
Eine Dusche sollte nach Möglichkeit von drei Seiten mit festen Wänden umgeben sein, damit der Spritz-

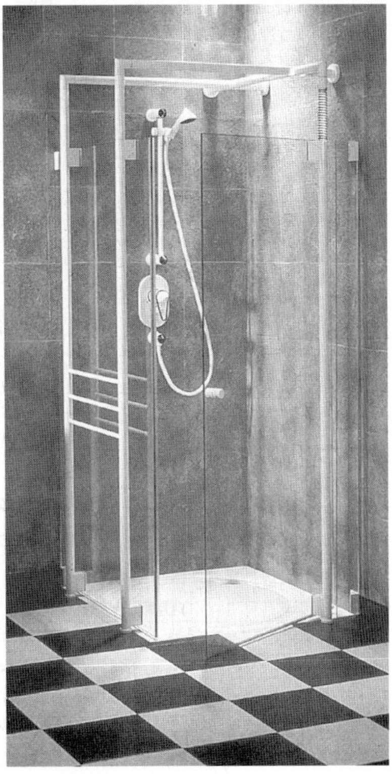

Abb. 255: Duschkabine

bereich eingeengt ist. Als Spritzschutz werden häufig Duschvorhänge aus Kunststoff verwendet. Frotteestoffe sind bei Berührung während des Duschens angenehmer, saugen sich aber voll und werden schwer. Vorhänge sollen *in* der Wanne hängen. Spritzwände können auch aus drahtarmiertem Gussglas oder Sicherheitsglas (vgl. Abb. 255) ausgewählt werden.

WC

Die Verbreitung der Klosett-Typen ist regional verschieden. Jeder Typ hat bestimmte Vorteile, die von Fall zu Fall gegeneinander abzuwägen sind.
Flachspülbecken sind alle WCs, bei denen die Fäkalien bis zum Spülen in der flachen Auffangschale liegenbleiben. Das ermöglicht die Harn- und Stuhlkontrolle. Das Abflusssystem des Flachspülers ist besonders unkompliziert und verstopft nicht leicht. Nachteilig ist die Geruchsbelästigung.
Nahezu geruchsfrei und mit geringer Verschmutzung sind *Tiefspül-WCs,* deren schrägverlaufende Becken ungefähr zur Hälfte ständig mit Wasser angefüllt sind. Es gibt sie mit Boden- und Wandanschluss. Die Art der Wasserabführung ist jedoch für ein Wandmodell am besten geeignet. Der Tiefspüler verbraucht wie der Flachspüler jeweils 6–9 Liter Wasser. Es kann aber vorkommen, dass beim Tiefspüler zweimal spülen notwendig ist, da Stoffe, die leichter sind als Wasser, nicht sofort mitgenommen werden. Während Flach- und Tiefspül-WCs dadurch gereinigt werden, dass das abfließende Spülwasser mitnimmt, was mitzunehmen ist, arbeitet das *Absaug-WC* mit starkem Sog, der den gesamten Inhalt des WCs in das Abflussrohr zieht. Der Sog beim Spülen entsteht durch eine Verengung im Abgang. Das Absaug-WC gilt als besonders hygienisch und „arbeitet" sehr leise. Der Wasserverbrauch beim Spülen liegt bei 9 Liter. Am besten funktionieren Absaugmodelle mit Bodenmontage.
WC mit Wandbefestigung sind bei der Fußbodenreinigung besonders vorteilhaft. Jedoch sind sie in der Anschaffung kostenaufwendiger als Standmodelle.

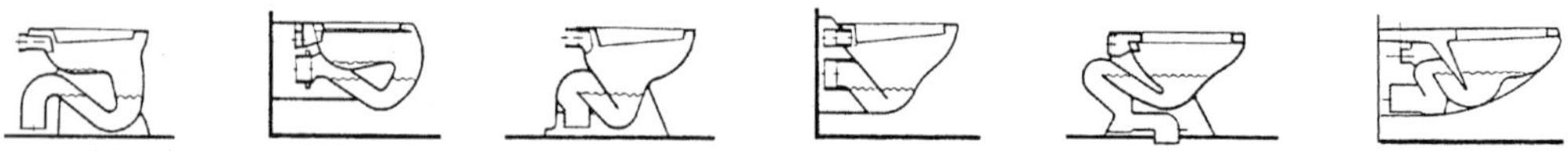

a) Flachspülbecken b) Tiefspülbecken c) Absaugbecken

Abb. 256: WC-Typen

Seit ein paar Jahren sind WC-Modelle mit eingebauter körperwarmer Reinigungsdusche und Warmluftgebläse auf dem Markt.
Alte *Druckspülungen* verursachen durchdringende Geräusche. Sie müssen nach Zeit und Wasserdruck richtig eingestellt sein, sonst können neben zu starker oder schwacher Spülung auch „Schläge" im Rohrnetz auftreten, die evtl. zu Rohrbrüchen führen.
Besonders leise arbeiten *Kastenspülungen.* Flache Modelle in Kunststoff tragen nur 10 cm auf und hängen knapp über der Toilette. Kastenspüler eignen sich auch für den Einbau in die Wand, so dass die für die Toilette

benötigte Stell- und Bewegungsfläche im Bad oder WC gering gehalten werden kann. Neue Kastenspülungen sind auf 6 l Verbrauch eingestellt, ebenso kann eine Spar- bzw. Stoptaste bedient werden.
Um kostbares Leitungswasser einzusparen, setzen sich mehr und mehr WC-Spülanlagen durch, die mit Regenwasser versorgt werden.

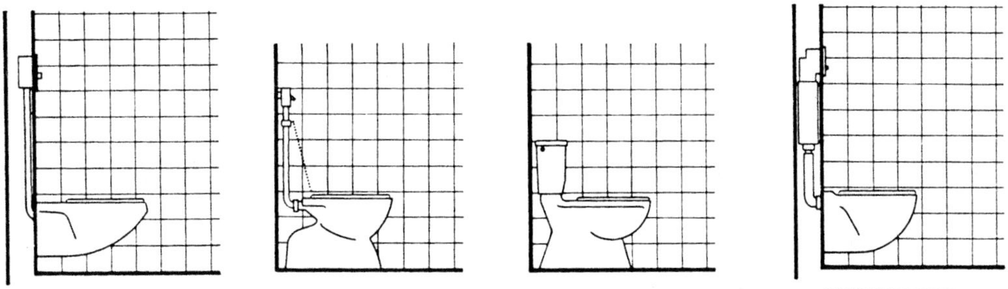

Abb. 257: Spüleinrichtungen für WC-Becken

Bidet

Das Bidet oder Sitzwaschbecken ist in den meisten südlichen Ländern nicht wegzudenken. Bidets können zusätzlich zum Füßewaschen oder als Waschbecken für kleinere Kinder benutzt werden. Sie sind passend zu Becken, Wannen und Klosetts erhältlich, aus Sanitärkeramik und Acryl. Der Abflussquerschnitt eines Sitzwaschbeckens ist geringer als der eines Klosettbeckens, daher ist der nachträgliche Einbau in ein WC möglich, nicht aber umgekehrt.

Wasserentnahmearmaturen

Sanitärarmaturen, im allgemeinen Sprachgebrauch als *Wasserhähne* bezeichnet, gibt es in einer für Nichtfachleute verwirrenden Vielfalt.
Grundsätzlich unterscheidet man *Auslaufventile (Kaltwasserarmaturen)* und *Mischbatterien (Warmwasserarmaturen)*.
Auslaufventile (Zapfhäne) dienen in Wohngebäuden ausschließlich zum Zapfen von Kaltwasser ohne Heißwasser-Zumischung und werden als Standventil beispielsweise auf Handwaschbecken von WC-Räumen oder über dem Becken als Wandventil installiert.
Als Wandventil mit Schlauchverschraubung, d. h. mit Anschlußmöglichkeit für einen Schlauch, d. h. werden sie im Garten, in Garagen und Heizungskellern, aber auch für die Gebäudereinigung in größeren Sanitärräumen verwendet.
Mischbatterien bestehen aus der Kombination je eines Kalt- und Warmwasserventils. Die Wassertemperatur wird entweder manuell durch Betätigen der Ventile eingestellt oder thermostatisch gesteuert.
Als Wandbatterien versorgen sie vornehmlich Ausgußbecken, Bade- und Duschwannen, als Standbatterien in erster Linie Waschtische und Spülen.
Das Schließen und Öffnen eines Beckenablaufes erfolgt üblicherweise durch Betätigung eines armaturenintegrierten Hebel- bzw. Zugknopfes.
Die Mischbatterien unterscheiden sich auch in der Handhabung:

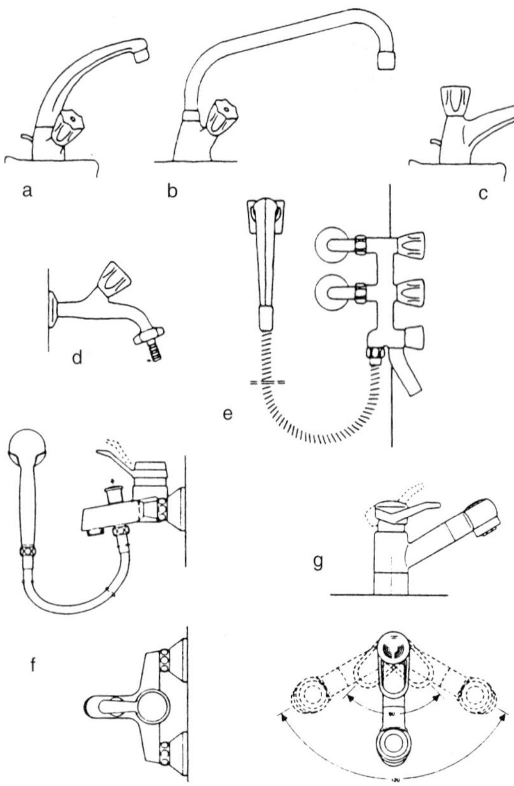

Abb. 258: Sanitärarmaturen.

a Einlochmischbatterie
b Einlochmischbatterie mit Schwenkarm
c Standventil
d Wandventil mit Schlauchverschraubung
e Wannenfüll- und Brausebatterie für beengte räumliche Verhältnisse
f Einhand-Wannenfüll- und Brausebatterie
g Einhand-Spültischmischer mit Schwenkauslauf

Konventionelle Mischbatterien (Zweigriff-Armaturen) sind mit 2 Drehgriffen ausgestattet, links für Warmwasser, rechts für Kaltwasser. Zur Anbringung sogenannter Einlochbatterien ist jeweils nur ein „Hahnloch" an der dafür vorgerichteten dünneren Stelle des sanitären Einrichtungsgegenstandes einzuschlagen.
Einhandmischer (Ein-Griff-Mischer) regulieren bei vertikaler Betätigung (auf/ab) die Wassermenge, bei horizontaler Betätigung (Drehen) das Wassertemperatur-Mischverhältnis.
Thermostat-Armaturen mischen das Wasser automatisch auf eine vorgewählte Temperatur. Dies geschieht entweder an der Wasserentnahmestelle oder zentral für mehrere Entnahmestellen. Die stufenlos einstellbare Temperatur bleibt bei Veränderung der Durchflußmenge konstant, schützt also vor Verbrühungen und wirkt sich günstig auf Wasser- und Energiekosten aus, da Einregelungsverluste entfallen.
Ein Strahlregler (Strahlzerteiler, Perlator) am Auslauf der Armatur (Brauseköpfe ausgenommen) verhindert durch Luftanreicherung ein Spritzen beim Auftreffen des Wasserstrahls auf das Becken. Sie können auch zusätzlich als Durchflußbegrenzer ausgebildet sein.
Durchflußbegrenzer können dazu beitragen, Wasser und Energie zu sparen. Die kleinen ringförmigen Metalleinsätze werden zwischen Auslauf der Armatur und Strahlregler geschraubt. Sie verhindern eine unbeab-

sichtigt hohe Wasserentnahme bei höherem Druck. Mit zunehmendem Druck verkleinert sich der Wasserdurchlaß und bleibt ab einem bestimmten Fließdruck nahezu konstant. Je nach Verwendungszweck können Ausflußmengen zwischen 5 und 12 Liter pro Minute gewählt werden.

Heizung

Sanitärräume müssen heizbar sein, die Temperatur soll mindestens 22°C betragen.

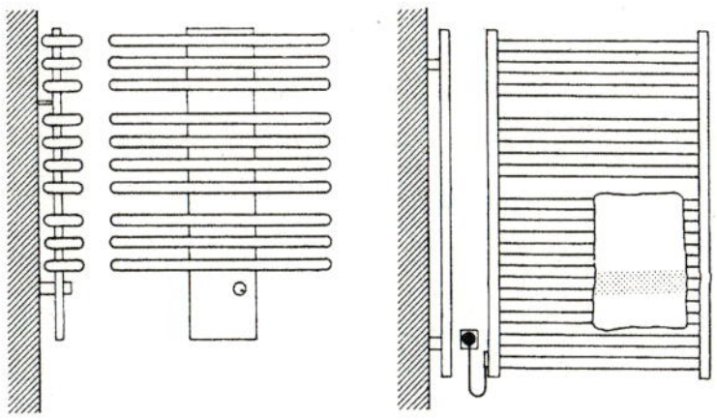

Abb. 259: Heizregister, die sowohl für die Beheizung eines Badezimmers als auch zum Trocknen von Badetüchern geeignet sind, gibt es in vielfältigen Variationen. Die flächigen aus horizontal angeordneten Röhren bestehenden Heizflächen erhalten i.d.R. eine Elektro-Heizpatrone, um Badetücher auch außerhalb der Heizperiode trocknen zu können.

11.3 Möbel und Utensilien zum Ordnunghalten

Viele Firmen bieten vielfältige Badezimmermöbel an. Anstatt der kostenaufwendigen fertigen Programme lassen sich aus dem Angebot von Ladenbau oder Haushaltswarengeschäft in eigener Idee und Anfertigung Regale und Einbauten herstellen, die genau nach Raumsituation und Benutzungszweck zusammengestellt werden können. Das Angebot ist vielfältig; flache, farbige Schubladen aus Kunststoff mit Führungsschienen, verchromte oder kunststoffummantelte Körbe in vielen Größen, preisgünstige Glasbehälter aus dem Laborbedarf, evtl. 2. Wahl, oder Regalstützen und Lochschienensysteme mit Tragwinkel zum Bau von Regalen. Dazu kombiniert eine Auswahl verschiedener Haken aus Metall oder farbigem Kunststoff. Außerdem: Spiegel mit Ablage, Handtuchstange, Papierhalter, Seifenschale, Zahnglasring, Abfallbehälter, Waage.

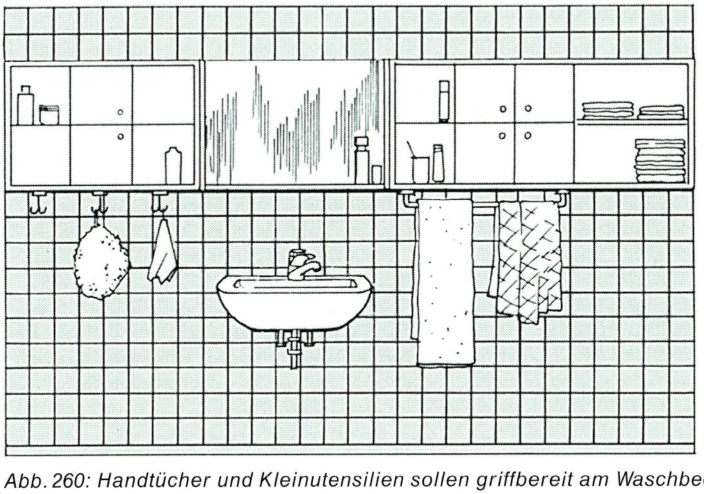

Abb. 260: Handtücher und Kleinutensilien sollen griffbereit am Waschbecken sein

11.4 Decke, Wand, Boden

Die Wände im Spritzbereich sollen wasserfest sein, im Bad und WC bis zu einer Höhe von 150 cm, bei einer Dusche ca. 180 cm. Darüber hinaus die Wände wasserfest zu streichen oder zu fliesen ist nicht unbedingt nötig. Die restlich verbleibenden Wandflächen und die Decke, die nur geputzt und gestrichen sind, nehmen die Raumfeuchtigkeit auf und geben sie nach und nach wieder ab. Wird Holz als Verkleidung im Bad verwendet, ist es wichtig, dass die Holzschalung hinterlüftet ist, was bereits durch die Lattung der Konstruktion erreicht wird.
Keramik- und Mosaikfliesen als Wand- oder Bodenbelag sind jahrzehntelang dauerhaft. Sie sind in der Oberfläche matt oder glänzend oder plastisch strukturiert. Rauhe, reliefartige oder hochglänzende Fliesenoberflächen verlangen für die Reinigung mehr Zeit und Kraft.
Das Fliesenformat muss zum Raum passen! Zum Beispiel ziehen rechteckige Fliesen, waagerecht angeordnet, eine Wand in die Breite und lassen so den Raum niedriger erscheinen. Bei senkrechter Verkleidung werden die Wände schmäler und der Raum scheint wesentlich höher. Nahezu neutral verhalten sich quadratische Fliesen, dabei ist zu beachten: Nie großformatige Fliesen oder unruhige Fliesenverbände (Rosenspitz) in kleinen Räumen verwenden.
Zur Wirkung der Fliese kommt die Gliederung der Flächen durch das Liniennetz der zahlreichen Fugen. Vergilbte Fliesenfugen mit Desinfektionsmittel (Sagrotan) und Zahnbürste behandeln und mit klarem Wasser nachspülen. Beim Verlegen von feinkeramischen Fliesen ist frühzeitig darauf zu achten, dass die Fugenkreuze der Fliesen mit den im Raum vorhandenen Höhenlinien (z. B. Türhöhe) übereinstimmen.
Der Fußboden im Sanitärbereich muss wasserundurchlässig sein. Deshalb eignen sich auch rutschsichere Kautschukbeläge, deren Fugen verschweißt werden. Textiler Bodenbelag im Sanitärbereich ist aus hygienischen Gründen nicht zu empfehlen.

11.5 Farbgebung

Aus dem Wunsch nach Farbe am Rohbau und dem Gefühl „jetzt endlich gestalten zu dürfen" entstehen oft übertriebene, unruhige Bäder. An grellen Farben von Sanitärkeramik und Dekorfliesen sieht man sich bald satt, kräftig farbige Fliesen sind schwer zu pflegen (Kalkflecken), Pastellzartes wirkt schnell süßlich. Weiße oder hellgrau geflieste Bäder mit weißer Sanitärkeramik wirken nicht langweilig, sondern luftig und sauber.
Weisse Sanitärobjekte erleichtern den Nachkauf bei Bruch. Für die Raumwirkung lohnt es sich, die Häufung der Fliesenformate, die markanten Fugenlinien, die Körperhaftigkeit der Sanitärgeräte, die Lichtwirkung und das Schattenspiel zu berücksichtigen. Farbige Zutaten wie Vorhänge, Haken, Handtücher, ein farbig gestrichener Wandstreifen oder eine farbige Decke sind leichter veränderbar als einmal falsch gewählte Fliesen.

11.6 Beleuchtung

Auch im Sanitärbereich sollten Deckenleuchten installiert werden, die von der Türe aus schaltbar sind. Die Spiegelbeleuchtung darf nicht blenden und keine Schatten in den Spiegel werfen. Daher sind Lampen mit niedriger Lichtdichte zu beiden Seiten des Spiegels am besten. In sehr kleinen Bädern oder WCs kann die Spiegelbeleuchtung auch Allgemeinbeleuchtung sein. Wichtig ist, dass ausschließlich Modelle installiert werden, die für Feuchträume geeignet und nach den VDE-Bestimmungen freigegeben sind.

11.7 Sanitärbereich im Altenteil

Allgemeines über die Ausstattung und Einrichtung des Sanitärbereichs ist im Wesentlichen auf das Altenteil übertragbar.
Sofern es die Platzverhältnisse und die finanzielle Lage ermöglichen, ist es wünschenswert, in der Altenteiler-Wohnung ergänzend zum Wohn- und Schlafbereich einen eigenen Sanitärbereich einzuplanen. Günstig liegt er neben dem Schlafraum. Eine zweite Türe zum Flur ist bei entsprechendem Raummaß empfehlenswert. Bad (und WC) sollte(n) so groß sein, dass auch zwei Personen (Pflegeperson) und evtl. ein Rollstuhl Platz haben.
Ausstattung und Einrichtung des Sanitärbereichs sollte grundsätzlich „altersgerecht" ausgewählt werden. Spezielle Sanitärhilfen können nach Bedarf nachträglich angebracht werden.

Waschtisch

Der Waschtisch sollte ausreichend groß sein, ca. 60–65 cm breit, mit Ablageflächen – am besten beidseitig. Er soll gut an der Wand befestigt

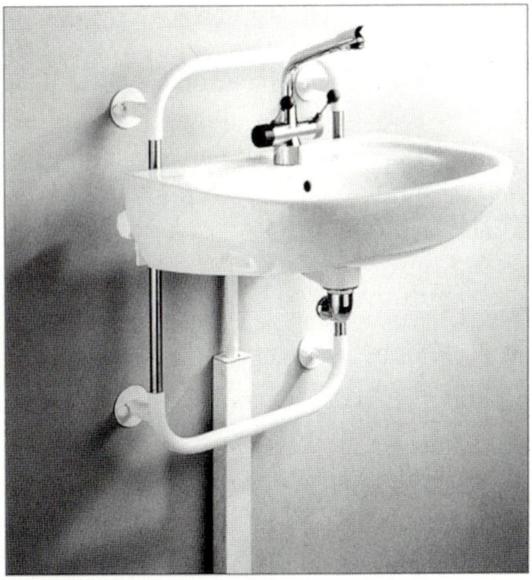

Abb. 261: Höhenverstellbares Waschbecken

Abb. 262: Handtuchhalter und Stützgriff

sein, damit er bei einem eventuellen Schwächeanfall genügend Halt gibt. Das Becken sollte auch im Sitzen benützbar sein. Das erfordert, dass es – je nach Modell – auf einer Höhe von ca. 70–80 cm vom Boden angebracht ist und „Kniefreiheit" gewährt. Der Fachhandel bietet Waschtische mit zurückliegendem Ablauf an, ebenso Becken, die höhenverstellbar von 65–95 cm sind. Das hat zur Folge, dass auch der Spiegel in der Höhe veränderbar bzw. mit einer Neigung versehen montiert werden muss.
Die Armaturen für Waschtische, Badewanne und Dusche sollten im Hinblick auf die geringeren Kräfte des älteren Menschen leicht zu bedienen sein. Empfehlenswert sind Einhebelmischer, bei denen Wassertemperatur und -menge gleichzeitig mit einem Handgriff reguliert werden können. Sie verhindern unnötigen Wasserverbrauch bei der Temperaturwahl. Ein zusätzlich eingebauter Thermostat kann verhindern, dass das Wasser zu heiß ausfließt.

Kriterien zur Auswahl der Einhebel-Armatur

- Ein genügend langer Hebel,
- ausreichend Abstand zwischen Wasserauslauf und Hebel für die Bedienung,
- deutliche Kennzeichnung für Kalt- und Warmwasser,
- möglichst geschlossene Form des Armaturkörpers, um Kalk- und Schmutzablagerungen gering zu halten.

Praktisch, aber von älteren Personen nicht immer angenommen, sind Armaturen mit Tastenbedienung.
Sinnvoll sind Handtuchhalter, die dicht neben dem Becken, zugleich als Stützgriff benützt werden können.

Badewanne

Bei der Benutzung der Badewanne entstehen für den älteren Menschen oft Probleme, weil die körperliche Beweglichkeit nachgelassen hat und ein Gefühl der Unsicherheit leicht aufkommt.

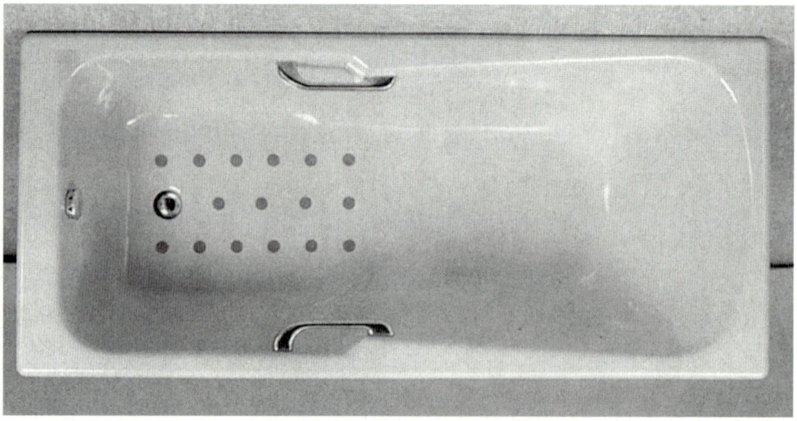

Abb. 264: Badewanne mit Stopp-Punkten und Haltegriffen

Damit das Ein- und Aussteigen nicht allzu schwierig ist, sollte die Oberkante der Wanne nicht höher als 45–50 cm über dem Fußboden liegen. Mühevoll wird es bei der 60–65 cm hohen, kürzeren Stufenbadewanne. Sie ist bequem zum Sitzen und platzsparend im Einbau, jedoch nur zu empfehlen, wenn sie ca. 20 cm in den Boden eingelassen werden kann! Diese Möglichkeit ist vor allem bei nachträglichem Einbau sehr kostenaufwendig.
Sanitär- und Sanitätshandel bieten viele praktische Hilfen an, z. B. rutschsichere Wannenvorleger und Folien, die in den Wannenboden geklebt werden, oder Matten mit Saugknöpfen.
Versuche haben gezeigt, dass Wannen aus Acryl rutschsicherer sind als emaillierte Guss- oder Stahlwannen.
Badewannen, auch Duschwannen, mit rutschsicheren Stopp-Punkten, die vom Hersteller am Fußende eingearbeitet sind, erleichtern weit gehend das Ein- und Aussteigen. Diese Wannen sind meist beidseitig mit Haltegriffen versehen. Eine zwischen Boden und Decke verspannte Griffstange, an der Wand gut befestigte kunststoffummantelte Stahlkern-Griffe, Griffe mit Struktur und Halteleitern sollen gut zu umfassen sein. Sie sind nur dann sinnvoll, wenn die Anordnung vor der Montage mit den „Benutzern" ausprobiert wird.

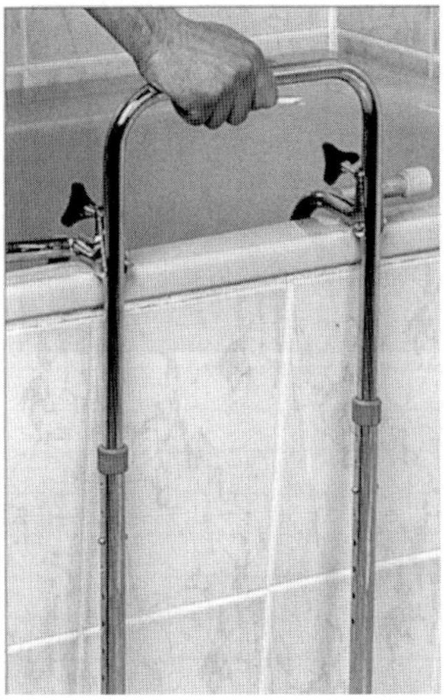

Abb. 265: Badewannengriff

Dusche

Wenn ein Vollbad für herz- und kreislaufschwache Personen zu anstrengend ist, sollte dem Duschen der Vorzug gegeben werden. Duschkabinen, besonders mit dunkelfarbigen Schiebetüren, können bei älteren Personen ein Beklemmungsgefühl verursachen. Weiträumiger wirken Kabinen mit hellen, klaren Kunststoffelementen. Großzügig sind Duschen mit abgemauerten Seitenwänden.
Duschwannen werden von 5–28 cm Höhe angeboten. Ob die höhere Wanne oder die bodengleich eingebaute, flache Wanne mit Gefälle zum Ablauf als praktisch angesehen wird, soll nach Bedarf der Personen entschieden werden, die die Dusche benützen.

Abb. 267 (links): Ideale Seniorendusche mit Klappsitz und Stopp-Punkten

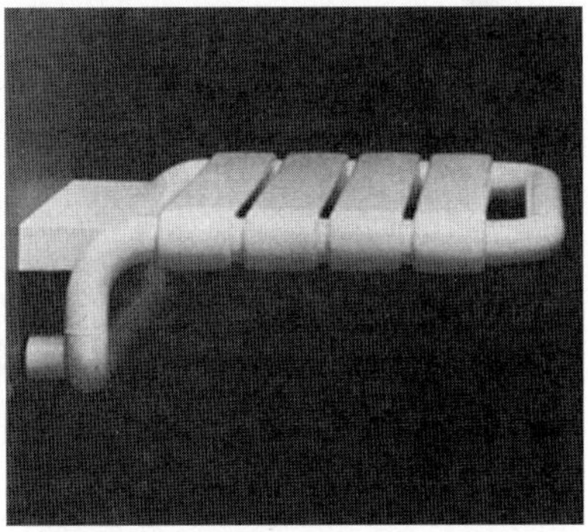

Abb. 268 (rechts): Wandklappsitz in Kunststoff mit Stahlkern

Wichtigstes Attribut in der Dusche ist ein Klappsitz, der in der benötigten Höhe an der Wand montiert wird. Es gibt Ausführungen mit und ohne Rückenlehne, meist in Kunststoff mit Stahlkern. Wird er nicht gebraucht, liegt er – nach oben geklappt – flach an der Wand an. Genügend Griffe und Haltevorrichtungen, zweckmäßig angebracht, geben Sicherheit beim Duschen.

Toilette

Die übliche Höhe der Toilette beträgt 42–46 cm. Ältere Menschen empfinden diese Sitzhöhe als zu niedrig.
Ein Aufsatzstück kann Abhilfe schaffen. Es wird am Rand des WC-Körpers fest montiert und bietet die ideale Sitzhöhe von 50–60 cm an.
Stützgriffe, die neben dem WC angebracht sind, geben sicheren Halt und erleichtern das Hinsetzen und Aufstehen. Verschiedene Griffe sind so gestaltet, dass innerhalb des Bügels an verschiedenen Stellen griffbereit die Toilettenpapierrolle eingehängt werden kann. Dazu gibt es gut durchdachte Stützgriffe, die nach oben und unten oder – je nach persönlicher Situation – auch seitlich wegklappbar sind.
Manchmal ist für ältere Personen eine, in den Augen Jüngerer, großartige Hilfe mit erheblicher Umstellung verbunden. Deshalb sollte frühzeitig über die angebotenen Hilfsmöglichkeiten und das damit verbundene Selbstständigbleiben gesprochen werden. Bei Bedarf können dann diese Hilfen integriert werden. Sorgfältige Überlegungen und individuelles Auswählen der Hilfen trägt dazu bei, Unfälle zu verhindern. Zugleich aber sollte eine gewisse Alterseitelkeit respektiert werden.

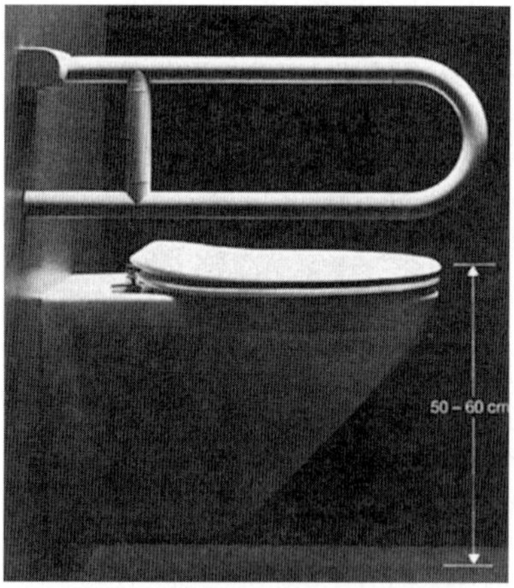

Abb. 269:
Stützgriffe erleichtern das Hinsetzen und Aufstehen, sie können auch weggeklappt werden

Büro

12.1 Notwendigkeit

Die unternehmerische Tätigkeit des heutigen Landwirtes hat stark zugenommen. Die Notwendigkeit, die erzeugten Produkte am Markt anzubieten (*Werbung* und *Information*) und sich gegen Konkurrenz durchzusetzen, ist ebenfalls gestiegen.
Der Umgang mit den verschiedenen behördlichen Stellen und Ämtern geschieht über den *Schriftverkehr* und moderne Bürokommunikation.
Um am Marktgeschehen nicht den Anschluss zu verlieren (*Absatzmarkt* und *Eigenwerbung*), genügt es nicht mehr, den Tisch abzuräumen und den Ordner, die Schreibmaschine und den Duden zu holen.
Für Büroarbeit ist ein *zweckorientierter* Raum erforderlich, in dem alle anfallenden schriftlichen Arbeiten erledigt, vertragliche Geschäfte geschlossen und repräsentative Pflichten erfüllt sowie Informationen und Unterlagen archiviert werden.

Computerarbeitsplatz

Der *Computer* (Bildschirm, Drucker, Tastatur, Recheneinheit, Informationsanschlüsse) ist zur Zeit das wichtigste Arbeitsgerät für Führung, Organisation, Berechnung, Zahlungsverkehr, Schreibarbeiten, Verwaltung, für fast alle schreib- und informationstechnische Dienste.
Für den Computerarbeitsplatz ist eine bestimmte Arbeitsumgebung notwendig. Ein Computer ist empfindlich gegen starke Temperaturschwankungen, Staub, Schmutz, zu hohe Luftfeuchtigkeit, elektromagnetische Felder und Erschütterungen.

12.2 Entwicklung

Die Tendenz führt zu einer mehr und mehr informationstechnologisch, werbetechnologisch, wirtschaftlich und bürokratisch orientierten Welt. Um im harten *Wettbewerb* den Anschluss nicht zu verlieren, ist es notwendig, Informationen einzuholen, zu verarbeiten und wieder weiterzugeben oder aufzubewahren.
Die notwendige räumliche Entsprechung (Größe, Lage, Ausstattung) des Büros wird stark von der *Technologie* (z. B. Telefon, Computer, Telefax), vom *Management* (z. B. Direktvermarktung, Urlaub auf dem Bauernhof, Milchwirtschaft) und von *persönlichen, nach außen gerichteten Vorstellungen* (z. B. Repräsentation, Werbung), abhängen.
Dennoch ist bei der Planung und Ausgestaltung des Büros der Mensch in den Mittelpunkt der Überlegungen zu rücken.

12.3 Lage des Büros

Für das Büro sollte ein *eigener Raum*, in dem ruhiges konzentriertes Arbeiten möglich ist, vorgesehen werden. Der Raum soll vom Haupteingang gut erreichbar sein, hell und freundlich wirken, beheizbar sein, und eine gewisse Freiheit der Möblierung zulassen.

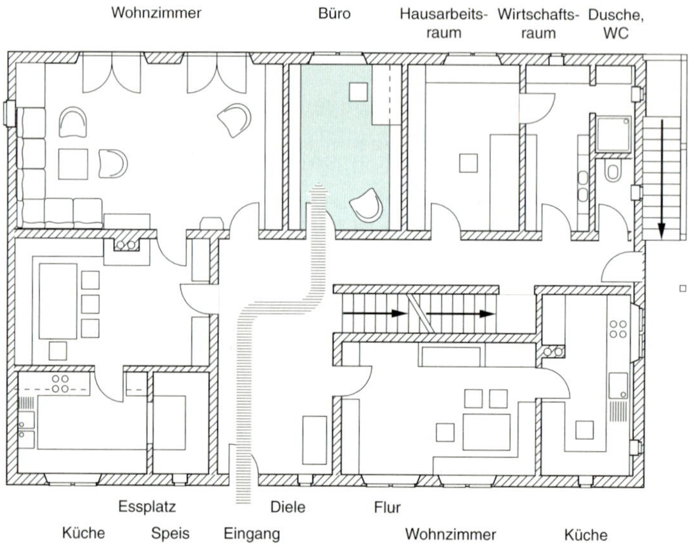

Abb. 270: Freie Wahl der Lage des Büros beim Neubau

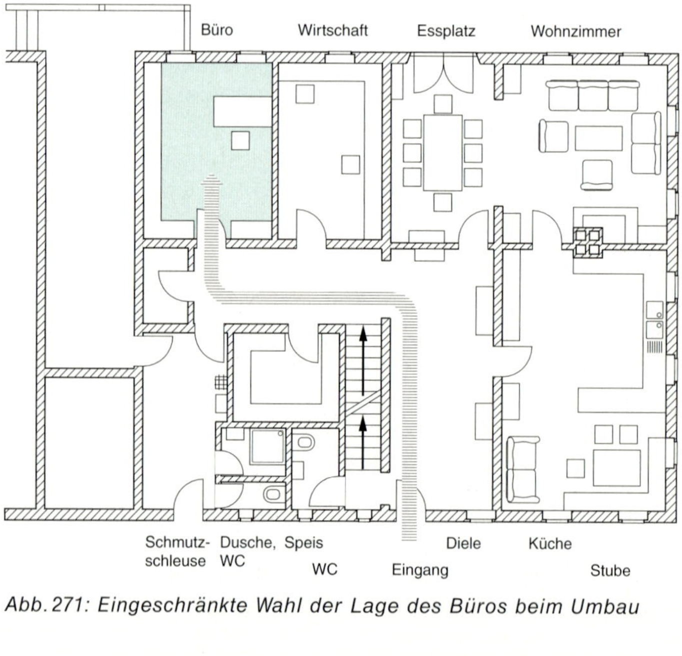

Abb. 271: Eingeschränkte Wahl der Lage des Büros beim Umbau

Bei der *Lage* des Büros sollte zusätzlich berücksicht werden:

▲ Muss das Büro häufig während der Außenarbeit betreten werden?

▲ Benutzen mehrere Personen das Büro?

▲ Müssen häufig Repräsentationspflichten wahrgenommen werden?

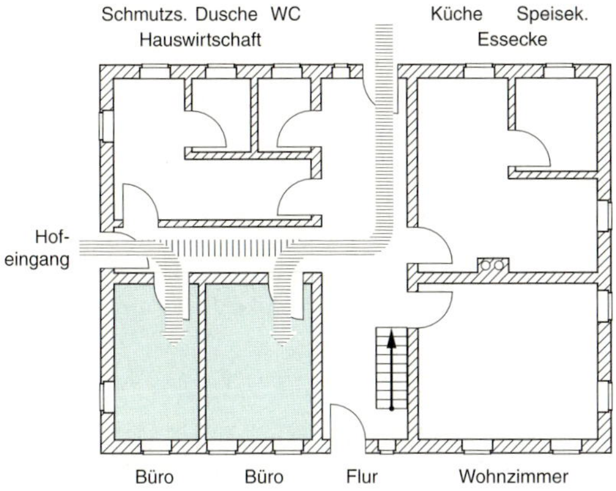

Abb. 272: Erreichbarkeit des Büros bei verschiedenen Arbeitsschwerpunkten

12.4 Größe des Büros

Grundsätzlich soll in jedem landwirtschaftlichen Betrieb ein eigener Raum als Büro verfügbar sein.

Wird beim Umbau ein Raum vorgesehen, so ist man natürlich an eine bestimmte Größe gebunden. Ansonsten ist bei der Planung darauf zu achten, dass das Büro nicht nur zum *Arbeiten*, sondern auch zum *Repräsentieren* dient. Der Empfang z. B. von Vertretern, Vertrags- und Handelspartnern, Kunden oder Feriengästen bedingt eine bestimmte Mindestausstattung. Dafür ist auch eine bestimmte Raumgröße notwendig.

Stellflächen für Ordnungseinrichtungen sind erforderlich. Dabei muss man beachten, dass der Umfang der Archivierung im Laufe der Zeit eher zu- als abnimmt.

Ohne Sitzgruppe, als reiner Arbeitsbereich, ist eine Mindestgröße von 8–12 m^2 notwendig.

Die *Raumgestaltung* soll hell, dezent und freundlich wirken. Eine nur weiße *Wand- und Deckenoberfläche* vermittelt schnell einen kalten Eindruck in einem ansonsten funktionell eingerichteten Raum.

Trotzdem sollte die Deckenfarbe weiß gehalten werden, um eine entsprechende Lichtreflexion von oben zu ermöglichen.

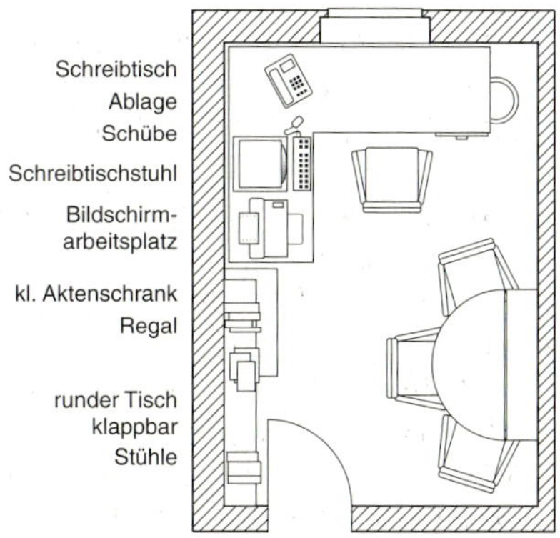

Abb. 273: Gestaltung eines Büros (~ 13 m^2)

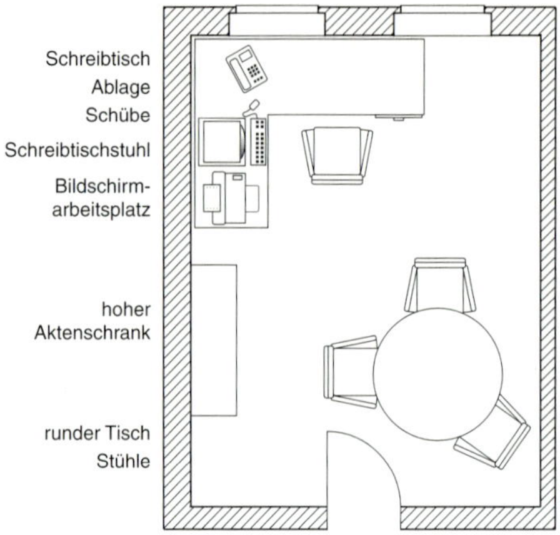

Abb. 274: Gestaltung eines Büros für Repräsentationszwecke (~ 20 m²)

Kalender, Pinnwände, Übersichtspläne usw. werden zweckmäßig und zur Überschaubarkeit an den Wänden angebracht. Deshalb sollten verwirrende Farbspiele an der Wand bzw. den Tapeten (z. B. Übersichtskalender auf kleingemusterter Tapete) vermieden werden. Gegen eine dezente Farbtönung (helles Beige, helles Gelb, Hauch von Hellgrün u. ä.), kann den Raum wärmer wirken lassen.

Bodenbeläge sollen an erster Stelle pflegeleicht, rollengeeignet und fußwarm sein. Weitere Auswahlkriterien sind das elektrostatische Verhalten, die Verschleißfestigkeit, die Gleitsicherheit und schalldämpfende Eigenschaften.

Den optimalen Bodenbelag gibt es nicht. Man muss immer einen Kompromiss zwischen den einzelnen Vorzügen und Nachteilen eingehen.

Geeignet sind Parkettböden (Stab-, Mosaik-, Dielen-, Lamellen-, Tafel-, Intarsienparkett), Holzpflaster, Hobeldielen, Linoleum, Gummiböden und Korkböden, auch keramische Bodenbeläge.

12.5 Einrichtung

Eine bestimmte *Mindestausstattung* ist für ein funktionelles Arbeiten unumgänglich. Dazu gehört ein Schreibtisch, ein Aktenschrank, ein Bücherregal, Registratur bzw. Verwaltungseinrichtungen und eventuell eine Sitzgruppe.

Dabei spielt es keine Rolle, ob gebrauchte oder alte Möbel verwendet werden. Hauptsächlich müssen sie ihren Zweck erfüllen und bequem zu benutzen sein. Das Büro soll aber nicht als Aufbewahrungsort für alte Möbel, von denen man sich nicht trennen kann, zweckentfremdet werden. Im Allgemeinen erfüllen solche Gegenstände auch nicht die an sie gestellten Anforderungen.

Welchen *Stil* (modern, rustikal, funktionell usw.) man bevorzugt, hängt vom persönlichen Geschmack ab. Hilfreich ist hier eine Anlehnung an den Stil der Hauseinrichtung, um keinen zu krassen Unterschied zu bieten. Ist man sich seiner Vorstellung vom Arbeitsplatz nicht so sicher, ist eine Beratung (z. B. Büroausstatter) von Vorteil.

Man darf nicht vergessen, dass die Umgebung am Arbeitsplatz die Qualität und Quantität der Arbeit entscheidend mitbeeinflusst.

Arbeitsplatz

Stuhl

Um beim Sitzen eine richtige *Körperhaltung* (Arbeitshaltung) zu gewährleisten, sollen Sitzmöbel in der Höhe und an der Rückenlehne verstellbar sein.

Tisch

Bei der Arbeitsplatzgestaltung (Schreibtischarbeit, Bildschirmarbeit) ist auf richtige Arbeitshaltung (Oberarm, Ellbogen, Rücken, Beine) besondere Aufmerksamkeit zu legen. Die Arbeitsfläche sollte daher in der Höhe verstellbar sein.
Beim *Bildschirmarbeitsplatz* ist auf den richtigen Augenabstand zum Bildschirm (ca. 50 cm) ebenso wie auf die richtige Kopfhaltung (gerade) besonders zu achten. Tageslicht oder Lampen (z. B. Strahler) dürfen nicht direkt auf den Bildschirm gerichtet sein, da sich sonst störende Lichtreflexionen ergeben. Günstiger ist eine Aufhellung der Wandfläche hinter dem Bildschirm, um den Kontrast zwischen Wand und Bildschirm so gering wie möglich zu halten.
Der Tageslichteinfall erfolgt bei einem Rechtshänder am besten von links vorne. Ansonsten ist mit richtig platzierten Lampen bzw. Lichtstrahlern eine schattenfreie Ausleuchtung des Arbeitsbereiches zu erzielen.

Oberflächen der Möbel

Bei der Auswahl entsprechender Arbeitstische bzw. Möbel sollen die Oberflächen blendfrei sein, glänzende Oberflächen sind ungünstig. Ober-

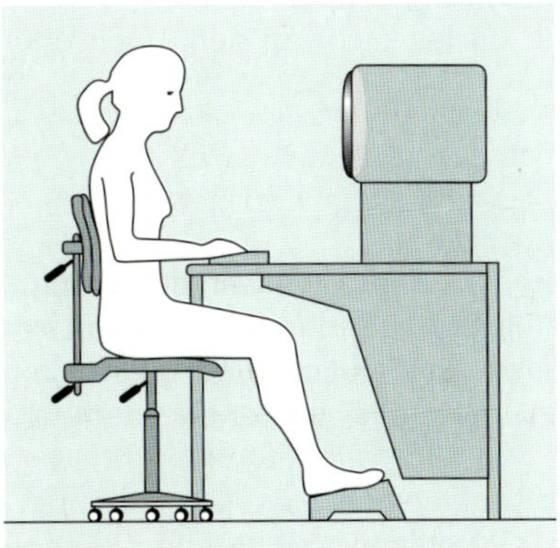

Abb. 275: Bildschirmarbeitsplatz

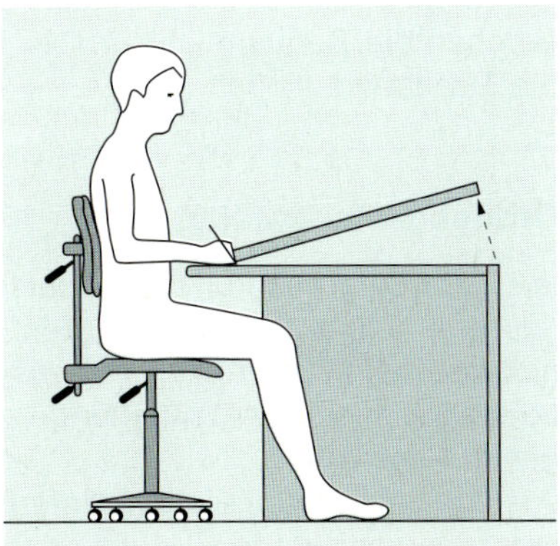

Abb. 276: Schreibtischarbeitsplatz

flächen dürfen sich nicht elektrostatisch aufladen, da sie sonst dauernd Staub anziehen.

Verhandlungsplatz

Die Möblierung sollte eher sachlich mit einer Tendenz zum Neutralen sein.
Ein runder *Tisch* bietet gegenüber einem rechteckigen Tisch den Vorzug eines besseren Blickkontaktes zu seinen Gesprächspartnern. Die Positionen sind gleichwertiger; es gibt kein Gegenüber im Sinne einer barrierebildenden Tischkante. Fehlende Seiten haben den Vorzug, Gesprächspartner zu verbinden.

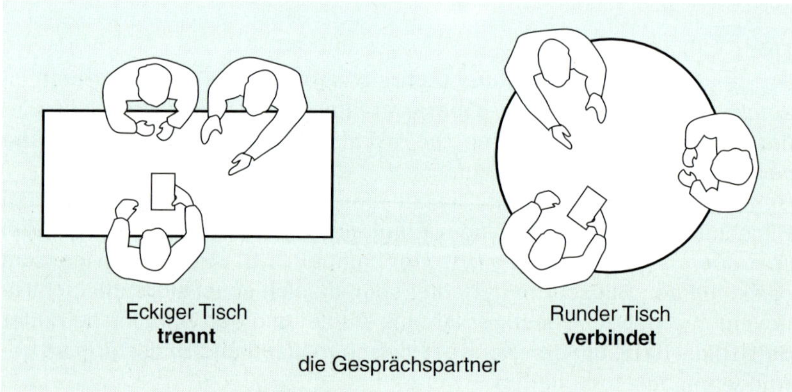

Abb. 277: Tischform und Blickrichtung

Die *Beleuchtung* erfolgt zweckmäßigerweise mit einem warmen Licht (keine Leuchtstoffröhren oder Spots) von oben. Eine Blendwirkung muss ausgeschlossen werden.
Die *Stühle* müssen stabil sein und ein bequemes Zurücklehnen ermöglichen. Eine rutschfeste Sitzfläche und seitliche Armlehnen oder -stützen erhöhen die Bequemlichkeit. Die Knie dürfen nicht an den Tisch oder die Tischbeine stoßen.

Ordnungseinrichtung

In einem Unternehmen fallen viele Daten an. Diese müssen gesammelt, geordnet und aufbewahrt werden. Dafür gibt es eine Vielzahl von *Ordnungsmöbeln* (Schränke, Kastensysteme, Elementsysteme u.v.m.) mit unterschiedlichen Aktenhaltungen (z. B. liegende, stehende oder hängende Registratur).
Wichtige Informationen bzw. Unterlagen sollten geschützt (abschließbar) untergebracht werden. Häufig genutzte Unterlagen (z. B. Bücher) können auch in einem offenen Regalsystem abgelegt werden.

Anschlüsse

Für die einzelnen technischen Geräte sind in der Nähe ihrer geplanten Aufstellungsplätze eine ausreichende Anzahl von Steckdosen (Zwei- bzw. Dreifachschutzkontaktsteckdosen) vorzusehen.
Anschlüsse für Telefon, Infonetz (z. B. ISDN, D-Netz) und eventuell Fernsehen sind vorzusehen.

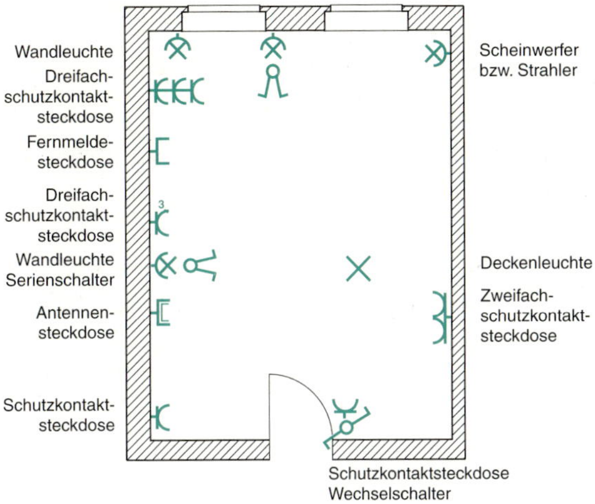

Abb. 278: Anschlüsse im Büro

Überspannungssicherungen bzw. Überspannungsfilter schützen die empfindlichen Anschlüsse und Geräte vor Spannungsspitzen (z. B. bei Gewitter).

Ferienwohnungen

13.1 Vorüberlegungen

Vorhandene bauliche Anlagen
Ob sich landwirtschaftliche Gebäude für Ferienwohnungen nutzen lassen, muss von Fall zu Fall von einem Fachmann geprüft werden.

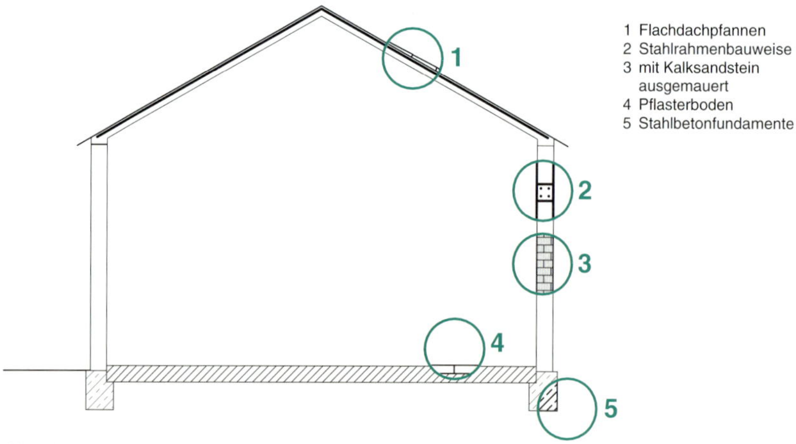

Abb. 279: Die alte Maschinenhalle (Bestand)

Grundsätzlich kommen dafür *massive Gebäude* wie Scheunen, Ställe, Wohnhäuser, Maschinenhallen usw. in Frage. Wichtig ist der bauliche Zustand der in Frage kommenden Gebäude.

Dabei muss geklärt werden:

- ▲ Lässt die Statik des Gebäudes einen Umbau zu? (Höhere Belastung durch Einfügen von Trennwänden, stärker dimensionierte Geschossdecken)
- ▲ Entspricht die Bausubstanz den bauphysikalischen Anforderungen? (Wärme- und Feuchteschutz der Außenwände, erhöhter Schallschutz bei Innenwänden)
- ▲ Ist die Geschosshöhe ausreichend?
  (Muss das Dach für eine ausreichende Zimmerhöhe angehoben oder die Zimmerdecke aufgrund einer Hallenwirkung abgehängt werden)
- ▲ Lässt sich die Grundfläche in einzelne Wohnungen bzw. Appartements aufteilen?

▲ Ist es möglich, die Haustechnik ohne übertriebenen Aufwand den Komfortwünschen anzupassen?
(Wasserversorgung, Abwasserentsorgung, Heizungsanlage, Stromversorgung, Telefonanlage)

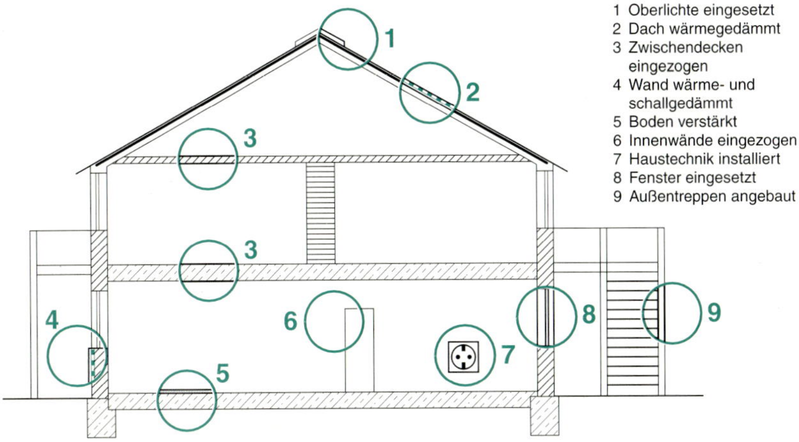

Abb. 280: Die neue Maschinenhalle (Ausbau)

Räume über genutzten Stallungen sollten nicht zu Ferienwohnungen ausgebaut werden, da Lärm- bzw. Geruchsbelästigungen regelmäßig auftreten.

Gebäudeumfeld

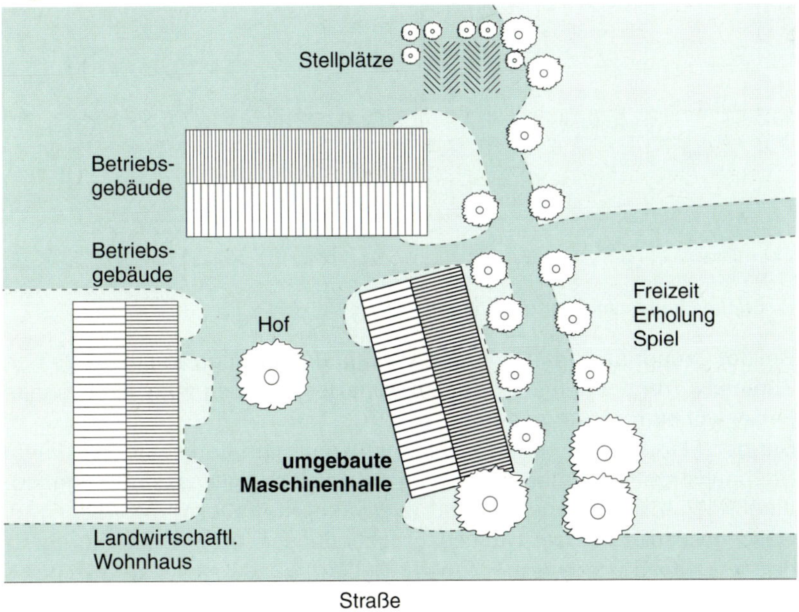

Abb. 281: Gebäudelage und Umfeld

Zum Gebäudeumfeld müssen u. a. folgende Fragen geklärt werden:

- Befindet sich das in Frage kommende Gebäude auf dem eigentlichen Betriebsgelände, oder etwas entfernt davon?
- Auf welcher Seite ist es günstiger, Zu- und Abfahrtswege zu planen? Der Besucherverkehr (Autos, Fahrradfahrer) darf weder den Betriebsablauf stören oder sogar gefährden noch durch ihn gefährdet werden (z. B. Schlepperverkehr).
- Unterstellplätze für Autos, Fahrräder, Kinderwägen, Sportgeräte u.a.m. müssen mit eingeplant werden. Sie sollen nicht im direkten Blickfeld der Besucher liegen, aber dennoch leicht und bequem zu erreichen und benutzen sein.

13.2 Planung

Wenn mit der Planung der Ferienwohnungen begonnen wird, sollte das betriebswirtschaftliche Konzept bereits ausgereift sein.
Die Schwerpunkte liegen z. B. beim *Einbett-* oder *Zweibettzimmer*, bei *Appartements mit Kochnische,* bei kleinen oder größeren *Ferienwohnungen*.

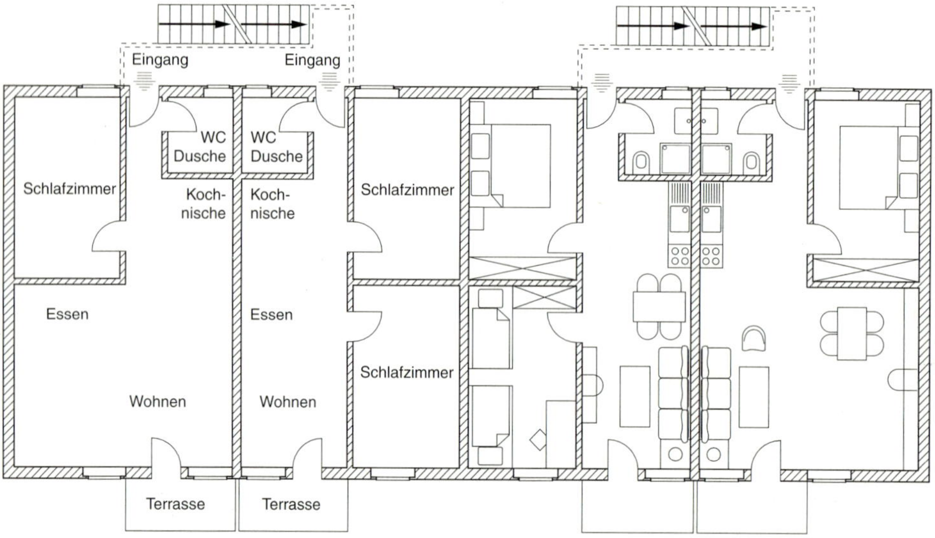

Abb. 282: Ferienwohnungen als abgeschlossene Einheiten

Bei der Grundrissplanung werden *Erschließungsgänge* zu den einzelnen Zimmern, Treppenaufgänge zu den Appartements und abgeschlossenen Ferienwohnungen vorgesehen.
Bei der *Planung der Ferienwohnungen* kann man dabei wie bei einem Neubau vorgehen. Unterschiede ergeben sich aus gewissen Rahmenbedingungen, die vorgegeben sind (z. B. äußere Mauern, Gebäudehöhe, Geschosszahl, Lage des Hauses, Erschließungsrichtung) und den Anforderungen für Gästebeherbergung (z. B. Warm- und Kaltwasseranschluss für jede Übernachtungsmöglichkeit).

Speziell bei der *Haustechnik* müssen für jede Wohnung, jedes Appartement oder Zimmer *Wasseranschlüsse, Abwasserentsorgung*, separate *Stromkreise* mit ggf. zugeordneten *Zählern, Telefon-* bzw. *Antennenanschluss* berücksichtigt werden.

13.3 Grundriss

Es ist nicht möglich, alle in Frage kommenden Zielgruppen (z. B. Paare, Familien, Senioren) bei der baulichen Lösung gleichermaßen zu berücksichtigen. Schwerpunkte (z. B. Aktivurlaub, Erholungsurlaub, Familienurlaub) erleichtern die Planung.

Einbett- und Zweibettzimmer mit Nasszelle
Die angesprochenen Zielgruppen für Ein- bzw. Zweibettzimmer sind Kurzurlauber, kleinere Gruppen, Paare, Senioren und Durchreisende.

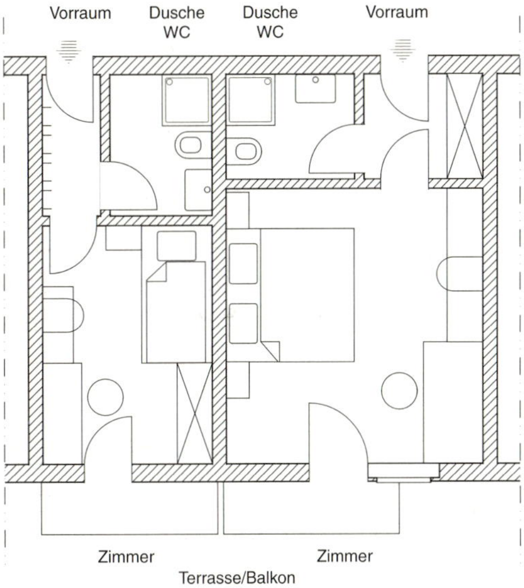

Abb. 283: Einbett- und Zweibettzimmer

Die Grundrisseinteilung erfolgt so, dass jedem Zimmer (ca. 10–15 m^2) eine Duschzelle zugeordnet wird. Bei größeren Zimmern kann auch der Vorraum geräumiger gestaltet werden, der sonst nur ein kurzer Erschließungsgang ist.
Ein Aufenthalts- bzw. Frühstücksraum ist nötig, da eine Kochnische nicht vorgesehen ist.

Appartement mit Nasszelle und Kochnische
Auch hier werden Kurzurlauber, Paare und Senioren angesprochen.
Das Appartement ist eine kleine abgeschlossene Wohneinheit. Die Funktionen Wohnen, Essen und Schlafen können in einem größeren Raum

(ca. 22–28 m^2) zusammengefasst werden. Der Vorraum wird etwas größer gestaltet (Stauraum, Schränke). Es ist günstiger, die Kochnische etwas vom eigentlichen Wohn- bzw. Schlafbereich abzugrenzen.

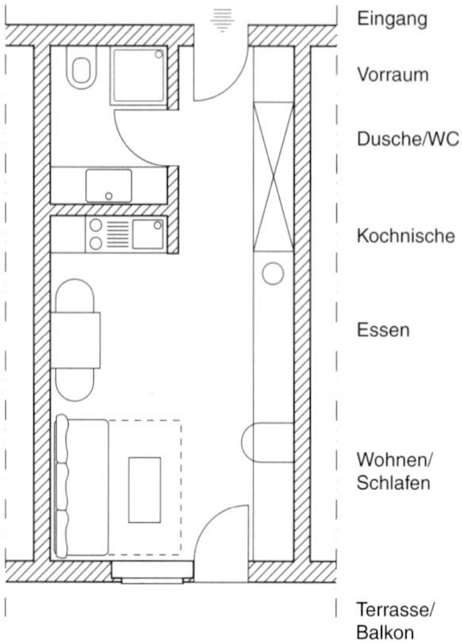

Abb. 284: Appartement

Ferienwohnung

Ferienwohnungen kommen für Familien mit und ohne Kinder, Paare, Verwandte oder Gruppen in Frage. Da die Wohnung komplett eingerichtet ist, verpflegen sich die Urlauber regelmäßig selbst.

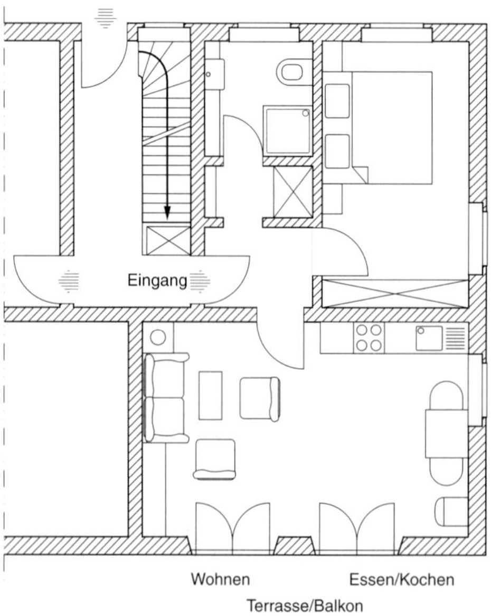

Abb. 285: Ferienwohnung

Der Trend geht zu Ferienwohnungen. Die Ferienwohnung ist vom Konzept her eine normale Wohnung. Die Schlafzimmer sind separat, Wohnen und Essen kann in einem Raum zusammengefasst werden. Je nach Zuschnitt der Wohnung (ca. 35–65 m^2, ein oder mehrere Schlafräume) wird der Vorraum mehr oder weniger geräumig gestaltet sein.

Zusatzräume

Ausreichend bemessene *Wirtschaftsräume* (Nass-, Trockenräume) sind für eine reibungslose Betreuungsarbeit im Gästebereich zu gewährleisten. Lässt es der Platz zu, so ist es besser, den Hausarbeitsraum (Trockenarbeitsraum) und den Hauswirtschaftsraum (Nassarbeitsraum) zu trennen.

Ebenso sind *Stauräume* für Handtücher, Bettwäsche usw. notwendig.

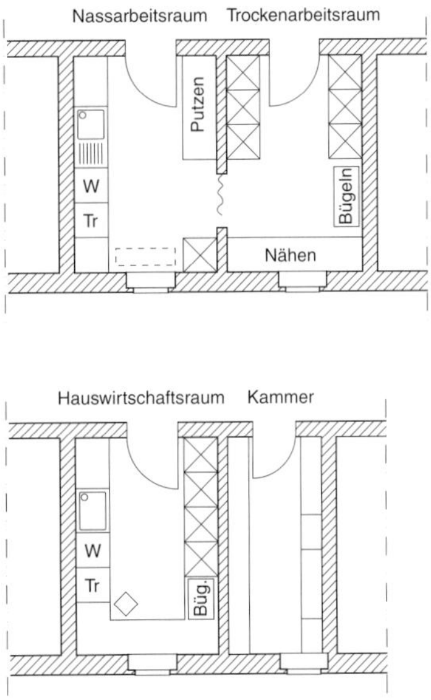

Abb. 286: Wirtschaftsräume

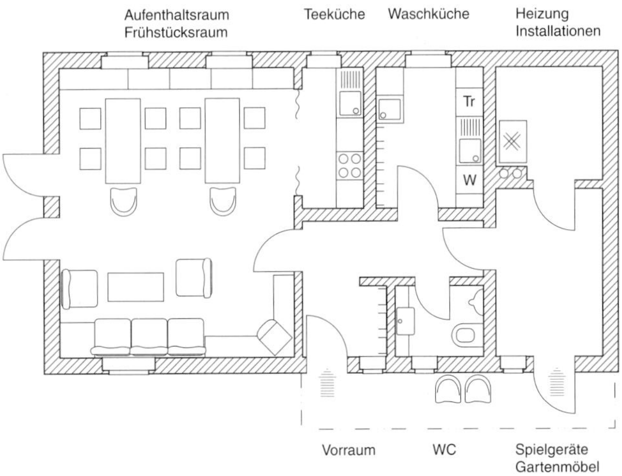

Abb. 287: Gemeinschaftsräume

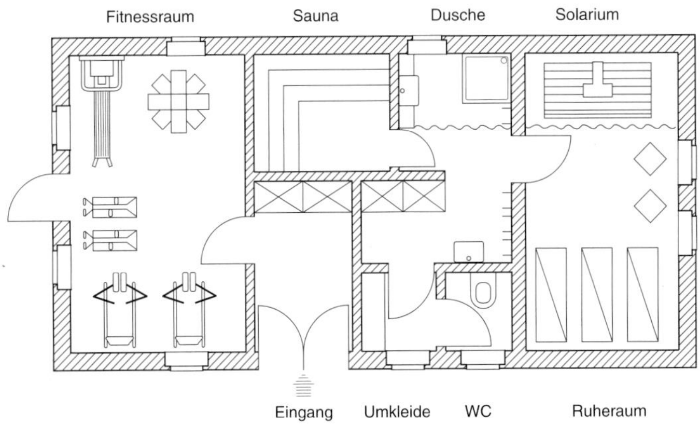

Abb. 288: Fitness-center

Gemeinschaftsräume für ein geselliges Beisammensein der Urlaubsgäste (z. B. Schlechtwetter) oder ein Frühstücksraum werden, je nach Konzept und Zielgruppen (z. B. Familien, Senioren), eingeplant.
An den Frühstücksräumen (bei Einzelzimmer bzw. Zimmern ohne Kochgelegenheiten) schließt sich eine Teeküche an.
Wenn es der Platz bzw. die Planung zulässt, kann man für die Gäste einen *Fitnessbereich* einrichten.
Dieser Bereich muss ausreichend belüftet werden können und beheizbar sein. Der Fußboden ist im ganzen Fitnessbereich rutschfest, schalldämmend und feuchtigkeitsunempfindlich.

Barrierefreie Wohneinheiten

Für Menschen mit *eingeschränkter Bewegungsfähigkeit* ist es notwendig, hindernisfreie und größere Wohnungen zu planen. Breitere Türen, Wende- und Drehbereiche z. B. für Rollstuhlbenutzer sind erforderlich.

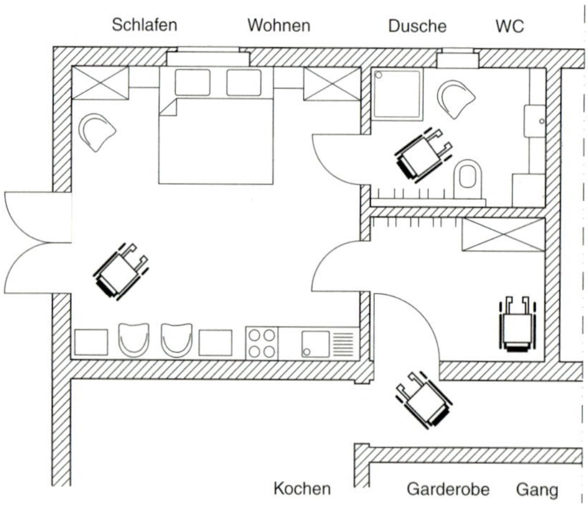

Abb. 289: Behindertengerechtes Appartement

13.4 Einrichtung und Gestaltung

Aufgrund der häufigen Wechsel der Besucher ist gute solide Qualität wichtig. In erster Linie müssen die Grundbedürfnisse der Besucher zufriedengestellt werden, um eine möglichst hohe Belegungszahl zu erreichen.

Einrichtung

Die Einrichtung hängt von der *Größe* und dem *Ausstattungsgrad* der Zimmer ab. Dennoch ist eine bestimmte Mindestmöblierung nötig. Dazu gehören neben den Betten Nachttische, mindestens ein Schrank und ein kleiner (Schreib)tisch mit Stühlen, in der Dusche eine Ablage über dem

Waschbecken und ein kleines Regal für verschiedene Utensilien zur Körperpflege.
Darüber hinaus wird die Einrichtung entsprechend dem gewünschten Komfort (z. B. Kühlschrank, Fernseher) im Rahmen der Räumlichkeiten (Zweibettzimmer, Appartement, Wohnung) und Möglichkeiten entsprechend erweitert.

Gestaltung

Die Wohnung bzw. das Zimmer soll beim Betreten Behaglichkeit ausstrahlen und zum Verweilen einladen. Grelle oder aufdringliche Farben, zu stark gemusterte Tapeten, aber auch kahle Wände vermitteln nicht den Eindruck einer Urlaubsatmosphäre.
Die Wahl der Möblierung wird in erster Linie zweckbestimmt sein. Daneben muss sie bequem, stabil, verschleißbeständig (häufiger Benutzerwechsel) und preiswert (nicht billig) sein. Eine zu futuristische Gestaltung wirkt aufdringlich, eine zu konservative eher altertümlich.
Möbel aus *Holz* sind durch ihre behaglichere Ausstrahlung Metall und Kunststoff vorzuziehen. Durch maßvolle Verwendung von Holz wird nicht nur der ländliche Charakter angesprochen, Holz ist auch berührungswarm.

Bodenbeläge

Um den *Reinigungsaufwand* zu reduzieren, sind pflegeleichte Bodenbeläge zu verwenden.
Empfehlenswert sind stark strapazierfähige Böden. Sie müssen leicht zu reinigen und zu pflegen sein. In Farbe und Struktur sollen sie mit der Einrichtung harmonieren.
Prinzipiell kommen die gleichen Bodenbeläge wie beim Büro zum Einsatz (s. Kap. 12.4).
Es ist nicht angebracht, sich am Hotelgewerbe zu orientieren, da hier fast ausschließlich Teppichböden verwendet werden, die mit Phyrethroiden behandelt sind und mit starken chemischen Mitteln gereinigt werden.

13.5 Außenbereich

Die Flächengestaltung muss als *Spielbereich, Kommunikationsbereich, Erholungsbereich, Arbeitsbereich* und *Verkehrsbereich* praktischen und ästhetischen Gesichtspunkten gerecht werden.

Spiel- bzw. Aufenthaltsplätze

Helle besonnte Bereiche im Garten sind besonders dafür geeignet. *Spielplätze* für Kinder müssen von Arbeits- und Verkehrsbereich klar getrennt sein. Eine gute Einsicht und eine Umzäunung bieten zusätzliche Sicherheit, denn Kinder dürfen nicht auf dem Betriebsgelände oder in der Nähe von Maschinen spielen.

Abb. 290: Ein Spielplatz

Auch mit einfachen Mitteln lässt sich ein hervorragender Spielplatz gestalten: Spielrasen, Ballspielplatz, großer abdeckbarer Sandkasten mit feinem Sand, Kletterbäume, Schaukeln und Wippen aus Holz, Abenteuerspielplätze usw.

Für entspannungssuchende Gäste bietet sich eine *Liegewiese* mit schöner Aussicht an. Ein Platz der Natur zugewandt, ruhig, abseits von der Hektik, eventuell mit Sichtschutzblenden aus Holz oder Bepflanzung, Liegestühle und eventuell ein Grillplatz, erhöhen den Freizeit-, Urlaubs- und Entspannungswert.

Abb. 291: Ein abgeschlossener Garten als Ruheinsel

Park- und Unterstellmöglichkeiten

Günstig, da allseitig vor der Witterung geschützt, sind natürlich Garagen. Aber auch ein umgebauter Holzstadel ist dafür geeignet.
Wo dies nicht möglich ist, bieten sich Carports oder Einstellplätze an. Sie können allseitig offen oder zum Teil geschlossen konstruiert sein. Als Überdachung eignen sich imprägnierte Holzgerüste, die hervorragend mit Begrünung in die Umgebung eingefügt werden können.

Abb. 292: Parkplatz (2 überdachte Stellplätze)

Dabei brauchen die *Parkflächen* nicht versiegelt werden, sondern können mit Splitt, Schotter, Rasengittersteinen usw. ansprechend grün gestaltet werden.
Für Fahrräder, Liegestühle, Spielgeräte ist eine Unterstellmöglichkeit nötig.

Stichwortverzeichnis

T